우체국 [우정사업본부 · 지방우정청]

계리직 공무원

최종점검 모의고사

계리직 공무원

최종점검 모의고사

초판 발행	2022년 1월 21일	
개정1판 발행	2024년 4월 5일	

편 저 자 ┃ 장윤서, 공무원시험연구소

발 행 처 ┃ ㈜서원각

등록번호 ┃ 1999-1A-107호

주   소 ┃ 경기도 고양시 일산서구 덕산로 88-45(가좌동)

교재주문 ┃ 031-923-2051

팩   스 ┃ 031-923-3815

교재문의 ┃ 카카오톡 플러스 친구[서원각]

홈페이지 ┃ goseowon.com

Preface

현대 사회는 하루가 다르게 변화되어 가고 있으며 그 변화에 적응하는 일이란 결코 쉽지가 않다. 더욱이 이러한 변화 속에서 자신에게 맞는 일을 찾고 그 속에서 삶의 즐거움을 누리는 일은 매우 어렵게 느껴진다. 이러한 사회적 분위기 속에서 안정적인 직업으로 공무원이 각광받고 있으며, 경쟁률 또한 매우 치열하다.

타 공무원 수험생들이 많은 정보를 가지고 여러 수험서의 도움을 받는 것과는 달리 우정서기보(계리직) 시험을 준비하는 수험생들은 많은 어려움을 느낀다.

본서는 우정서기보(계리직) 모의고사 문제집으로 최대한 실제 시험과 동일하게 구성하여 수록하였으며, 우정사업본부에서 제공하는 2024년 우편일반, 예금일반, 보험일반 학습자료를 반영하여 효율적인 학습을 도모하였다. 또한 매 문제마다 상세한 해설을 실어 훌륭한 학습효과를 누릴 수 있도록 구성하였다.

수험생 여러분의 합격을 진심으로 기원하며 건투를 빈다.

Information

※ 2023년 공개경쟁 채용시험 공고를 바탕으로 작성한 것으로 변동될 수 있으며 자세한 사항은 우정사업본부 사이트를 참고하시기 바랍니다.

01 필기시험

① 시험과목

직급(직종)	시험구분	필기시험 과목(문항수)
우정9급(계리)	공개경쟁 채용시험	• 한국사(한국사능력검정시험으로 대체) • 우편일반(20문항) • 예금일반(20문항) • 보험일반(20문항) • 컴퓨터일반(20문항, 기초영어 7문항 포함)

※ 한국사능력검정시험 성적표 제출
  • 기준점수(등급) : 한국사능력검정시험(국사편찬위원회) 3급 이상
  • 인정범위 : 필기시험 시행예정일 전날까지 점수(등급)가 발표된 시험으로 한정하며 기준점수(등급) 이상으로 확인된 성적표만 인정(유효기간 없음)
  • 성적표 제출방법 : 최종 시험계획 공고 시 안내

② 배점비율 및 문항 형식 : 매 과목당 100점 만점, 객관식 4지 택일형 20문항

③ 시험시간 : 80분(과목당 20분)

02 면접시험

① 면접시험 평정요소(공무원임용시험령 제5조 제3항, 2024. 1. 1. 시행)

  ㉠ 소통 · 공감 : 국민 등과 소통하고 공감하는 능력

  ㉡ 헌신 · 열정 : 국가에 대한 헌신과 직무에 대한 열정적인 태도

  ㉢ 창의 · 혁신 : 창의성과 혁신을 이끄는 능력

  ㉣ 윤리 · 책임 : 공무원으로서의 윤리의식과 책임성

② 면접절차

  ㉠ 발표면접 : 응시자는 과제지를 발표 시 활용하고 면접 종료 후 반납

    ※ 발표과제는 지시문만 제공되며, 과제에 대한 별도의 작성지 제출은 없음

  ㉡ 경험 · 상황면접 : 응시자가 작성한 자료는 면접위원에게만 제공

    ※ 경험과제는 필기시험 합격자 발표 시 사전 공개 예정

03 응시자격

① **응시결격사유** : 국가공무원법 제33조(결격사유)에 해당되거나, 국가공무원법 제74조(정년)에 해당되는 자 또는 공무원임용시험령 등 관계법령에 의하여 응시자격을 정지당한 자는 응시할 수 없습니다(판단기준일은 면접시험 최종예정일).

    ㉠ **국가공무원법 제33조(결격사유)**

- 피성년후견인 또는 피한정후견인
- 파산선고를 받고 복권되지 아니한 자
- 금고 이상의 실형을 선고받고 그 집행이 종료되거나 집행을 받지 아니하기로 확정된 후 5년이 지나지 아니한 자
- 금고 이상의 형을 선고받고 그 집행유예 기간이 끝난 날부터 2년이 지나지 아니한 자
- 금고 이상의 형의 선고유예를 받은 경우에 그 선고유예 기간 중에 있는 자
- 법원의 판결 또는 다른 법률에 따라 자격이 상실되거나 정지된 자
- 공무원으로 재직기간 중 직무와 관련하여 형법 제355조 및 제356조에 규정된 죄를 범한 자로서 300만 원 이상의 벌금형을 선고받고 그 형이 확정된 후 2년이 지나지 아니한 자
- 「성폭력범죄의 처벌 등에 관한 특례법」 제2조에 규정된 죄를 범한 사람으로서 100만 원 이상의 벌금형을 선고받고 그 형이 확정된 후 3년이 지나지 아니한 사람
- 미성년자에 대하여 「성폭력범죄의 처벌 등에 관한 특례법」 제2조에 따른 성폭력범죄, 「아동·청소년의 성보호에 관한 법률」 제2조 제2호에 따른 아동·청소년 대상 성범죄를 저질러 파면·해임되거나 형 또는 치료감호를 선고받아 그 형 또는 치료감호가 확정된 사람(집행유예를 선고받은 후 그 집행유예기간이 경과한 사람을 포함)
- 징계로 파면처분을 받은 때부터 5년이 지나지 아니한 자
- 징계로 해임처분을 받은 때부터 3년이 지나지 아니한 자

    ㉡ **국가공무원법 제74조(정년)**

- 공무원의 정년은 다른 법률에 특별한 규정이 있는 경우를 제외하고는 60세로 한다.
- 공무원은 그 정년에 이른 날이 1월부터 6월 사이에 있으면 6월 30일에, 7월부터 12월 사이에 있으면 12월 31일에 각각 당연히 퇴직된다.

② **응시연령** : 18세 이상

③ **학력·경력** : 제한 없음

④ 장애인 구분모집 응시대상자

　㉠ 「장애인복지법 시행령」 제2조에 따른 장애인 및 「국가유공자 등 예우 및 지원에 관한 법률 시행령」 제14조 제3항에 따른 상이등급 기준에 해당하는 자

　㉡ 장애인 구분모집에 응시하고자 하는 자는 응시원서 접수마감일 현재까지 장애인으로 유효하게 등록되어 있거나, 상이등급기준에 해당되는 자로서 유효하게 등록·결정되어 있어야 합니다.

　㉢ 장애인은 장애인 구분 모집 외의 일반분야에 비장애인과 동일한 일반조건으로 응시할 수 있습니다 (단, 중복접수는 할 수 없음).

　㉣ 장애인 구분모집 응시대상자의 증빙서류(장애인복지카드 또는 장애인등록증, 국가유공자증)는 필기시험 합격자 발표일에 안내하는 기간 내에 제출하여야 합니다.

⑤ 저소득층 구분모집 응시대상자

　㉠ 응시대상 : 「국민기초생활보장법」에 따른 수급자 또는 「한부모가족지원법」에 따른 지원대상자에 해당하는 기간(이 기간의 시작은 급여 또는 지원을 신청한 날)이 응시원서 접수일 또는 접수마감일까지 계속하여 2년 이상인 자

　㉡ 군복무(현역, 대체복무) 또는 교환학생으로 해외에 체류하는 경우, 이로 인하여 그 기간에 급여(지원) 대상에서 제외된 경우에도 가구주가 그 기간에 계속하여 수급자(지원대상자)로 있었다면 응시자도 수급자(지원대상자)에 해당하는 것으로 봅니다(다만, 군복무 또는 교환학생으로 해외에 체류한 기간 종료 후 다시 수급자(지원대상자)로 결정되어야 기간의 계속성을 인정하며, 이 경우 급여(지원)의 신청을 기간 종료 후 2개월 내에 하거나, 급여(지원)의 결정이 기간 종료 후 2개월 내여야 함).

　　※ 군복무 또는 교환학생으로 해외에 체류한 전·후 기간에 1인 가구 수급자(지원대상자)였다면 군복무 또는 교환학생으로 해외에 체류한 기간 동안 수급자(지원대상자) 자격을 계속 유지하는 것으로 봅니다(다만, 군복무 또는 교환학생으로 인한 해외체류 종료 후 다시 수급자(지원대상자)로 결정되어야 기간의 계속성을 인정하며, 이 경우에도 급여(지원)의 신청을 기간 종료 후 2개월 내에 하거나, 급여(지원)의 결정이 기간 종료 후 2개월 내여야 함).

　　※ 단, 교환학생의 경우는 소속 학교에서 교환학생으로서 해외에 체류한 기간(교환학생 시작 시점 및 종료 시점)에 대한 증빙서류를 제출해야 합니다.

　㉢ 저소득층 구분모집 대상자는 저소득층 구분모집 외의 일반분야에 비저소득층과 동일한 조건으로 응시할 수 있습니다(단, 중복접수는 할 수 없음).

　㉣ 필기시험 합격자는 주민등록상의 거주지 관할 시·군·구청장이 발행하는 수급자증명서(수급기간 명시), 한부모가족증명서(지원기간 명시) 등 증빙서류를 필기시험 합격자 발표일에 안내하는 기간 내에 제출하여야 합니다.

　　※ 수급(지원)기간이 명시된 수급자(한부모가족)증명서는 주민등록상의 거주지 관할 시·군·구청에 본인 또는 가족(동일세대원에 한함)이 직접 방문하여 발급받을 수 있으며, 방문 전 시·군·구청 기초생활보장·한부모가족담당자(주민생활지원과, 사회복지과 등)에게 유선으로 신청하시기 바랍니다.

04 응시자 거주지역 제한 안내

응시자는 공고일 현재 지원지역에 주민등록이 되어 있어야 응시할 수 있습니다.

※ 응시자 거주지역 제한 내용은 변경될 수 있습니다.

05 응시원서 접수기간 및 시험시행 일정

① 시험장소 공고 등 모든 시험일정은 우정청 홈페이지에 게시(공고)합니다.

② 합격자 명단은 합격자 발표일에 우정청 홈페이지 및 원서접수사이트에 게시하며, 최종 합격자에게는 개별적으로 합격을 통지합니다.

③ 필기시험 성적 확인 방법·일정은 필기시험 합격자 공고 시 안내하며, 본인 성적에 한하여 확인할 수 있습니다.

06 가산 특전 비율표

구분	가산비율	비고
취업지원대상자	과목별 만점의 10% 또는 5%	취업지원대상자 가점과 의사상자 등 가점은 본인에게 유리한 1개만 적용
의사상자 등 (의사자 유족, 의상자 본인 및 가족)	과목별 만점의 5% 또는 3%	

07 기타사항

① 필기시험에서 과락(40점 미만) 과목이 있을 경우에는 불합격 처리되며, 그 밖의 합격자 결정방법 등 시험에 관한 구체적인 내용은 공무원임용시험령 및 관련법령을 참고하시기 바랍니다.

② 응시자는 응시표, 답안지, 시험시간 및 장소 공고 등에서 정한 주의사항에 유의하여야 하며, 이를 준수하지 않을 경우에는 본인의 불이익이 될 수 있습니다.

Structure

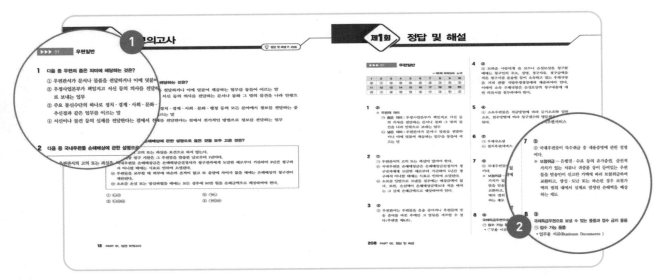

❶ 모의고사

새롭게 바뀐 출제내용에 맞추어 시험과목과 문항수를 실제 시험과 동일하게 구성하여 모의고사 7회분을 수록하였다.

❷ 정답 및 해설

혼자서도 학습할 수 있도록 구성한 상세한 해설을 통해 문제의 이해도를 향상시킬 수 있다.

Contents

PART

01

실전 모의고사

▶▶▶ 01   **우편일반**

1 다음 중 우편의 좁은 의미에 해당하는 것은?

① 우편관서가 문서나 물품을 전달하거나 이에 덧붙여 제공하는 업무를 통틀어 이르는 말

② 우정사업본부가 책임지고 서신 등의 의사를 전달하는 문서나 통화 그 밖의 물건을 나라 안팎으로 보내는 업무

③ 주요 통신수단의 하나로 정치 · 경제 · 사회 · 문화 · 행정 등의 모든 분야에서 정보를 전달하는 중추신경과 같은 업무를 이르는 말

④ 서신이나 물건 등의 실체를 전달한다는 점에서 전기적인 방법으로 정보를 전달하는 업무

2 다음 중 국내우편물 손해배상에 관한 설명으로 옳은 것을 모두 고른 것은?

> ㉠ 우편관서의 고의 또는 과실을 요건으로 하지 않는다.
> ㉡ 손해배상 청구 기한은 그 우편물을 발송한 날로부터 1년이다.
> ㉢ 국내우편물 손해배상금은 손해배상금결정서가 청구권자에게 도달한 때로부터 기산하여 3년간 청구하지 아니할 때에는 시효로 인하여 소멸된다.
> ㉣ 우편물을 교부할 때 외부에 파손의 흔적이 없고 또 중량에 차이가 없을 때에는 손해배상의 청구권이 제한된다.
> ㉤ 소포를 손실 또는 망실하였을 때에는 모든 경우에 50만 원을 손해금액으로 배상하여야 한다.

① ㉡㉣

② ㉠㉡

③ ㉡㉣㉤

④ ㉠㉢㉤

3 다음 설명 중 옳지 않은 것은?

① 우편전용의 물건이나 현재 우편업무에 제공되는 물건에 대하여는 압류를 할 수 없다.

② 우편에 이용되고 있는 물건은 제세공과금의 부과대상이 되지 아니한다.

③ 우편관서에서 운송 중에 있거나 발송준비 완료후의 우편물에 대하여는 국가의 공권력에 기한 압류를 거부할 수 없다.

④ 우편물이 전염병의 유행지에서 발송되거나 유행지를 통과할 때에는 검역법에 의한 검역을 최우선으로 받을 수 있다.

4 우편물 손실보상의 범위 및 손실보상 청구에 대한 설명으로 옳지 않은 것은?

① 우편업무를 수행 중인 운송원·집배원과 항공기·차량·선박 등이 통행료를 내지 않고 도로나 다리를 지나간 경우 손실보상 범위에 해당한다.

② 우편업무를 수행 중에 도로 장애로 담장 없는 집터, 논밭이나 그 밖의 장소를 통행하여 생긴 손실에 대한 보상을 피해자가 청구하는 경우 손실보상 범위에 해당한다.

③ 손실보상을 청구할 때에는 청구인의 주소, 성명, 청구사유, 청구금액을 적은 청구서를 운송원 등이 소속하고 있는 우체국장을 거쳐 우정사업본부장에게 제출하여야 한다.

④ 손실보상 청구는 그 사실이 있었던 날부터 1년 이내에 청구하여야 한다.

5 소포우편물의 취급조건에 관한 설명으로 옳지 않은 것은?

① 제한중량은 30kg이다.

② 가로·세로·높이 세 변을 합하여 160cm 이내이어야 한다.

③ 최소부피는 가로·세로·높이 세 변을 합하여 35cm이어야 한다.

④ 소포우편물은 취급방법에 따라 창구접수와 방문접수로 구분된다.

6 다음에서 설명하는 우편서비스는 무엇인가?

> ㉠ 전국 각 지역에서 생산되는 특산품과 중소기업 우수 제품을 우편망을 이용해 주문자나 제삼자에게 직접 공급하여 주는 서비스
>
> ㉡ 고객(정부, 지자체, 기업체, 개인 등)이 우편물의 내용문과 발송인·수신인 정보(주소·성명 등)를 전 산매체에 저장하여 우체국에 접수하거나 인터넷우체국(www.epost.kr)을 이용하여 신청하면 내용물 출력과 봉투제작 등 우편물 제작에서 배달까지 전 과정을 우체국이 대신하여 주는 서비스로서, 편지, 안내문, DM우편물을 빠르고 편리하게 보낼 수 있는 서비스

	㉠	㉡
①	우체국택배	국내특급우편
②	우체국쇼핑	전자우편서비스
③	우체국장터	우체국B2B
④	e－그린우편	우체국경조카드

7 국제우편물의 접수방법에 대한 설명으로 바르지 못한 것은?

① 국제특급우편물(EMS) : 만국우편협약에 근거하여 표준 다자 간 협정이나 양자협정으로 합의한 내용에 따라 취급하는 속달서비스로서, 서류와 상품 등 실물 수단에 따른 가장 신속한 우편업무

② 등기(Registered) : 우편물마다 등기번호를 부여하고 접수한 때로부터 배달되기까지의 취급과정을 그 번호에 의하여 기록 취급하여 우편물 취급 및 송달의 확실성을 보장하기 위한 제도

③ 보험취급(Insured letters) : 발송인이 수취인에게 어떤 내용의 문서를 언제 발송하였다는 사실을 우편관서가 공적으로 증명하는 제도

④ 배달통지(Advice of delivery) : 우편물 접수 시 발송인의 청구에 따라 수취인에게 배달하고 수취인으로부터 수령 확인을 받아 발송인에게 통지해 주는 제도

8 다음 중 국제특급우편으로 보낼 수 있는 접수 가능 물품끼리 짝지어진 것으로 옳은 것은?

① 업무용 서류 – 금융기관 간 교환 수표
② 컴퓨터 데이터 – 보석 등 귀중품
③ 마그네틱테이프 – 상품 견본
④ 마이크로필름 – 여권

9 다음 중 외국에서 발송인에게 반송된 우편물의 처리에 관한 설명으로 옳지 않은 것은?

① 소포우편물은 배달우체국에서 반송우편물 수령통지서를 발송인에게 송달하여야 하며, 통지서를 받은 발송인은 반송료 및 기타 요금을 납부하고 우편물을 수령하여야 한다.
② 통상우편물은 도착우편물 배달 규정에 따라 발송인에게 반송한다.
③ 등기우편물은 국내 등기 취급 수수료 해당 금액을 징수한 후 배달한다.
④ 내용품의 파손·변질 등의 사유로 발송인이 수취를 거절하는 우편물은 반송료 및 국내 취급 수수료를 납부하면 보관교부우편물로 처리한다.

10 다음 중 우편 이용관계자가 아닌 사람은?

① 우편관서
② 발송인
③ 과학기술정보통신부장관
④ 수취인

11 국가의 서신독점권에 관한 설명으로 옳은 것은?

① 독점권의 대상에는 외국과 주고받는 국제서류가 포함된다.
② 누구든지 타인을 위한 서신의 송달행위를 업(業)으로 하거나 자기의 조직 또는 계통을 이용하여 타인의 서신을 전달하는 행위가 가능하다.
③ 중량이 350그램을 넘거나 기본통상우편요금의 10배를 넘는 서신은 위탁이 가능하다.
④ 조직 또는 계통을 이용하여 타인의 서신을 송달할 경우에는 단, 1회에 한해 허용한다.

12 다음 중 선택적 우편서비스의 서비스 대상에 해당하지 않는 것은?

① 2kg 이하의 통상우편물
② 20kg을 초과하는 소포우편물
③ 전자우편, 모사전송(FAX)우편, 우편물 방문접수 등
④ 우편 이용과 관련된 용품의 제조 및 판매

13 우편물의 배달 기한이 바르게 짝지어진 것은?

① 통상우편물(등기포함) 일반소포 – 접수한 다음날부터 2일 이내
② 익일특급 – 접수한 다음날부터 3일 이내
③ 등기소포 – 제주선편의 경우 접수한 날부터 3일 이내
④ 선택등기 서비스 – 접수한 다음날부터 3일 이내

14 통상우편물에 관한 설명으로 옳지 않은 것은?

① 통상우편물이란 서신 등 의사전달물, 통화(송금통지서 포함), 소형포장우편물을 말한다.
② 통화는 유통 수단이나 지불 수단으로 기능하는 화폐, 보조 화폐, 은행권 등이다.
③ 의사전달물은 의사 전달을 목적으로 서신의 조건을 갖춘 것을 말한다.
④ 서신에는 신문, 정기간행물, 서적, 상품안내서는 제외된다.

15 우편물의 외부표시(기재) 사항에 대한 설명으로 옳은 것은?

① 집배코드는 우편물 구분을 편리하게 할 수 있도록 만든 일종의 코드로서, 문자로 기재된 수취인의 주소정보를 일정한 기준에 따라 숫자로 변환한 것이다.

② 집배코드는 총 9자리로 도착집중국 3자리, 배달국 2자리, 집배팀 2자리, 집배구 2자리로 구성되어 있다.

③ 우편번호는 국가기초구역 도입에 따라 지형지물을 경계로 구역을 설정한 5자리 국가기초구역번호로 구성되어 있다.

④ 주민등록번호 등 고유식별정보는 규정에 따라 일부 기재가 가능하다.

16 다음 중 소포 우편물의 제한중량 및 용적에 해당하지 않는 것은?

① 가로, 세로, 높이를 합하여 최대 160cm 이내여야 하며, 어느 길이도 1m를 초과할 수 없다.

② 중량은 최대 30kg까지 허용된다.

③ 가로, 세로, 높이 세 변을 합하여 최소 30㎝ 이상이어야 한다.

④ 원통형은 '지름의 2배'와 길이를 합하여 최소 35㎝가 되어야 한다.

17 다음 글에서 설명하는 서비스는 무엇인가?

> 우편물의 접수번호 기록에 따라 접수에서부터 받는 사람에게 배달되기까지의 모든 취급과정을 기록하며 만일 우편물이 취급 도중에 망실되거나 훼손된 경우에는 그 손해를 배상하는 제도로서 우편물 부가취급의 기본이 되는 서비스

① 등기 취급
② 계약 등기
③ 선납 등기 라벨
④ 안심소포

18 다음 중 옳은 설명을 모두 고른 것은?

> ㉠ 본인지정배달은 수취인 본인에게만 배달하는 부가취급제도이다.
> ㉡ 발송인이 수취인에게 우편요금 등 지불에 대한 승낙을 받지 않은 경우에도 계약등기 우편물이라면 착불배달이 가능하다.
> ㉢ 일반 계약등기는 등기취급을 전제로 부가취급서비스를 선택적으로 포함하여 계약함으로써 고객이 원하는 우편서비스를 제공하는 상품이다.

① ㉠   ② ㉠, ㉡
③ ㉠, ㉢   ④ ㉠, ㉡, ㉢

19 다음 중 선납 라벨 서비스에 대한 설명으로 옳지 않은 것은?

① 등기번호 및 발행번호가 부여된 선납라벨을 우체국 창구 등에서 구매하여 첨부하면 창구 외에서도 등기우편물을 접수할 수 있도록 하는 서비스이다.
② 전 관서 우편창구 및 우체통 투함, 무인우체국을 통해서 접수할 수 있다.
③ 창구접수 시 우체국 창구 접수 시에 등기우편물로서 효력이 발생한다.
④ 선납라벨 구매 고객이 취소를 원하는 경우 구매 후 일주일 안에 판매우체국에서 환불이 가능하다.

20 인터넷우체국 발송 후 배달증명 서비스에 관한 설명으로 옳지 않은 것은?

① 등기우편물의 발송인이나 수취인만 신청할 수 있다.
② 배달완료일 D+3일부터 신청 가능하다.
③ 신청기한은 등기우편물을 발송한 다음 날부터 1년 이내이다.
④ 회원전용 서비스로 결제 후 다음날 24시까지 (재)출력이 가능하다.

1 다음 중 금융시장에 관한 설명으로 옳은 것은?

① 자금수요자가 자기명의로 발행한 증권을 자금공급자에게 교부하고 자금을 조달하는 거래를 간접 금융거래라고 하며, 주식·채권 등이 대표적이다.

② 금융활동의 주체는 가계·기업·정부로 나눌 수 있다.

③ 만기 1년 이내의 금융자산이 거래되는 시장을 단기금융시장이라고 한다.

④ 물가상승에 따른 구매력의 변화를 감안하지 않은 금리를 실질금리라고 한다.

2 다음 중 예금거래의 성질이 잘못 연결된 것은?

① 당좌예금 – 위임계약과 소비임치계약이 혼합된 계약

② 소비임치계약 – 수취인이 보관을 위탁받은 목적물의 소유권을 취득하여 이를 소비한 후 그와 같은 종류·품질 및 수량으로 반환할 수 있는 특약이 붙어 있는 것을 내용으로 하는 계약

③ 상사계약 – 선량한 관리자의 주의의무를 부담하지 않는 계약

④ 부합계약 – 계약당사자 일방이 미리 작성하여 정형화 시켜 놓은 일반거래약관에 따라 체결되는 계약

3 다음 중 주택청약종합저축의 특징이 아닌 것은?

① 수도권의 경우 가입 후 1년이 지나면 1순위가 된다.

② 일정액 적립식과 예치식을 병행하여 매월 2만 원 이상 50만 원 이내에서 자유롭게 불입할 수 있다.

③ 총 급여 7천만원 이하 근로소득자로서 무주택 세대주인 경우는 최대 연 240만 원의 40%인 96만 원까지 소득공제 혜택이 주어진다.

④ 주택소유·세대주 여부 및 연령에 관계없이 1인 2계좌 가입 가능

4 예금계약이 성립되는 시기로 볼 수 없는 것은?

① 창구 내 현금입금의 경우 예금계약은 금융기관이 금원을 받아 확인한 때에 성립된 것으로 본다.
② 점외수금의 경우 수금직원이 영업점으로 돌아와 수납직원에게 금전을 넘기고 그 수납직원이 이를 확인한 때 성립된 것으로 본다.
③ ATM에 의한 입금의 경우 예금자가 ATM에 현금을 투입한 후 금융기관이 이를 확인하면 예금예약이 성립한다는 것이 통설이다.
④ 현금에 의한 계좌송금의 경우 예금원장에 입금기장을 마친 때 성립된 것으로 본다.

5 경제주체에 관한 설명으로 옳지 않은 것은?

① 경제활동을 하는 경제주체는 가계, 기업, 정부, 해외로 분류할 수 있다.
② 기업부문은 창출한 생산량이 투입량을 초과하면 이윤을 얻는다.
③ 해외부문은 국외자로서 국내부문의 과부족을 수출입을 통하여 해결해준다.
④ 생산요소의 공급주체로서 생산요소인 노동, 자본, 토지를 제공하며, 그 결과로 얻은 소득을 소비하거나 저축하는 것은 기업부문이다.

6 다음 내용이 설명하는 것은?

> 중앙은행인 한국은행이 경기상황이나 물가수준, 금융 · 외환시장 상황, 세계경제의 흐름 등을 종합적으로 고려하여 시중에 풀린 돈의 양을 조절하기 위해 금융통화위원회(금통위)의 의결을 거쳐 인위적으로 결정하는 정책금리이다.

① 시장금리   ② 실효금리
③ 기준금리   ④ 표면금리

7 우리나라의 주가지수 중 다음 설명에 해당하는 것은?

> 유가증권시장에 상장되어 있는 종목을 대상으로 산출되는 대표적인 종합주 가지수이다. 1980년 1월 4일을 기준시점으로 이 날의 주가지수를 100으로 하고 개별종 목 주가에 상장주식수를 가중한 기준시점의 시가총액과 비교시점의 시가총액을 비교하여 산출하는 시가총액방식 주가지수이다.

① 코스닥지수
② 코스피200지수
③ KRX100지수
④ 코스피지수

8 자본시장법상 금융투자업의 종류와 그 내용이 바르게 연결된 것은?

① 투자자문업 – 금융투자상품의 가치 또는 투자판단에 관하여 자문을 하는 것을 영업으로 하는 것
② 투자중개업 – 금융회사가 자기자금으로 금융투자상품을 매도·매수하거나 증권을 발행·인수 또는 권유·청약·승낙하는 것
③ 투자매매업 – 2인 이상에게 투자를 권유하여 모은 금전 등을 투자자 등으로부터 일상적인 운영지시를 받지 않으면서 운용하고 그 결과를 투자자에게 배분하여 귀속시키는 것을 영업으로 하는 것
④ 투자일임업 – 자본시장법에 따라 신탁을 영업으로 수행하는 것

9 다음 설명에 해당하는 저축상품은?

> 고객의 돈을 모아 주로 CP(기업어음), CD(양도성예금증서), RP(환매조건부채권), 콜(call) 자금이나 잔존만기 1년 이하의 안정적인 국공채로 운용하는 실적배당상품이다.

① 보통예금 및 저축예금
② 단기금융상품펀드
③ 시장금리부 수시입출금식예금
④ 가계당좌예금

10 연 4%의 이자율로 100만 원을 3년 동안 복리로 저축하면 얼마가 되는가?

① 1,103,864원   ② 1,113,864원

③ 1,120,000원   ④ 1,124,864원

11 한국거래소 주식 매매거래 시간이 바르게 짝지어진 것은?

① 장 전 종가매매 – 08:00~08:30

② 동시호가 – 08:30~09:00, 15:20~15:30

③ 장 후 종가매매 – 15:30~16:00 (체결은 15:40부터, 5분간 접수)

④ 시간외 단일가매매 – 16:00~17:00 (10분 단위, 총 6회 체결)

12 CD/ATM 서비스에 관한 설명으로 옳지 않은 것은?

① CD/ATM을 통한 계좌이체 실적이 없는 고객의 1일 및 1회 이체한도는 70만 원이다.

② 무매체거래는 개인정보 등이 유출될 경우 타인에 의한 예금 부정인출 가능성이 있다.

③ 현금카드나 신용 · 체크카드 등이 있어야만 CD/ATM 서비스 이용이 가능하다.

④ CD/ATM을 통하여 신용카드 현금서비스를 받을 수 있다.

13 다음 설명에 해당하는 우체국 예금상품은?

> 예금, 보험, 우편 등 우체국 이용고객 모두에게 혜택을 제공하는 상품으로 거래 실적별 포인트 제공과 패키지별 우대금리 및 수수료 면제 등 다양한 우대서비스를 제공하는 우체국 대표 입출금이 자유로운 예금

① 우체국 페이든든+ 통장

② 듬뿍우대저축예금

③ 우체국 생활든든통장

④ 우체국 다드림통장

14 우체국 예금의 전자금융 서비스에 관한 설명으로 옳지 않은 것은?

① OTP를 발생시키는 전 금융기관을 통합하여 연속 5회 이상 잘못 입력한 경우 전자금융서비스의 전부 또는 일부를 제한할 수 있다.

② 우체국 인터넷뱅킹을 해지하면 우체국뱅킹은 자동 해지되나 우체국뱅킹을 해지하더라도 인터넷 뱅킹 이용 자격은 계속 유지된다.

③ 휴대전화번호만 알면 우체국페이를 통해 경조카드와 함께 경조금을 보낼 수 있다.

④ 우체국 스마트 ATM에서는 화상인증 및 지문·얼굴 등 생체인증을 통해 이용고객의 신원확인이 가능하다.

15 내부통제의 구성요소 중 목표달성에 부정적인 영향을 미치는 리스크를 통제하기 위한 정책 및 절차 수립 등 제도의 구축과 운영을 뜻하는 것은?

① 통제환경

② 모니터링

③ 통제활동

④ 리스크평가

16 다음 중 금융시장에 대한 설명으로 옳지 않은 것은?

① 금융시장은 자금공급자와 자금수요자간에 금융거래가 조직적으로 이루어지는 장소를 말한다. 이때의 장소는 재화시장처럼 특정한 지역이나 건물 등의 구체적인 공간을 의미한다.

② 금융거래가 이루어지기 위해서는 이를 매개하는 수단이 필요한데 이러한 금융수단을 금융자산 또는 금융상품이라 한다.

③ 금융시장은 국민경제 내 자금공급부문과 자금수요부문을 직·간접적으로 연결시켜 줌으로써 국민경제의 생산성 향상과 후생증진에 기여한다.

④ 금융시장은 금융자산을 보유한 투자자에게 높은 유동성을 제공하는데 이때 유동성은 금융자산의 환금성을 말한다.

17 다음은 우체국금융 거치식 예금 상품에 대한 설명이다. 옳지 않은 것은?

① 챔피언정기예금은 가입기간을 연, 월, 일 단위로 자유롭게 선택할 수 있는 고객맞춤형 정기예금이다.

② 시니어 싱글벙글 정기예금은 여유자금 추가입금과 긴급자금 분할해지가 가능한 정기예금으로 만 50세 이상 중년층 고객을 위한 우대금리 및 세 , 보험 등 부가서비스를 제공하는 정기예금이다.

③ 이웃사랑정기예금은 사회 소외계층과 사랑나눔 실천자 및 농어촌 지역(주민의 경제생활 지원을 위한 공익형 정기예금이다.

④ 우체국 파트너든든 정기예금은 1년, 3년, 6년의 회전주기 적용을 통해 고객의 탄력적인 목돈운용이 가능한 정기예금이다.

18 다음은 우체국 해외송금을 비교한 표이다. 옳지 않은 것은?

	구분	SWIFT 송금	유로지로	특급송금
①	송금방식	SWIFT network	Eurogiro network	Moneygram network
②	소요시간	3-5 영업일	3-5 영업일	송금 후 1시간
③	거래유형	계좌송금	주소지/계좌송금	수취인 방문 지급
④	중계·수취 은행 수수료	약 15-25USD	중계은행 수수료 : 없음 수취은행 수수료 : 3USD / 2EUR	–

19 예금지급에 대한 설명 중 옳지 않은 것은?

① 금융기관이 예금주의 청구에 의해 예금을 지급함으로써 예금계약이 소멸하게 된다.

② 지명채권은 원칙적으로 채무자가 채권자의 주소지에서 변제하는 지참채무를 원칙으로 한다.

③ 무기명채권은 변제장소의 정함이 없으면 채무자의 현 영업소를 지급장소로 규정하고 영업장소가 여러 곳인 때는 거래를 한 영업소가 지급장소가 된다.

④ 정기예금 등과 같이 기한의 정함이 있는 예금에 대하여 예금주는 금융기관 영업시간 내에는 언제라도 예금을 청구할 수 있고 금융기관이 이에 응하지 않을 경우에는 채무불이행이 된다.

20 금융실명거래 및 비밀보장에 관한 법률에 관한 내용으로 옳지 않은 것은?

① 법에 따르면 금융기관은 거래자의 실명에 의하여 금융거래를 해야 하되, 실명이 확인된 계좌에 의한 계속거래와 공과금 수납 및 100만 원 이하의 원화송금 등은 실명확인을 생략할 수 있다.

② 금융기관 종사자는 명의인의 서면요구나 동의를 받지 않는 한 타인에게 금융거래 정보나 자료 등을 제공 또는 누설해서는 아니되고, 누구든지 이를 요구해서도 아니된다.

③ 실명에 의하지 않고 거래한 금융자산에서 발생하는 이자 및 배당소득에 대하여는 소득세의 원천징수 세율을 80%로 하고, 소득세법에 따른 종합소득 과세표준의 계산에 이를 합산하지 않는다.

④ 금융기관은 거래정보 등을 제공한 경우에 제공한 날부터 10일 이내에 그 사실을 명의인에게 서면으로 통보해야 한다. 통보유예의 요청이 있는 때에는 통보유예기간이 종료된 날부터 10일 안에 통보해야 한다.

1 생명보험의 기본원리에 대한 설명 중 옳은 것은?

① 측정대상의 숫자 또는 측정횟수가 많아지면 많아질수록 예상치가 실제치에 근접한다는 원칙은 근사치의 원칙이다.

② 대수의 법칙에 따라 연령별 생사잔존상태를 나타낸 표를 생사표라 한다.

③ 다수의 사람들이 서로 일정금액을 모금한 공동준비재산을 준비해 예기치 못한 사고를 당한 구성원에게 지급함으로써 서로 돕는 정신을 상부상조의 정신이라 한다.

④ 보험가입자가 납입하는 보험료 총액과 보험회사가 지급하는 보험금 및 경비(사업비)의 총액이 동일하도록 되어 있다는 원칙을 동일성의 원칙이라 한다.

2 생명보험 상품의 특성으로 올바른 것은?

① 미래지향적 · 장기효용성 상품이다.

② 형태가 보이는 유형의 상품이다.

③ 스스로의 필요에 의한 자발적 상품이다.

④ 비교적 짧은 기간 동안 계약의 효력이 지속된다.

3 보험금을 받는 자를 지정하지 않는 경우에 대한 설명으로 틀린 것은?

① 사망보험금인 경우 보험수익자로는 피보험자의 상속인이 된다.

② 생존보험금인 경우 보험수익자로는 보험계약자가 된다.

③ 통원급부금인 경우 보험수익자로는 피보험자가 된다.

④ 수술급부금인 경우 보험수익자로는 보험계약자가 된다.

4 보험계약에서의 보험자의 면책사유로 틀린 것은?

① 보험사고가 보험계약자, 피보험자, 보험수익자 등 보험가입자측의 고의로 생긴 경우

② 보험사고가 보험계약자, 피보험자, 보험수익자 등 보험가입자측의 중과실로 생긴 경우

③ 보험사고가 보험계약자, 피보험자, 보험수익자 등 보험가입자측의 경과실로 생긴 경우

④ 보험사고가 전쟁 기타의 변란으로 인하여 생긴 때에는 당사자 간에 다른 약정이 없으면 보험자는 보험금액을 지급할 책임이 없다.

5 다음 중 보험료 지급의무와 그 성질에 관한 설명으로 옳지 않은 것은?

① 보험료납입의무는 보험계약자의 가장 중요한 의무이다.

② 은행 등의 창구에서 보험료를 납입하도록 하는 온라인과 지로청구에 의한 보험료납입은 지참채무로 볼 수 없다.

③ 보험료지급은 원칙적으로 지참채무이지만 당사자의 합의나 보험모집인의 관행을 통하여 추심 채무로 될 수 있다.

④ 보험계약은 당사자 일방이 약정한 보험료를 지급하고 재산 또는 생명이나 신체에 불확정한 사고가 발생할 경우에 상대방이 일정한 보험금이나 그 밖의 급여를 지급할 것을 약정함으로써 효력이 생긴다.

6 주된 보장에 따른 보험의 종류 중 올바르지 않는 것은?

① 생존보험은 피보험자가 만기까지 살아 있을 때만 보험금이 지급되는 보험이지만 보험기간 중 사망하면 납입된 보험료는 환급된다.

② 생사혼합보험은 생존보험의 저축기능과 사망보험의 보장기능을 결합한 보험이다.

③ 사망보험은 피보험자가 보험기간 중 사망 또는 고도의 장해상태가 되었을 때 보험금을 지급하는 보험이다.

④ 생존보험은 저축기능이 강한 반면 보장기능이 약하다.

7 다음의 용어와 그에 대한 설명이 옳지 않은 것은?

① 보험목적물이란 보험사고 발생의 객체로 생명보험에서는 피보험자의 생명 또는 신체를 가리킨다.

② 보험사고란 보험에 담보된 생명이나 신체에 관하여 불확정한 사고, 즉 위험이 발생하는 것을 말하며 재산에 대한 사고는 포함되지 않는다.

③ 보험금은 보험사고가 발생하였을 때 보험자가 지급하는 금액이다.

④ 보험료는 보험계약자가 보험에 의한 보장을 받기 위하여 보험자에게 지급하여야 할 금액으로 만약 보험료를 납부하지 않는다면 그 계약은 해제 혹은 해지된다.

8 다음 설명 중 옳지 않은 것은?

① 실제 보험실무와 다르게 원칙적으로 보험계약자는 계약체결 후 지체 없이 보험료의 전부 또는 제1회 보험료를 지급하여야 한다.

② 분할지급의 경우에는 제2회 이후의 계속보험료는 약정한 지급기일에 지급하여야 한다.

③ 계속보험료가 약정되어 있는 시기에 지급되지 아니할 경우 보험자는 상당한 기간을 정하여 보험료 지급을 최고하고 해당 기간 내에 보험계약자가 보험료의 납입을 지체한 경우 별도의 해지통보를 통해 계약을 해지할 수 있다.

④ 보험기간 중에 보험계약자 또는 피보험자가 사고발생의 위험이 현저하게 변경 또는 증가된 사실을 안 때에는 지체 없이 보험자에게 통지하여야 한다. 이를 해태한 때에는 보험자는 사실을 안 날로부터 1년 내에 한하여 계약을 해지할 수 있다.

9 다음 중 보험계약의 요소에 대한 설명으로 옳지 않은 것은?

① 보험의 목적물은 보험자가 배상하여야 할 범위와 한계를 정해준다.

② 보험계약자가 보험료를 납부하지 않는다면 그 계약은 해제 혹은 해지된다.

③ 보험료 납입을 보험기간의 전 기간에 걸쳐서 납부하는 보험을 단기납보험이라 한다.

④ 상법에서는 보험자의 책임을 최초의 보험료를 지급 받은 때로부터 개시한다고 규정하고 있다.

10 생명보험의 기본원리에 대한 설명으로 옳지 않은 것은?

① 국민생명표는 국민 또는 특정지역의 인구를 대상으로 그 인구 통계에 의해 사망상황을 작성한 생명표이다.

② 수지상등의 원칙의 등식은 $P \times n = R \times e$이다.

③ 3이원방식은 예정사망률, 예정이율, 예정사업비율의 3대 예정률을 기초로 계산하는 방식이다.

④ 예정사망률이 높아지면 사망보험의 보험료는 내려가고 생존보험의 보험료는 올라간다.

11 다음 중 보험계약 세제혜택에 대한 설명으로 옳지 않은 것은?

① 연금소득자 또는 개인사업자도 보장성보험에 가입하면 세액공제를 받을 수 있다.

② 일용근로자를 제외한 근로소득자가 기본공제대상자를 피보험자로 하는 일반 보장성보험에 가입한 경우 과세 기간에 납입한 보험료(100만 원 한도)의 12%에 해당되는 금액을 종합소득산출세액에서 공제받을 수 있다.

③ 근로소득자에서 일용근로자는 제외되지만, 개인사업자에게 고용된 직원이 근로소득자일 경우에는 세액공제 가능하다.

④ 근로소득자가 기본공제대상자 중 장애인을 피보험자 또는 수익자로 하는 장애인전용보험및 장애인전용보험전환특약을 부가한 보장성 보험의 경우 과세기간 납입 보험료(1년 100만 원 한도)의 15%에 해당되는 금액을 종합소득산출세액에서 공제받을 수 있다.

12 보험영업 및 관리과정에서 많이 발생하는 민원유형 중 불완전판매에 해당하지 않는 것은?

① 고객의 니즈에 부합하지 않는 상품을 변칙 판매

② 고객불만 야기 및 부적절한 고객불만 처리

③ 약관 및 청약서 부본 미교부

④ 자필서명 미이행

13 생명보험으로서 제3보험의 특성으로 옳지 않은 것은?

① 피보험자의 동의가 필요하다.
② 15세 미만의 계약이 허용된다.
③ 피보험이익 평가가 불가능하다.
④ 실손보상의 원칙이 적용된다.

14 다음 글이 설명하고 있는 상해사고의 요건으로 적절한 것은?

> 피보험자가 보험사고의 핵심적인 요건으로 원인 또는 결과의 발생을 예견할 수 없는 상태를 말한다.

① 급격성   ② 우연성
③ 외래성   ④ 고의성

15 다음 중 질병보험의 특성으로 옳지 않은 것은?

① 진단비, 수술비에는 1회 보상한도 금액을 설정하고 있다.
② 고연령일수록 보험료가 증가하게 된다.
③ 선천적인 질병, 정신질환, 알코올중독 및 마약 등의 질병은 면책 질병으로 분류된다.
④ 계약 전 알릴의무에 해당하는 질병으로 피보험자가 과거에 의료기관에서 진단 또는 치료를 받은 경우라도 보험금 지급사유가 발생하여면 보험금을 지급한다.

16 보험계약의 철회에 관한 설명으로 옳지 않은 것은?

① 보험계약자는 보험가입증서를 받은 날부터 15일 이내에 청약을 철회할 수 있다.
② 일자 계산은 초일 불산입을 적용한다.
③ 보험기간이 1년 미만인 계약 또는 전문보험계약자가 체결한 계약은 청약을 철회할 수 없다.
④ 청약일로부터 10일이 초과한 계약은 청약철회가 불가하다.

17 다음 중 보험계약의 당연 실효 사유가 아닌 것은?

① 감독당국으로부터 허가취소를 받았을 때

② 법원으로부터 해산명령을 받고 3개월 경과하였을 때

③ 보험계약자가 보험사고 발생 전에 계약의 전부 또는 일부를 해지할 때

④ 보험회사가 파산선고를 받고 3개월이 경과하였을 때

18 다음 중 보험계약 체결단계에서 보험계약자에게 설명하지 않아도 되는 것은?

① 보험의 모집에 종사하는 자의 성명, 연락처 및 소속

② 보험계약의 승낙절차

③ 보험계약 승낙거절 시 거절사유

④ 예상 심사기간 및 예상 지급일

19 다음 우체국 직원 중 보험모집을 할 수 없는 자는?

① 우정공무원교육원장이 실시하는 보험관련 교육을 3일 이상 이수한 자

② 종합자산관리사(IFP), 재무설계사(AFPK), 국제재무설계사(CFP) 등 금융분야 자격증을 취득한 자

③ FC 조직관리 보상금을 지급 받는 자

④ 교육훈련 인증제에 따른 금융분야 인증시험에 합격한 자

20 생명보험 계약관계자에 포함되지 않는 것은?

① 보험계약자   ② 피보험자

③ 보험수익자   ④ 보험인수자

1 다음 중에서 TCP에 대한 설명으로 옳지 않은 것은?

① 신뢰성 있는 데이터를 전송한다.
② 하나의 TCP 연결로 양방향 데이터 전달이 가능하다.
③ 라우터 혼잡을 피하기 위해 흐름 제어(flow control)를 수행한다.
④ 순서(sequence) 번호와 확인(acknowledgement) 번호를 사용한다.

2 이메일 서비스에서 사용되는 프로토콜로 적절하지 않은 것은?

① DNS
② HTTP
③ RTCP
④ TCP

3 운영체제(Operating System) 유형에 대한 설명으로 옳지 않은 것은?

① 다중 프로그래밍 시스템은 CPU가 유휴상태가 될 때, CPU 작업을 필요로 하는 여러 작업 중 한 작업이 CPU를 사용할 수 있도록 한다.
② 다중 처리 시스템에서는 CPU 사이의 연결, 상호작업, 역할 분담 등이 고려되어야 한다.
③ 실시간 처리 시스템은 작업 실행에 대한 시간제약 조건이 있으므로 선점 스케줄링 방식을 이용한다.
④ 시분할 시스템은 CPU가 비선점 스케줄링 방식으로 여러 개의 작업을 교대로 수행한다.

4 가상메모리(Virtual memory)에 대한 설명으로 옳지 않은 것은?

① 다중 프로그래밍 정도가 높은 경우, 프로세스가 프로그램 수행시간보다 페이지 교환시 간에 더 많은 시간을 소요하고 있다면 스레싱(thrashing) 현상이 발생한 것이다

② 프로세스를 실행하는 동안 일부 페이지만 집중적으로 참조하는 경우를 지역성 (locality)이라 하며, 배열 순회는 공간 지역성의 예이다.

③ 프로세스가 자주 참조하는 페이지의 집합을 작업 집합(working set)이라 하며, 작업 집합은 최초 한번 결정되면 그 이후부터는 변하지 않는다.

④ 인위적 연속성이란 프로세스의 가상주소 공간상의 연속적인 주소가 실제 기억장치에서도 반드시 연속적일 필요는 없다는 성질이다.

5 운영체제 프로세스에 대한 설명으로 옳지 않은 것은?

① 프로세스의 영역 중 스택 영역은 지역변수를 할당하고, 힙 영역은 동적 메모리를 할당한다.

② 디스패치(dispatch)는 운영체제가 프로세스에 대한 주요 정보를 저장해 놓은 자료 구조이다.

③ 프로세스 제어 블록 (process control block)은 프로세스 식별자, 메모리 관련 정보, 프로세스가 사용했던 중간값을 포함한다.

④ 문맥교환(context switching)은 CPU를 점유하고 있는 프로세스를 CPU에서 내보내고 새 로운 프로세스를 받아들이는 작업이다.

6 조직의 내부나 외부에 분산된 여러 데이터 소스로부터 필요로 하는 데이터를 검색하여 수동 혹은 자동으로 수집하는 과정과 관련된 기술에 해당하지 않는 것은?

① ETL(Extraction, Transformation, Loading)

② 로그 수집기

③ 기계학습

④ 크롤링(crawling)

7 기계학습(machine learning)에 대한 설명으로 옳지 않은 것은?

① 강화학습은 결괏값을 주는 대신에 어떤 일을 잘했을 때 보상(Reward)을 주는 방식으로 학습한다.

② 기계학습 모델의 성능 기준으로 사용되는 F1 점수(score)는 정밀도(precision)와 검출률 (recall)을 동시에 고려한 조화평균 값이다.

③ 준지도 학습은 결괏값이 존재하는 소량의 분류(labeled) 데이터를 이용해 학습하는 방법이다.

④ 비지도학습은 입력(Input, Feature)과 출력(Target)이 쌍으로 주어진 훈련 데이터(Training data)를 이용한 학습이다.

8 소프트웨어 테스트(Software Test)에 대한 설명으로 옳지 않은 것은?

① 통합 테스트는 단위 테스트가 끝난 모듈을 통합하는 과정에서 발생할 수 있는 오류를 찾는 테스트이다.

② 테스트의 목적은 소프트웨어 요구사항의 만족도 및 예상 결과와 실제 결과의 차이점을 파악함으로써 소프트웨어의 오류를 찾아내는 것이다.

③ 화이트 박스 테스트는 소프트웨어 혹은 제품의 내부 구조, 동작을 세밀하게 검사하는 테스트 방식이다.

④ 블랙박스 테스트에는 기초 경로(basic path), 조건 기준(condition coverage), 루프(loop) 검사, 논리 위주(logic driven) 검사 등이 있다.

9 RAID(Redundant Array of Inexpensive Disks)에 대한 설명으로 옳지 않은 것은?

① RAID 1은 디스크 미러링(disk mirroring) 방식으로, 디스크 오류 시 데이터 복구가 가능 하지만 디스크 용량의 효율성이 떨어진다.

② RAID 2는 데이터를 바이트 단위로 여러 디스크에 분할 저장하는 방식으로, 디스크 동기화가 필수적이다.

③ RAID 4는 데이터를 블록 단위로 여러 디스크에 분할 저장하는 방식으로, 오류의 검출 및 정정을 위해 별도의 패리티 비트를 사용한다.

④ RAID 5는 패리티 블록들을 여러 디스크에 분산 저장하는 방식으로, 단일 오류 검출 및 정 정이 가능하다.

10 프로그래밍 언어 번역 프로그램에 대한 설명으로 옳지 않은 것은?

① 인터프리터(interpreter)는 고급 언어로 작성된 프로그램을 전체로 받아들여 번역하고, 번역과 동시에 프로그램을 전체로 즉시 실행시키는 프로그램이다.
② 컴파일러(compiler)는 고급 언어로 작성된 프로그램 전체를 목적 프로그램으로 번역한 후, 링킹 작업을 통해 컴퓨터에서 실행 가능한 실행 프로그램을 생성한다.
③ 어셈블러(assembler)는 어셈블리어를 기계어 형태의 오브젝트 코드로 해석해 주는 컴퓨터 언어 번역 프로그램을 말한다.
④ 프리프로세서(preprocessor)는 컴파일러가 컴파일을 수행하기 전에 원시 프로그램의 내용 을 변경하는 것이다.

11 「개인정보 보호법」의 제3조 개인정보 보호 원칙의 내용으로 옳지 않은 것은?

① 개인정보처리자는 제30조에 따른 개인정보 처리방침 등 개인정보의 처리에 관한 사항을 비공개할 수 있으며, 열람청구권 등 정보주체의 권리를 보장받을 수 있어야 한다.
② 개인정보처리자는 개인정보의 처리 목적을 명확하게 하여야 하고 그 목적에 필요한 범위에서 최소한의 개인정보만을 적법하고 정당하게 수집하여야 한다.
③ 개인정보처리자는 개인정보의 처리 목적에 필요한 범위에서 적합하게 개인정보를 처리하여야 하며, 그 목적 외의 용도로 활용하여서는 아니 된다.
④ 개인정보처리자는 개인정보의 처리 목적에 필요한 범위에서 개인정보의 정확성, 완전성 및 최신성이 보장되도록 하여야 한다.

12 주로 가정/사무실 등의 실내환경에서 10~20m 내외의 근거리 통신을 지원하는 네트워크기술로 옳은 것은?

① Zigbee
② 블루투스
③ RFID
④ 센서 네트워크

13 다음 설명하는 디자인 패턴으로 옳은 것은?

<보기>

객체에 동적으로 기능을 추가할 수 있도록 해주는 구조적인 디자인 패턴으로 원래의 기능을 수정하지 않고 새로운 기능을 추가하는 패턴이다.

① 메멘토 패턴(memento pattern)
② 데코레이터 패턴(decorator pattern)
③ 옵저버 패턴(observer pattern)
④ 싱글톤 패턴(Singleton)

14 다음 글의 빈칸에 들어갈 알맞은 단어를 고르시오.

Central, eastern and southern parts of the state are rich, whereas northern and western parts are _____ in forest.

① proficient
② effective
③ deficient
④ successive

15 다음 중 어법상 적절하지 않은 것을 고르시오.

The DroneBase team works ① diligently on developing new and interesting opportunities for our pilot community. Our newest partnership might be the most interesting development yet : we're pleased to announce an exclusive global content partnership with Getty Images. Before today, DroneBase pilots had ② access to just two types of missions : client missions and pano missions, both of ③ them have unique photography specifications. Today, we're excited to introduce Getty Creative Missions as a third opportunity for our pilot community. For the first time ever, drone pilots have an opportunity to flex their creative muscles for a chance to have their work ④ be featured on Getty Images for purchase.

16 다음 대화의 빈칸에 들어갈 표현으로 가장 알맞은 것을 고르시오.

> W : Hello, I'd like to return this sweater.
>
> M : What's wrong with it, ma'am?
>
> W : I washed it according to the directions and now it's full of holes.
>
> M : Oh dear. This is the second sweater returned this week.
>
> W : Well, I was extremely disappointed by the poor quality.
>
> M : I'm very sorry, madam. _____

① I don't know what to do.

② You can buy a new sewater.

③ You are asking for another sweater.

④ We'll gladly give you a refund.

17 다음 글을 읽고 필자의 심경변화로 가장 적절한 것을 고르시오.

> Last year I was traveling from China to Vietnam. I arrived at the Chinese border town around seven o'clock in the morning. The border was already open, and I could proceed through. The first step was the Chinese passport control. They took my passport and started looking through it very carefully. They checked all my details, while repeatedly looking at me. I became very nervous. I tried to smile and be friendly, even though it was really early in the morning and I was only half awake. After about ten minutes, I was finally allowed to pass through the passport control. I realized that they were simply curious. I had been traveling for a long time, and my passport had many stamps from countries such as Australia, Japan and even Mexico.

① excited — disappointed

② nervous — relieved

③ happy — sad

④ grave — unhappy

18 다음 빈칸에 들어갈 말로 가장 적절한 것을 고르시오.

A new paper by biodiversity researchers explores the possibilities of a future where algae could be supplying us with energy. Algae have a great potential in being harvested as fuel according to these experts. They generally grow at lower densities than bacteria or yeast, but their growth rates are far superior to either of them. This feature enhances the organism's capability to produce oil. Moreover, algae yields oil at least 10 times more than standard oil seed crops. In addition, they can grow by feeding on environmental waste such as carbon dioxide and waste water. Once the process for algal fuel production is developed, _____.

*algae : 조류

① algae will become the most widely used eco-friendly energy source
② oil will become depleted in most parts of the world
③ the world will have to worry about fighting algal pollutants
④ demand for algae will soar the most in non-oil producing countries

19 다음 글의 내용과 일치하지 않는 것은?

On November 22, 1963, President John F. Kennedy was fatally shot in the head. A man by the name of Lee Harvey Oswald shot the President as he rode in the Presidential limousine. Mystery still surrounds Kennedy's death. Was Oswald acting alone when he shot the President or was he working with other people? Exactly how many shots were fired? Also, the reason why the President was murdered is still unknown. Regardless the murder of kennedy shocked the nation and can be seen as another violent act in one of the most chaotic decades in America's history.

① The 1960s was a chaotic decade for America.
② Kennedy was shot in the head.
③ Kennedy was shot while giving a speech.
④ Kennedy's death is still wrapped in mystery.

20 다음 글의 밑줄 친 부분에 들어갈 말로 가장 적절한 것은?

Surnames came into existence throughout Europe in several ways. An important way to identify people was to _____. Alfred, the miller, who would later be called Alfred Miller, earned his living by producing flour from grain. Michael Cooper was at first Michael, the cooper or barrel maker. Theodore Smith was originally Theodore, the blacksmith who forged utensils and shoed horses. The names Weaver, Carpenter, and Taylor should need no explanation. There were identical surnames in other languages. For example, in German Schneider is the word for "tailor".

① refer to whose son they were
② add the name of the place they lived
③ use their types of work, or occupations
④ give them, nicknames according to their traits

모의고사

정답 및 해설 P. 219

▶▶▶ 01   우편일반

1 우편사업의 특징으로 볼 수 없는 것은?

① 우편사업은 정부가 출자 · 관리 · 경영하는 정부기업에 의한 사업이다.

② 우편사업은 제2차 산업에 속하며 자원집약적 성격이 강한 산업이다.

③ 우편사업은 공익성과 기업성을 함께 가지고 있다.

④ 우편사업은 특별회계로서 독립채산제를 채택하고 있다.

2 다음 중 우편의 이용관계에 관한 설명으로 옳지 않은 것은?

① 우편 이용관계는 이용자가 우편 서비스 제공을 목적으로 마련된 인적 · 물적 시설을 이용하는 관계이다.

② 우편 이용자와 우편관서 간의 우편물 송달 계약을 내용으로 하는 사법(私法)상의 계약 관계(통설)이다.

③ 우편사업 경영 주체가 국가이며 공익적 성격을 띠고 있으므로 이용관계에서 다소 권위적인 면이 있다.

④ 우편관서는 송달요구권, 우편물 반환청구권 등의 의무관계를 가진다.

3 우편물 손해배상에 대한 설명으로 옳지 않은 것은?

① 우편관서의 고의 또는 과실이 있어야 한다.

② 우편물의 손해가 발송인 또는 수취인의 잘못으로 인한 것이거나 당해 우편물의 성질, 결함 및 불가항력으로 인하여 발생한 것일 때에는 그 손해를 배상하지 않는다.

③ 우편물 교부 시 외부 파손 흔적이 있거나 중량에 차이가 있는 경우에는 손해가 없는 것으로 간주한다.

④ 우편물 발송인 및 수취인은 그 우편물에 우편관서에서 배상하여야 할 손해가 있다고 인정될 때에는 수취를 거부할 수 있다.

4 다음 중 국내우편물의 손해배상에서 등기통상우편물의 손해배상 금액으로 옳은 것은?

① 5만원
② 10만원
③ 50만원
④ 신고가액

5 소포우편물의 접수검사에 대한 설명으로 틀린 것은?

① 내용품을 문의하고 폭발물, 인화물질, 마약류 등의 포함여부 우려가 있으면 우편물의 개봉을 요구할 수 있다.
② 내용품의 성질, 모양, 용적 등에 따라 송달 중 파손되지 않고 다른 우편물에 손상을 주지 않으며 질긴 종이에 튼튼하게 포장하였는지 확인해야 한다.
③ 발송인이 다른 우편물을 훼손시킬 우려가 있어 개봉을 요구하였을 경우 개봉을 거부하여도 요금을 징수하였으면 접수를 하여야 한다.
④ 내용품에 대하여 발송인이 허위로 진술한다고 의심이 가는 경우 개봉을 요구할 수 있으며 내용품을 확인하여야 한다.

6 다음 중 우편물 운송 우선순위가 바르게 나열된 것은?

① 당일특급우편물 → 익일특급우편물 → EMS우편물
② 익일특급우편물 → 국제선편우편물 → 국제항공우편물
③ EMS우편물 → 등기소포우편물 → 일반통상우편물
④ 일반소포우편물 → 일반통상우편물 → EMS우편물

7 만국우편연합(UPU)에 관한 설명으로 옳지 않은 것은?

① 사무국(Bureau)은 태국의 방콕(Bangkok)에 있으며 현재 회원국은 32개국이다.

② 연합회의 상설기관으로는 관리이사회, 우편운영이사회, 국제사무국이 있다.

③ 화폐단위는 SDR(Special Drawing Rights)이고, 공식 언어는 프랑스어이다.

④ 총회는 연합의 최고 의결기관으로서 4년마다 개최되며 전 회원국의 전권대표로 구성된다.

8 다음 중 국제특급우편(EMS)으로 보낼 수 없는 물품으로만 묶인 것은?

① 업무용 서류, 송금환, 마이크로 필름

② 동전 및 화폐, 상품 견본, 상업용 서류

③ 유가증권류, 상품, 마그네틱 테이프

④ 동전 및 화폐, 유가증권류, 송금환

9 국제우편물의 통관에 대한 설명으로 옳지 않은 것은?

① 소포우편물, 특급우편물, 등기우편물, 서신 등은 통관검사를 거쳐야 한다.

② 통관절차에는 우체국의 직원 또는 우체국의 위탁을 받은 업체의 직원이 입회하여야 한다.

③ 통관우체국장은 특히 필요하다고 인정될 때에만 우편물의 수취인을 통관검사에 입회하게 할 수 있다.

④ 수취인에게 책임이 있는 사유로 인하여 지정된 보관기간 내에 통관절차를 끝내지 못한 도착우편물은 배달할 수 없는 우편물로 준하여 처리한다.

10 다음 중 우편에 대한 설명으로 옳지 않은 것은?

① 좁은 의미의 우편은 우정사업본부가 책임지고 서신 등의 의사를 전달하는 문서나 통화 그 밖의 물건을 나라 안팎으로 보내는 업무이다.

② 넓은 의미의 우편은 우편관서가 문서나 물품을 전달하거나 이에 덧붙여 제공하는 업무를 통틀어 이른다.

③ 우편은 주요 통신수단의 하나로 정치·경제·사회·문화·행정 등의 모든 분야에서 정보를 전달하는 중추신경과 같은 임무를 수행한다.

④ 우리나라에서만 의무적으로 보편적 우편 서비스를 제공할 것을 법령에 규정하고 있다.

11 통상우편물의 발송 요건으로 옳은 것은?

① 우편이용자는 우편물 접수 시 우편물의 외부에 발송인 및 수취인의 주소, 성명과 우편번호를 표시하여 발송하여야 한다.

② 통상우편물은 봉투에 넣어 봉함하여 발송하는 것을 원칙으로 한다.

③ 우정사업본부장이 발행하는 우편엽서와 사제엽서 제조요건에 적합하게 제조한 사제엽서 및 전자우편물도 봉함해야 발송할 수 있다.

④ 봉투에 넣어 봉함하기가 적절하지 않은 우편물은 발송할 수 없다.

12 다음 각 설명에 해당하는 것을 바르게 고른 것은?

> ㉠ 우편을 이용해서 현금을 직접 수취인에게 배달하는 제도로서 만일 취급하는 중에 잃어버린 경우에는 금액 전액을 변상하여 주는 보험취급의 일종이다.
>
> ㉡ 우체국과 금융기관과의 계약을 통해 외국통화(현물)를 고객에게 직접 배달하는 맞춤형 우편서비스이다.
>
> ㉢ 귀금속, 보석, 옥석, 그 밖의 귀중품이나 주관적으로 가치가 있다고 신고하는 것을 보험등기 봉투에 넣어 수취인에게 직접 송달하고 취급 도중 망실되거나 훼손한 경우 표기금액을 배상하는 보험취급제도의 하나로 통상우편물에 한정한다.

	㉠	㉡	㉢
①	통화등기	물품등기	유가증권등기
②	물품등기	유가증권등기	물품등기
③	물품등기	외화등기	유가증권등기
④	통화등기	외화등기	물품등기

13 우체국쇼핑에서 다음 내용과 가장 관계가 깊은 서비스는?

> 출하시기의 농수산 신선식품, 소포장 가공식품, 친환경 식품 등을 적기에 판매하는 서비스

① 특산물
③ 생활마트
② 제철식품
④ 창구판매

14 다음 중 우편요금 후납우편물의 취급대상에 해당하는 것은 모두 몇 개인가?

> • 한 사람이 매월 100통 이상 발송하는 통상우편물
> • 모사전송(팩스)우편물
> • 전자우편
> • 예약배달서비스를 부가한 우체국축하카드
> • 우체통에서 발견된 습득물 중 우편물에서 이탈된 것으로 인정되지 않는 주민등록증

① 1개　　　　　　　　　　② 2개
③ 3개　　　　　　　　　　④ 4개

15 다음 중 우편요금 감액대상에 관한 설명으로 옳지 않은 것은?

① 서적우편물 중 상품의 선전 및 광고가 전지면의 10%를 초과하는 것은 감액대상에서 제외된다.

② 정기간행물은 요금별납 또는 요금후납 일반우편물로서 무게와 규격이 같아야 한다.

③ 상품안내서(카탈로그)우편물 1통의 무게는 1,000g을 초과할 수 없으며, 추가 동봉물은 상품안내서(카탈로그)의 무게를 초과하지 못한다.

④ 비영리민간단체 우편물의 1묶음은 100통 이내로 하여야 하며 그 두께는 20cm를 초과할 수 없다.

16 우편요금 등의 반환청구기간으로 옳지 않은 것은?

① 과다 징수한 우편요금 등 우편관서의 잘못으로 너무 많이 징수한 우편요금 등 – 해당 우편요금 등을 납부한 날부터 60일

② 사설우체통 사용계약을 해지하거나 해지시킨 경우의 납부수수료 잔액, 또는 사설우체통의 사용계약을 해지한 날 이후의 납부수수료 잔액 – 해지한 날부터 30일

③ 납부인이 우편물을 접수한 후 우편관서에서 발송이 완료되지 아니한 우편물의 접수를 취소한 경우 – 우편물 접수 당일

④ 부가취급을 하지 아니한 경우의 그 부가취급수수료 – 우편물 접수 당일

17 국내우편물의 손해배상제도에 관한 설명으로 옳은 것은?

① 통상 국내특급의 손해배상 최고 금액은 5만 원이다.

② 손해배상 청구권은 우편물을 발송한 날부터 5년이다.

③ 손해배상 청구권은 우편물 발송인 또는 우편물 발송인의 승인을 얻은 수취인에게 있다.

④ 등기 취급하지 않은 우편물도 손해배상한다.

18 다음 중 손실보상 범위에 해당하지 않는 것은?

① 우편업무를 수행중인 운송원·집배원과 항공기·차량·선박 등이 통행료를 내지 않고 도로나 다리를 지나간 경우

② 우편관서가 고의나 잘못으로 취급 중인 국내우편물에 재산적 손해를 끼친 경우

③ 우편업무를 수행 중에 도로 장애로 담장 없는 집터, 논밭이나 그 밖의 장소를 통행하여 생긴 손실에 대한 보상을 피해자가 청구하는 경우

④ 운송원이 도움을 받은 경우 도와준 사람에게 보상

19 다음은 이용자 실비지급제도의 범위와 지급액이다. (　)에 들어갈 알맞은 내용은?

> • 모든 우편은 우체국 직원의 잘못이나 불친절한 응대 등으로 (　) 이상 우체국을 방문하였다고 신고한 경우 지급 가능하다.
> • EMS는 종·추적조사나 손해배상을 청구한 때 (　) 이상 지연 응대한 경우 지급 가능하다.
> • EMS는 한 발송인에게 월 (　) 이상 손실이나 망실이 생긴 때

① 2회, 3일, 2회

② 2회, 3일, 3회

③ 3회, 3일, 2회

④ 3회, 3일, 3회

20 우편사서함의 사용계약의 해지 사유로 옳지 않은 것은?

① 사서함에 배달된 우편물을 정당한 사유 없이 50일 이상 수령하지 않을 경우

② 최근 3개월간 계속하여 사서함에 배달된 우편물의 총통수가 월 30통에 미달한 경우

③ 우편관계 법령을 위반한 때

④ 공공의 질서나 선량한 풍속에 반하여 사서함을 사용한 때

1 금융시장의 구분으로 옳은 것은?

① 금융거래의 단계에 따라 단기금융시장과 장기금융시장으로 구분할 수 있다.
② 금융거래의 만기에 따라 발행시장과 유통시장으로 구분할 수 있다.
③ 금융거래의 장소에 따라 장외시장과 거래소시장으로 구분할 수 있다.
④ 금융수단의 성격에 따라 주식시장과 자본시장으로 구분할 수 있다.

2 다음에서 설명하는 예금의 종류가 바르게 연결된 것은?

㉠ 월부금을 정해진 회차에 따라 납입하면 만기일에 금융기관이 계약액을 지급하겠다는 계약
㉡ 일정기간을 정하여 부금을 납입하게 하고 기간의 중도 또는 만료 시에 부금자에게 일정한 금전을 급부할 것을 내용으로 하는 약정
㉢ 예치기간이 약정된 금전소비임치계약으로 기한이 도래하지 않음으로써 그 기간 동안 당사자가 기한의 이익을 받는 계약

	㉠	㉡	㉢
①	정기예금	상호부금	정기적금
②	정기적금	상호부금	정기예금
③	정기예금	당좌예금	저축예금
④	정기적금	당좌예금	저축예금

3 전자금융의 특징에 대한 설명으로 옳지 않은 것은?

① 영업점 방문이 필요했던 전통적인 금융거래의 시간적·공간적 제약을 극복할 수 있어 고객의 이용편의가 증대되었다.

② 비대면·비서면으로 거래가 가능하여 24시간 언제 어디서든 금융 거래가 가능해졌지만, 창구거래보다 이용 수수료가 비싸다.

③ 비장표로 거래되는 특성상 금융거래에 필요한 종이 사용량이 감소하여 관리비용과 거래건당 처리비용을 낮출 수 있다.

④ 전자금융서비스 채널의 다양화를 통해 고객의 영업점 방문 횟수를 감소시킴으로써 효율적인 창구운영의 기회를 제공한다.

4 예금계약의 법적 성질에 대한 설명 중 옳은 것은?

① 요물계약으로 당사자 합의만 있으면 물건의 인도, 기타의 급부를 하지 않더라도 성립하는 계약을 말한다.

② 소비임치계약은 수취인이 보관을 위탁받은 목적물의 소유권을 취득하여 이를 소비한 후 그와 같은 종류, 품질 및 수량으로 반환할 수 있는 특약이 붙어 있는 것을 내용으로 하는 계약이다.

③ 금융기관과 체결한 예금계약은 민사임치계약이다.

④ 계약당사자의 일방이 미리 작성해 놓고 정형화시킨 일반거래약관에 따르지 않고 체결되는 계약을 부합계약이라 한다.

5 다음 중 금융의 특징이 아닌 것은?

① 자금의 중개기능을 수행한다.

② 비용과 시간 등 거래비용이 늘어난다.

③ 개인들의 자금사정에 따른 자산관리 수단을 제공해 준다.

④ 자금의 만기나 크기를 재조정하여 자금이 적절하게 제자리를 찾아가도록 돕는다.

6 다음 중 금리에 관한 설명으로 옳지 않은 것은?

① 명목금리는 물가상승에 따른 구매력의 변화를 감안하지 않는다.

② 만기가 1년을 초과하는 장기금리에는 국공채, 회사채, 금융채 등의 수익률이 포함된다.

③ 기준금리를 올리면 과열된 경기가 진정되고 물가가 하락한다.

④ 대출의 경우 이자 계산방법 등에 따라 표면금리는 달라진다.

7 다음 중 특수은행에 해당하지 않는 것은?

① 한국산업은행

② 한국수출입은행

③ 인터넷전문은행

④ 중소기업은행

8 MMDA, MMF, CMA에 관한 설명으로 옳은 것은?

① MMDA는 입출금이 자유로운 대신 금리가 낮은 편이다.

② MMF는 예금자 보호의 대상이다.

③ CMA는 종합금융회사나 증권회사에서 취급한다.

④ MMF는 확정금리다.

9 주택청약종합저축에 대한 설명으로 옳지 않은 것은?

① 전체 은행을 통해 1인 1계좌만 개설 가능하다.

② 연령에 관계 없이 누구나 가입 가능하다.

③ 수도권의 경우 가입 후 1년이 지나면 1순위가 된다.

④ 매월 2만 원 이상 50만원 이내에서 10,000원 단위로 자유롭게 불입할 수 있다.

10 종류형펀드 중 선취, 후취 판매수수료가 없으나 연간 보수가 높은 펀드, 단기투자에 적합한 것은 무엇인가?

① A클래스

② B클래스

③ C클래스

④ D클래스

11 다음 중 선물계약과 선도계약에 대한 설명으로 옳지 않은 것은?

① 선물계약과 선도계약은 장래의 일정 시점에 일정 품질의 물품 또는 금융상품을 일정 가격에 인수·인도하기로 계약한다는 점에서는 동일하다.

② 선도계약은 거래당사자들이 자유롭게 계약내용을 정하고 장소에 구애받지 않고 거래할 수 있다.

③ 선물계약은 계약내용이 표준화되어 있고 공식적인 거래소를 통해 거래가 이루어진다.

④ 선물계약은 선도계약보다 넓은 범위의 계약을 지칭한다.

12 다음 중 외화예금에 관한 설명으로 옳은 것은?

① 외화예금은 USD, JPY, EUR 등 12개 통화로 예치 가능하다.

② 외화보통예금은 예치통화의 환율이 오르내릴 경우 환차익이나 환차손이 발생할 수도 있다.

③ 외화정기예금은 약정기간이 짧을수록 안정적으로 운용하기에 좋다.

④ 외화적립식예금의 계약기간은 24개월 이상이다.

13 다음 중 투자에 관한 설명으로 옳지 않은 것은?

① 투자수익률은 투자량과 회수량과의 비율을 나타낸다.

② 분산투자를 통해 모든 위험의 크기를 줄일 수 있다.

③ 투자의 레버리지는 총 투자액 중 부채의 비중이 커지면 증가한다.

④ 리스크에 대한 보상으로 증가하는 기대수익률을 리스크 프리미엄이라고 한다.

14 금융투자업자의 투자자 보호장치 중 금융상품의 위험 등 투자광고 필수 포함내용 규정을 주요 내용으로 하는 규제의 명칭은?

① 신의성실의무　　　　　　　　　② 고객알기제도
③ 광고 규제　　　　　　　　　　　④ 설명의무

15 다음 설명에 해당하는 주식은 무엇인가?

기업의 영업실적이나 수익 증가율이 시장평균보다 높을 것으로 기대되는 주식

① 보통주　　　　　　　　　　　　② 우선주
③ 성장주　　　　　　　　　　　　④ 경기순환주

16 채권의 이자나 만기상환액이 주가나 주가지수에 연동되어 있는 채권으로 우리나라에서 주로 발행되며, 투자금액의 대부분을 일반 채권에 투자하고 나머지를 파생상품에 투자하는 방식으로 운용되는 것은?

① 주가지수연계채권　　　　　　　② 물가연동채권
③ 자산유동화증권　　　　　　　　④ 변동금리부채권

17 다음은 우체국금융 상품 중 적립식 예금에 대한 설명이다. 옳지 않은 것은?

① $2040^{+\alpha}$ 자유적금은 급여이체 및 신용카드 가맹점 결제계좌 이용고객, 인터넷뱅킹 가입 고객 등의 조건에 해당하는 경우 우대금리를 제공한다.

② 우체국 다드림적금은 주거래 고객 확보 및 혜택 제공을 목적으로 각종 이체 실적 보유 고객, 우체국예금 우수고객, 장기거래 등 주거래 이용 실적이 많을수록 우대 혜택이 커지는 자유적립식 예금이다.

③ 우체국 마미든든 적금은 자녀가 있는 여성이라면 누구나 우대하는 적립식 예금으로 자녀의 수와 나이에 따라 우대금리를 제공하는 상품이다.

④ 우체국 매일모아 e적금은 매일 저축 및 매주 알림저축 서비스를 통해 소액으로 쉽고 편리하게 목돈 모으기가 가능한 디지털전용 적립식 예금이다.

18 금융시장의 특징에 대한 설명으로 옳지 않은 것은?

① 보통 만기 1년 이내의 금융자산이 거래되는 시장을 단기금융시장(money market)이라 한다.

② 발행시장은 단기금융상품이나 채권, 주식 등 장기금융상품이 신규로 발행되는 시장이다.

③ 자본시장은 만기 3년 이상의 채권이나 만기가 없는 주식이 거래되는 시장을 뜻한다.

④ 장외시장은 크게 직접거래시장과 점두시장으로 구분할 수 있다.

19 전자금융의 특징으로 옳지 않은 것은?

① 금융거래를 위해 일일이 영업점을 방문할 필요가 없고 통장이나 고지서 등 서면에 의한 거래가 아니라 전자화된 장치와 접근 매체를 통해 금융거래가 가능해졌다.

② 고객은 시간과 공간의 제약을 받지 않고 빠르고 편리하게 금융거래를 이용할 수 있다.

③ 대부분의 금융거래가 가능하지만 창구거래보다 수수료가 비싸다는 단점이 있다.

④ 고객의 영업점 방문횟수를 감소시킴으로써 금융기관에게 효율적인 창구운영기회를 제공한다.

20 모바일뱅킹에 대한 설명으로 옳은 것은?

① 고객이 우체국을 방문하여 서비스를 등록한 후 스마트폰을 이용하여 우체국예금·보험 및 각종 모바일 금융서비스를 제공받을 수 있는 전자금융서비스를 말한다.

② 현재 모바일뱅킹 서비스는 휴대폰의 기능에 따라 IC칩 방식, VM방식, 스마트폰뱅킹으로 구분되어 서비스되고 있다.

③ QR코드를 활용한 쉽고 편리한 지로/공과금 납부서비스 및 SMS·PUSH를 활용한 입출금통지, 모바일 경조금 등 고객 편의를 위한 부가서비스 이용이 가능하다.

④ 스마트뱅킹을 해지하면 우체국 인터넷뱅킹은 자동 해지되나, 우체국 인터넷뱅킹을 해지하더라도 스마트뱅킹 이용 자격은 계속 유지된다.

1 다음 ( ) 안에 들어갈 말이 바르게 나열된 것은?

> 예정사망률이 (㉠) 사망보험(사망 시 보험금이 지급되는 보험)의 보험료는 (㉡) 생존보험(일정시점까지 피보험자가 생존시에만 보험금이 지급되는 보험)의 보험료는 (㉢).

	㉠	㉡	㉢
①	낮아지면	올라가고	내려간다
②	낮아지면	내려가고	올라간다
③	높아지면	내려가고	내려간다
④	높아지면	올라가고	올라간다

2 특약에 대한 설명 중 올바른 것은?

① 독립성에 따라 독립특약과 고정특약으로 구분된다.
② 독립특약은 별도의 독립된 상품으로 개발되어 다른 상품에는 부가하지 못하는 특약이다.
③ 필수가입여부에 따라 고정부가특약과 유동부가특약으로 구분된다.
④ 고정부가특약은 계약자의 선택과 무관하게 주계약에 고정시켜 판매되는 특약이다.

3 계약자가 보험계약시 보험수익자를 지정하지 않은 경우에는 보험사고에 따라 보험수익자가 달라지게 된다. 다음 중 (   ) 안에 들어갈 말이 바르게 나열된 것은?

보험사고별 종류	보험수익자
사망보험금	(㉠)
생존보험금	(㉡)
장해·입원·수술·통원급부금 등	(㉢)

	㉠	㉡	㉢
①	보험계약자	피보험자	피보험자의 상속인
②	피보험자의 상속인	보험계약자	피보험자
③	피보험자	보험계약자	피보험자의 상속인
④	피보험자의 상속인	피보험자	보험계약자

4 다음 중 언더라이팅의 절차에 대한 설명으로 옳지 않은 것은?

① 보험설계사는 고객과 가장 먼저 접촉하여 피보험자의 건강상태, 생활환경 등에 대해 파악하고 1차 위험 선택의 기능을 수행한다.

② 건강진단을 필요로 하는 계약의 경우 계약인수 과정에서의 건강진단은 보험회사가 보다 객관적인 입장에서 피보험자의 중요 고지내용에 대한 확인 또는 중요 고지내용의 추가 등을 수행하기 위한 선택과정이다.

③ 계약적부확인은 계약선택의 합리성을 제고하고, 양질의 계약 확보, 역선택 방지에 목적이 있으므로 보험계약 성립 이전에 확인해야 한다.

④ 사고 및 사망조사는 보험계약 체결 이후에 실시하는 사후적 심사과정으로 이를 통해 보험금 지급을 최소화할 수 있다.

5 다음 내용과 관련된 법률은?

> 체신관서(遞信官署)로 하여금 간편하고 신용 있는 예금·보험사업을 운영하게 함으로써 금융의 대중화를 통하여 국민의 저축의욕을 북돋우고, 보험의 보편화를 통하여 재해의 위험에 공동으로 대처하게 함으로써 국민 경제생활의 안정과 공공복리의 증진에 이바지함을 목적으로 한다.

① 우정사업 운영에 관한 특례법
② 우편법
③ 통신비밀보호법
④ 우체국 예금·보험에 관한 법률

6 보험료와 보험금에 대한 설명 중 올바른 것은?

① 보험사고가 발생할 경우 보험자가 지급하는 금액을 보험료라 한다.
② 보험계약자가 보험자에게 내는 금액을 보험금이라 한다.
③ 보험자의 보험금 지급책임은 다른 약정이 없는 한 보험계약자로부터 최초의 보험료를 받은 때로부터 시작된다.
④ 계약자의 귀책사유로 보험료 납입 및 승인이 불가한 경우에도 보험계약자로부터 최초의 보험료를 받은 때로부터 시작된다.

7 다음 생명보험 상품의 구성에 대한 설명이 옳지 않은 것은?

① 생명보험 상품은 주계약과 특약으로 구성된다.
② 특약은 다수의 보험계약자들의 다양한 욕구를 모두 충족시키기 위하여 부가하는 것이며 주계약 외에 별도의 보장을 받기 위해 주계약에 부가하는 보험을 말한다.
③ 특약은 크게 독립성과 필수가입여부에 따라 구분할 수 있다.
④ 계약자 선택과 무관하게 주계약에 고정시켜 판매되는 특약을 종속특약 이라고 한다.

8 다음 고지의무에 관한 설명 중 옳지 않은 것은?

① 고지의무는 계약 청약시 뿐 아니라 부활시에도 이행하여야 한다.

② 보험자가 고지의무 위반사실을 안 날로부터 3개월이 되었으면 아직 고지의무위반에 대해 해지할 수 있다.

③ 계약자 또는 피보험자가 고의 또는 중대한 과실로 인하여 보험금 지급사유 발생에 영향을 미치는 고지의무를 위반한 때에는 보험금 지급사유 발생여부와 관계없이 보험자는 계약을 해지할 수 있다.

④ 보험계약자 또는 피보험자는 청약시 청약서에서 질문한 사항에 대해 보험자에게 사실대로 알려야 한다.

9 다음 중 「생명보험 공정경쟁질서 유지에 관한 협정」에서 정한 준수사항이 아닌 것은?

① 보험회사는 보험업법상 보험모집을 할 수 없거나 보험모집 등에 관한 부당한 행위로 보험모집을 할 수 없게 된 자에게 보험모집을 위탁하여서는 아니된다.

② 보험회사는 보험업법 상 보험을 모집할 수 있는 자 이외의 자에게 모집을 위탁하거나 모집에 관하여 수수료, 보수, 그 밖의 대가를 지급하지 못한다.

③ 보험회사는 모집종사자 본인이 모집한 계약을 타인의 명의로 처리하지 못하도록 하여야 한다.

④ 보험회사는 모집종사자가 보험계약자에게 보험료의 할인 기타 특별한 이익을 제공하거나 이를 약속하는 행위를 하지 못하도록 하여야 하며 회사 또한 동일한 행위를 하여서는 아니된다.

10 보험 계약의 성립과 체결에 관한 설명으로 옳은 것은?

① 보험자가 승낙할 경우 보험자의 책임은 최초보험료가 지급된 때로 소급하여 개시된다.

② 보험계약은 보험자의 승낙으로 성립된다.

③ 보험계약자가 30일 이내에 승낙 또는 거절의 통지를 하지 않으면 계약은 무효로 본다.

④ 인보험계약의 피보험자가 신체검사를 받아야 하는 경우에는 그 기간은 신체검사를 받은 다음날부터 기산한다.

11 다음 중 우체국보험의 특징이 아닌 것은?

① 보험료가 저렴하고 가입절차가 간편하여 보험의 보편화에 기여한다.

② 우체국보험은 「우체국보험 건전성 기준 제34조」에 따라 내부 회계법인의 검사를 받고 있다.

③ 국영보험으로서 장애인, 취약계층 등과 관련된 보험상품을 확대보급하고 있다.

④ 국가가 경영하고 과학기술정보통신부 장관이 관장하며, 국회의 국정감사를 받고 있다.

12 우체국 전자청약서비스에 관한 설명으로 옳지 않은 것은?

① 가입설계일로부터 10일 이내에 한하여 전자청약을 할 수 있다.

② 타인계약, 미성년자도 전자청약이 가능하다.

③ 전자청약을 이용하는 고객에게는 제 2회 이후 보험료 자동이체시 0.5%의 할인이 적용된다.

④ 보험모집자는 불완전판매 방지를 위하여 전자청약 계약을 할 때에도 3대 기본 지키기를 이행하여야 한다.

13 우체국보험 가입대상과 보험나이에 관한 설명으로 옳지 않은 것은?

① 외국인이라 하더라도 국내에 거주 허가를 받은 자는 우체국보험에 가입할 수 있다.

② 외국인으로 체류자격을 받고 외국인등록증 등을 발급받은 자는 외국인 체류자격 코드에 따라 가입이 가능하다.

③ 내국인이라면 누구든 자격제한없이 우체국보험에 가입할 수 있다.

④ 보험나이는 계약일 현재 피보험자의 실제 만 나이를 기준으로 6개월 미만의 끝수는 버리고 6개월 이상의 끝수는 1년으로 하여 계산한다.

14 다음은 보험범죄의 예시이다. 이 중 나머지와 성격이 다른 하나는?

> ⊙ 피보험자가 생존 중이나, 사망보험금 편취를 위해 사망한 것처럼 위장하는 행위
> ⓒ 기존 다른 사고로 인한 부상을 경미한 사고로 인해 발생한 것처럼 조작하여 보험금을 청구하는 행위
> ⓒ 보험사고를 조작하여 병원 또는 의원으로부터 허위진단서를 발급받아 보험금을 청구하는 행위
> ⓔ 병원 입원 기간 동안 외출, 외박 등을 통해 정상적인 사회활동을 하였음에도 입원한 것처럼 진단서를 발급받는 행위

① ⊙
② ⓒ
③ ⓒ
④ ⓔ

15 보험계약의 선택에 있어 가장 중요한 것은 보험금 지급사유의 발생 가능성을 파악하는 것이다. 따라서 보험판매 과정에서 계약 선택의 기준이 되는, 주의해야 할 세 가지 위험이 있는데 이에 해당하지 않는 것은?

① 정서적 위험
② 신체적 위험
③ 환경적 위험
④ 도덕적 위험

16 무배당 내가만든희망보험에 대한 설명으로 옳지 않은 것은?

① 각종 질병과 사고 보장을 본인이 선택하여 설계가 가능하다.
② 20세부터 70세까지 가입 가능한 건강보험이다.
③ 생활보장 가입 시 12대성인질환 보장이 가능하다.
④ 보험기간 중 매 10년마다 생존 시 건강관리자금 지급

17 각 보험에 대한 설명 중 잘못된 것은?

① 양로보험에서 피보험자의 사망을 보험사고로 한 보험계약에는 사고의 발생없이 보험기간이 종료 된 때에도 보험금액 지급을 약정할 수 있다.

② 연금보험이라 할지라도 생명보험계약의 보험자는 피보험자의 생명에 관한 보험사고가 생긴 때에 약정에 따라 보험금액을 연금으로 분할하여 지급할 수 없다.

③ 단체보험에서는 규약에 따라 구성원의 일부를 피보험자로 하는 생명보험계약을 체결할 수 있다.

④ 단체보험인 경우 구성원의 전부 또는 일부를 피보험자로 하는 생명보험계약이 체결된 때에는 보험자는 보험계약자에 대해서만 보험증권을 교부한다.

18 생명보험의 기본원리에 대한 내용 중 가장 옳지 않은 것은?

① 상부상조의 정신 – 다수가 모여 서로 일정금액을 모금하여 공동 준비재산을 마련해 두고 그 구성원가운데 불의의 사고를 당한 사람에게 약정된 금액을 지급하는 제도이다.

② 대수(大數)의 법칙 – 측정대상의 숫자 또는 측정횟수가 많아질수록 예상치가 실제치에 근접한다 는 원칙을 말한다.

③ 생명표 – 대수의 법칙에 따라 연령별 생사잔존상태를 나타낸 표로 국민생명표와 경험생명표로 분류된다.

④ 수지상등의 원칙 – 보험가입자가 납입하는 보험료 총액과 보험회사가 지급하는 보험금액이 동일 하다.

19 다음 보험계약의 부활에 관한 설명 중 옳지 않은 것은?

① 보험거래에서 부활계약의 법적인 성질은 보험계약 당사자의 합의에 의하여 실효되기 전의 보험계약을 원상복구시키는 특수한 계약의 형태로 볼 수 있다.

② 보험계약에서 보험계약자가 계속보험료의 지급을 어떤 사유로든 지체하고 있는 경우 보험자는 계약을 해지하거나 실효처리 하게 된다. 그렇게 되면 보험계약자는 새로운 계약을 체결하여야 하는데 이런 경우라도 불이익은 전혀 발생하지 않는다.

③ 보험계약의 부활은 해당 보험계약이 해지 또는 실효되기 전의 보험계약상태를 원래대로 복구시키는 계약이다.

④ 보험계약이 해지되고 해지환급금이 지급되지 아니한 경우에 보험계약자는 일정한 기간 내에 연체보험료에 약정이자를 붙여 보험자에게 지급하고 그 계약의 부활을 청구할 수 있다.

20 다음 중 생명보험에 대한 설명으로 옳지 않은 것은?

① 특약은 독립성에 따라 독립특약과 종속특약으로 나뉜다.

② 생명보험 상품은 일반적으로 주계약(기본보장계약)과 특약(추가보장계약)으로 구성된다.

③ 대부분 스스로의 필요에 의해 자발적으로 가입하는 상품이다.

④ 특약은 필수가입 여부에 따라 고정부가특약과 선택부가특약으로 나뉜다.

1 컴퓨터 용어에 대한 설명으로 옳지 않은 것은?

① MIPS는 1초당 백만개 명령어를 처리한다는 뜻으로 컴퓨터의 연산 속도를 나타내는 단위이다.

② SRAM은 기존의 HDD와 달리 집적 회로 어셈블리를 사용하여 데이터를 저장하는 저장 장치이다.

③ KB, MB, GB, TB 등은 기억 용량을 나타내는 단위로 서 이중 TB가 가장 큰 단위이다.

④ SSI, MSI, LSI, VLSI 등은 칩에 포함되는 게이트의 집적도에 따라 구분된 용어이다.

2 다음의 설명에 해당하는 네트워크 장비는?

- OSI 계층 모델의 물리 계층에서 동작하는 장비이다.
- 근거리 통신망을 구성하는 세그먼트들을 확장하거나 서로 연결하는데 주로 사용
- 신호를 수신하여 신호를 증폭한 후 다음 구간으로 재전송하는 장치

① 게이트웨이(gateway)　　　　　② 브리지(bridge)
③ 리피터(repeater)　　　　　　④ 라우터(router)

3 트랜잭션의 특성과 이에 대한 설명으로 옳지 않은 것은?

① 원자성(atomicity) : 트랜잭션은 완전히 수행되거나 전혀 수행되지 않아야 한다.

② 일관성(consistency) : 트랜잭션을 완전히 실행하면 데이터베이스를 하나의 일관된 상태에서 다른 일관 된 상태로 바꿔야 한다.

③ 고립성(isolation) : 하나의 트랜잭션의 실행은 작업중에는 다른 트랜잭션의 간섭을 받아도 가능하다.

④ 지속성(Durability) : 트랜잭션이 성공적으로 수행되면 그 트랜잭션이 갱신한 데이터베이스의 내용은 영구적으로 저장된다.

4 공개키(public key) 암호화 방식에 대한 설명으로 옳지 않은 것은?

① 공개키와 비밀키로 이루어진다.

② 대표적 활용 예로는 전자서명이 있다.

③ 송수신자는 서로 다른 키를 사용한다.

④ 비밀키 암호 방식보다 빠르다.

5 다음 중 데이터베이스에 저장된 데이터를 실제 처리하는데 사용되는 데이터 조작어에 해당하는 SQL문은?

① COMMIT

② SELECT

③ DROP

④ CREATE

6 다음 중 정규화(Normalization)의 특징으로 옳지 않은 것은?

① 정규화 데이터베이스는 중복을 최대화하도록 설계된 데이터베이스

② 데이터 구조의 안정성 및 무결성 유지

③ 데이터 삽입, 삭제 및 수정 시 테이블의 재구성 필요성 감소

④ 저장 공간의 최소화

7 운영체제에서 실제 물리 메모리(RAM)보다 큰 주소 공간을 프로세스에 제공하기 위해 사용되는 기술로 옳은 것은?

① 캐시 메모리

② 디스크 캐시

③ 연관 메모리

④ 가상 메모리

8 대칭키 암호화 기법의 설명으로 옳지 않은 것은?

① 서로 다른 키로 데이터를 암호화하고 복호화 한다.
② 비대칭키에 비해 암호화 속도가 빠르다.
③ 대표적인 알고리즘으로 RSA, DSA, ECC 가 있다.
④ 사람이 증가할수록 키 관리가 어려운 단점이 있다

9 Open AI가 만든 딥러닝 프로그램으로 '언어를 만들도록 만들어진 인공지능', 즉, '대화형 인공지능 챗봇' 은?

① 기계학습   ② 인공지능
③ 챗GPT   ④ 구글바드

10 네트워크 관련 장비로 브리지(Bridge)에 관한 설명으로 옳은 것은?

① 네트워크 선로를 통해 전달되는 신호를 증폭하여 연결된 네트워크로 전송 하는 장치
② 다수의 PC와 장치들을 묶어서 LAN을 구성할때, 각각의 PC에 연결된 케이블을 하나로 모으는 역할을 해주는 장비
③ 네트워크를 분리하는 기능을 담당하고, 또 서로 다른 네트워크를 연결하는 장치
④ 네트워크 회선과 서버컴 퓨터를 연결하는 네트워크 장비

11 TCP/IP 프로토콜에서 IP 프로토콜의 개요 및 기능에 관한 설명으로 옳지 않은 것은?

① 기본 데이터 단위는 데이터 그램이다.
② IP 데이터 그램이 목적지에 성공적으로 도달한다는 것을 보장한다.
③ 목적지의 주소를 가지고 패킷을 전송하기 위하여 최적의 경로를 설정해 주는 역할을 한다.
④ OSI 7계층에서 네트워크 계층에 해당한다.

12 GIF 파일 형식에 대한 설명으로 옳지 않은 것은?

① 사용 가능한 색의 수는 최대 256색

② 애니메이션 구현이 가능

③ 데이터 압축기술 LZW(Lempel-Ziv-Welch) 기술을 사용

④ 벡터 방식으로 이미지를 표현한다.

13 아래의 워크시트에서 수식의 결과로 '봉사'를 출력하지 않는 것은?

	A	B	C	D
1	사원번호	성명	직함	생년월일
2	101	구민정	영업 과장	1980-12-08
3	102	강수영	부사장	1965-02-19
4	103	김진수	영업 사원	1991-08-30
5	104	박용만	영업 사원	1990-09-19
6	105	이순신	영업 부장	1971-09-20

① =CHOOSE(CELL("row",B3), C2, C3, C4, C5, C6)

② =CHOOSE(TYPE(B4), C2, C3, C4, C5, C6)

③ =OFFSET(A1:A6,2,2,1,1)

④ =INDEX(A2:D6,MATCH(A3, A2:A6, 0), 3)

14 다음 글의 빈칸에 들어갈 알맞은 단어를 고르시오.

Our insurance policy may contain limitations or _____ regarding specific types of accidents or actions. In this case, the claim does not fall within the coverage scope or is considered an exception based on our policy conditions.

① exclusion   ② substitute

③ budget   ④ burden

15 다음 글을 읽고 물음에 답하시오.

The New York Postal Service is pleased to announce its new automated shipping service. This service is ideal for busy New Yorkers who are unable to get to the post office during business hours. Simply place your package on the scale and enter its destination zip code. You can select priority, regular, or air mail and pay by credit card or cash. After your payment is accepted, just print your postage, attach it to your package, and put it the drop box for the next pick up.

Q. Which is correct about automated shipping according to the announcement?

① The service provides door to door delivery.
② The service only operates during business hours.
③ The service is available in New York.
④ The service is free.

16 다음 대화를 읽고 물음에 답하시오.

M : This freeway has a lot of heavy traffic today.
W : Well, we can blame the rock concert for that.
M : Then let's take the shortcut at the next exit.
W : Too many people get speeding tickets that way.
M : I hope you have better suggestions then. I'm out of ideas.
W : There must be some way out of this.

Q. What is the man mainly doing in the conversation?

① Driving into an impassable route
② Jumping the gun on the problem
③ Being a backseat driver
④ Trying to give an alternate solution

17 다음 빈칸에 들어갈 말로 가장 적절한 것을 고르시오.

Dear Sir or Madam,
In August you sent me a check for $250 with regard to my motor insurance. The check was issued in my maiden name Smith. However, in June of this year, I got married and changed my surname to Jones. _____, this means that my bank will not accept your check. My bank account is now in my married name. I return the check herewith and request that a payment be re-issued in the name of Mrs. Sarah Jones. I also enclose a copy of my marriage certificate so that you may amend my name on your records. My address details remain the same. Thank you for your assistance.
Regards,
Sarah Jones

① On the other hand   ② Fortunately
③ Without a doubt   ④ Regrettably

18 다음 글의 요지로 가장 적절한 것을 고르시오.

We all negotiate every day, whether we realise it or not. Yet few people ever learn how to negotiate. Those who do usually learn the traditional, win-lose negotiating style rather than an approach that is likely to result in a win-win agreement. This old-school, adversarial approach may be useful in a one-off negotiation where you will probably not deal with that person again. However, such transactions are becoming increasingly rare, because most of us deal with the same people repeatedly — our spouses and children, our friends and colleagues, our customers and clients. In view of this, it's essential to achieve successful results for ourselves and maintain a healthy relationship with our negotiating partners at the same time. In today's interdependent world of business partnerships and long-term relationships, a win-win outcome is fast becoming the only acceptable result.

① 협상 상대의 단점뿐 아니라 장점을 철저히 분석해야 한다.
② 양측에 유리한 협상을 통해 상대와 좋은 관계를 유지해야 한다.
③ 성공적인 협상을 위해 다양한 대안을 준비하는 것이 중요하다.
④ 의사소통 과정에서 서로의 의도를 확인하는 것이 바람직하다.

19 다음 글에서 주인공 'I'의 심정으로 가장 적절한 것은?

My mother hadn't seen my dad in four years of war. In my mind, he was a tall, darkly handsome man I wanted very much to love me. I couldn't wait, thinking about all the things I had to tell him of school and grades. At last, a car pulled up, and a large man with a beard jumped out. Before he could reach the door, my mother and I ran out screaming. She threw her arms around his neck, and he took me in his arms, lifting me right off the ground.

① joyful   ② lonely
③ worried   ④ horrified

20 다음 글의 바로 앞에 올 문단의 내용으로 가장 자연스러운 것은?

On the other hand, some Indian tribes wish to modernize the reservations. They have set up cattle ranches and started small industries. They have set up cattle ranches and started small industries. The value of education is understood, with many Indians of these tribes earning graduate degrees as teachers, doctors, and engineers at their state universities. These alternatives, with many variations, are what most Indians have chosen.

① 인디언 전통문화의 답습
② 인디언들의 적극적인 사회참여
③ 인디언 특별보호구역의 현대화
④ 인디언들의 교육에 대한 열의

정답 및 해설 P. 231

▶▶▶ 01   **우편일반**

1   다음 설명 중 옳지 않은 것은?

① 우편은 인간이 사회생활을 영위함에 있어 필요한 통신수단의 하나이다.

② 우편은 일반적으로 서신의 송달만을 의미한다.

③ 우편용역은 하나의 사용가치를 가진 상품이 될 수 있다.

④ 우편용역은 경제재 중의 무형적인 재화에 속한다.

2   선납 라벨 서비스에 대한 설명으로 옳은 것은?

① 선납 등기 라벨, 선납 일반통상 라벨의 두 가지로 구분된다.

② 선납 등기 라벨 서비스의 대상은 등기통상 우편물이다.

③ 선납 일반통상 라벨 서비스의 대상은 일반통상 우편물로, 등기우편물에는 부착이 불가능하다.

④ 선납 라벨은 구입 후 6개월 이내에 사용해야 한다.

3   다음 중 손해배상액의 산정이 잘못된 것은?

① 익일특급 우편의 분실 시 최고 10만 원

② 등기취급 소포의 분실 시 최고 50만 원

③ 익일특급 우편의 분실 시 최고 5만 원

④ 일반우편의 분실 시 없음

4 다음 중 소포우편물의 접수에 관한 설명으로 옳지 않은 것은?

① 소포등기번호의 표시는 발송인/수취인 주소, 등기번호, 접수국명, 중량 및 요금을 표 시한 소포 운송장을 우편물의 표면 왼쪽 하단에 부착한다.

② 폭발물 · 인화물질 · 마약류 등의 우편금지물품의 포함 우려가 있으면 내용품을 문의할 수 있다.

③ 가로 · 세로 · 높이 세 변을 합하여 160cm이내여야 한다.

④ 소포우편물의 무게는 40kg 이내이어야 한다.

5 다음 중 국제회신우표권에 관한 설명으로 옳지 않은 것은?

① 국제회신우표권은 수취인에게 회신요금의 부담을 지우지 아니하고 외국으로부터 회답을 받는데 편리한 제도이다.

② 국제회신우표권을 판매할 때에는 국제회신우표권의 왼쪽 해당란에 우편날짜도장을 날인한다.

③ 우리나라에서 판매된 국제회신우표권은 우리나라에서 교환할 수 없다.

④ 한 사람이 하루에 10매를 초과 구입 요구 시 별도의 신청서가 필요하다.

6 우편물의 송달기준에 대한 설명으로 옳지 않은 것은?

① 우정사업본부장은 우편물의 종류별, 지역별로 우편물 송달기준의 이행 목표물을 고시하여야 한다.

② 우편물의 송달에 걸리는 기간은 접수한 날의 다음날부터 3일 이내로 한다.

③ 유급휴일, 토요일은 우편 송달기준에 산입하지 않는다.

④ 우정사업본부장이 배달하지 아니하기로 정한 날도 우편 송달기준일에는 산입하여야 한다.

7 보관우편물에 관한 설명으로 옳지 않은 것은?

① 보관우편물의 보관기간은 우편물이 도착한 날부터 기산하여 10일로 한다.

② 보관우체국의 변경청구는 1회에 한한다.

③ 등기취급한 보관우편물은 배달증의 적요란에 '보관'이라고 적은 후 수취인에게 내어줄 때까지 보관한다.

④ 교통이 불편하거나 그 밖의 사유로 수취인이 10일 이내에 우편물을 교부받을 수 없다고 인정될 때에는 20일 이내로 교부기간을 연장할 수 있다.

8 다음 중 무인우편보관함에 관한 설명으로 옳지 않은 것은?

① 무인우편보관함이란 대면 접촉 없이 우편물을 수령하는 장치를 말한다.

② 무인우편물보관함에 배달하는 경우에는 무인우편물보관함에서 제공하는 배달확인이 가능한 증명 자료로 수령사실의 확인을 갈음할 수 있다.

③ 수취인의 신청 또는 동의를 받아 그 수취인과 동일 집배구에 있는 무인우편물보관함에 등기우편물을 배달할 수 있다.

④ 사전에 수취인이 무인우편물보관함에 배달해 달라고 신청한 경우에는 수취인을 방문하여 배달해야한다.

9 다음에서 설명하고 있는 것은 무엇인가?

등기취급을 전제로 우편물의 배달일자 및 수취인을 배달우체국에서 증명하여 발송인에게 통지하는 특수 취급제도

① 내용증명   ② 배달증명

③ 특별송달   ④ 모사전송우편

10 다음 중 등기취급에 관한 설명으로 옳지 않은 것은?

① 우편물의 접수에서부터 받는 사람에게 배달되기까지의 전 취급과정을 특정 접수번호로 기록하는 서비스를 말한다.

② 등기취급이 된 우편물만이 손해배상의 대상이 될 수 있다.

③ 다른 여러 특수취급을 위해서는 기본적으로 등기취급이 되어야만 한다.

④ 5킬로그램 이하의 통상우편물과 40킬로그램 이하의 소포우편물에 대한 등기취급을 보편적 우편 서비스로 정한다.

11 우편사업의 경영주체 및 관계법률 대한 내용으로 옳지 않은 것은?

① 우편사업은 국가가 경영하며, 과학기술정보통신부장관이 관장한다.

② 전국에 체계적인 조직을 갖춰 적정한 요금의 우편 서비스를 신속하고 정확하게 제공하기 위해서 국가가 직접 경영한다.

③ 별정우체국법은 우편에 관한 기본법으로서 우편사업 경영 형태·우편 특권·우편 서비스의 종류·이용 조건·손해 배상·벌칙 등 기본적인 사항을 규정하고 있다.

④ 우편에 관한 법률의 경영 주체는 과학기술정보통신부장관이다.

12 통상우편물의 규격요건 및 외부표시(기재) 사항으로 옳지 않은 것은?

① 우정사업본부에서 발행하는 우편엽서의 무게는 최소 3g, 최대 50g이어야 한다.

② 통상우편물의 표면에는 문자·도안 표시에 발광·형광·인광물질 사용 및 기계판독률을 떨어뜨릴 수 있는 배경 인쇄가 불가하다.

③ 색상은 70% 이상 반사율을 가진 흰 색이나 밝은 색을 권장한다.

④ 우편물의 뒷면과 우편엽서의 허락된 부분에는 광고 기재가 가능하다.

13 다음 중 국내특급우편에 관한 설명으로 옳지 않은 것은?

① 전국 모든 우체국에서 접수가 가능하다.
② 익일특급은 접수 익일에 배달을 완료해야 한다.
③ 익일특급의 취급지역은 전국이다.
④ 익일특급 통상우편물의 제한 무게는 최대 20kg이다.

14 다음 중 우편물 부가서비스에 해당하는 내용으로 옳지 않은 것은?

① 모사전송(팩스)우편 서비스는 시내, 시외 모두 동일한 요금을 적용한다.
② 고객맞춤형 엽서의 경우, 고객이 교환을 요청한 때에는 훼손엽서로 규정하여 교환금액(현행 100원)을 수납한 후 액면금액에 해당하는 우표, 엽서, 항공서간으로 교환해 준다.
③ 나만의 우표의 종류에는 기본형, 홍보형, 시트형이 있다.
④ 인터넷 우표에는 일반통상과 등기통상 두 종류가 있다.

15 요금후납 계약국 변경 신청 제도에 관한 설명으로 옳지 않은 것은?

① 접수국은 인수하는 우체국이 업무처리가 가능한지 검토해야 한다.
② 인수하는 우체국의 운송 여력과 운송시간표, 업무량 수준을 고려해야 한다.
③ 이용자의 후납계약국에 변경신청서를 제출한다.
④ 접수국은 계약 사항을 우편물류시스템에 입력한 후 해당 계약 업무를 시작한다.

16 배달의 우선순위에 맞춰 우편물을 처리하는 순서로 가장 옳은 것은?

① 일반통상우편물 → 국제항공우편물 → 등기소포우편물
② 기록취급우편물 → 국제항공우편물 → 제1순위, 제2순위 이외의 우편물
③ 기록취급우편물 → 준등기우편물 → 제1순위, 제2순위 이외의 우편물
④ 준등기우편물 → 기록취급우편물 → 등기소포우편물

17 우편물 배달의 일반원칙으로 옳지 않은 것은?

① 우편물은 그 표면에 기재된 곳에 배달한다.
② 수취인이 2명 이상인 경우에는 모두에게 배달한다.
③ 취급과정을 기록하는 우편물은 정당 수령인으로부터 그 수령사실의 확인을 받고 배달하여야 한다.
④ 우편사서함 번호를 기록한 우편물은 당해 사서함에 배달한다.

18 특급취급 우편물의 배달에 관한 설명으로 옳지 않은 것은?

① 우체국 축하카드 및 온라인환은 당일특급과 같이 처리한다.
② 수취인 부재 시에는 재방문 예정시각을 기재한 '우편물 도착안내서'를 주소지에 부착하고 수취인이 전화 등으로 재배달을 요구할 경우 재배달한다.
③ 익일특급의 경우 접수한 날의 다음 날까지 배달이 곤란한 지역에 대해서는 별도로 추가일수를 더하여 고시한다.
④ 특급우편물을 전송하거나 반송하는 경우에는 전송 또는 반송하는 날의 다음 근무일까지 배달한다.

19 다음 설명과 가장 관련있는 조직은?

> 1874년 스위스 베른에서 독일 · 미국 · 러시아 등 22개국의 전권대표들이 회합을 하여 스테판이 기초한 조약안을 검토하여 같은 해 10월 9일에 서명함으로써 국제우편 서비스를 관장하는 최초의 국제협약인 베른 조약이 채택되었다.

① 아시아 · 태평양우편연합
② 국제우편사업진흥원
③ 국제우편물류센터
④ 만국우편연합

20 다음 ( )에 들어갈 알맞은 내용은?

> • 국제특급우편(EMS)의 경우, 행방조사 결과 우체국의 잘못으로 송달예정기간보다 (   ) 이상 늦어진 것으로 판정된 경우 납부한 우편 요금을 환불한다.
> • 국제소포우편물의 소포는 무게 (   )까지 우편 요금이 면제된다.

① 24시간, 3kg
② 24시간, 5kg
③ 48시간, 3kg
④ 48시간, 5kg

1　다음 중 기본적인 금융활동의 주체에 해당하는 것으로 알맞은 것을 모두 고르면?

㉠ 가계	㉡ 기업
㉢ 정부	㉣ 금융회사

① ㉠㉣
③ ㉠㉢㉣

② ㉡㉢㉣
④ ㉠㉡㉢㉣

2　다음 설명 중 틀린 것은?

① 이자의 원금에 대한 비율을 금리라고 한다.
② 일반적으로 차입기간이 길수록 금리는 높아진다.
③ 금리는 물가변동을 고려 여부에 따라 실질금리와 명목금리로 구분할 수 있다.
④ 채권 가격이 오르면 채권수익률도 오른다.

3　우체국 예금상품 및 체크카드에 대한 설명으로 옳은 것을 모두 고른 것은?

㉠ 듬뿍우대저축예금은 개인을 대상으로 예치 금액별로 차등 금리를 적용하는 개인 MMDA 상품으로 입출금이 자유로운 상품이다.
㉡ e-Postbank예금은 인터넷뱅킹, 스마트뱅킹으로 가입이 가능한 온라인 전용상품으로 나이에 따라 우대금리를 제공하는 정기예금이다.
㉢ 직불형 기업카드는 결제계좌 잔액 범위 내에서 이용 가능한 기업카드로 국내외에서 이용 가능하며 신용공여기능이 있다.
㉣ 우체국 체크카드 중 법인카드의 경우 일반법인, 개인사업자, 고유번호 또는 납세번호가 있는 단체 등 법인이 발급 대상이다.

① ㉠, ㉡
③ ㉡, ㉢

② ㉠, ㉣
④ ㉢, ㉣

4 다음에서 설명하는 상품은?

시장실세금리에 의한 고금리가 적용되고 입출금이 자유로우며 각종 이체 및 결제기능이 가능한 단기상품이다.

① MMF
② MMDA
③ CMA
④ 가계당좌예금

5 과세표준과 그 적용세율이 옳지 않은 것은?

	과세표준	세율
①	1,200만 원 이하	6%
②	1,200만 원 초과 4,600만 원 이하	10%
③	4,600만 원 초과 8,800만 원 이하	24%
④	8,800만 원 초과 1억 5천만 원 이하	35%

6 펀드에 대한 설명으로 옳지 않은 것은?

① 환매여부에 따라 개방형펀드와 폐쇄형펀드로 나뉜다.
② 자금모집방법에 따라 단위형펀드와 추가형펀드로 나뉜다.
③ 공모형펀드는 불특정 다수의 투자자로부터 자금을 모집한다.
④ 폐쇄형펀드는 기간이 끝나면 전 자산을 정산해서 상환이 이루어진다.

7 다음 중 법정 대리관계의 대상과 그 확인서류로 옳지 않은 것은?

① 부재자 – 가족관계등록부
② 피성년후견인 – 후견등기부
③ 사망 – 사망자의 유언
④ 미성년자 – 가족관계등록부

8 금융회사가 예금지급에 관하여 면책을 주장하기 위해 갖추어야 하는 요건이 아닌 것은?

① 인감 또는 서명은 육안으로 상당한 주의를 하여 일치한다고 인정되면 족하다.

② 선의란 채권의 준점유자에게 변제수령의 권한이 없음을 알지 못한다는 것만으로 충분하다.

③ 비밀번호가 일치해야 한다.

④ 표현상속인이나, 전부채권자 또는 추심채권자는 예금통장·증서를 소지하고 있지 않더라도 금융회사가 선의·무과실이면 면책된다.

9 예금주가 사망한 경우 혈족 상속인의 상속순위가 바르게 나열된 것은?

① 피상속인의 직계비속→피상속인의 직계존속→피상속인의 형제자매→피상속인의 4촌 이내의 방계혈족

② 피상속인의 직계존속→피상속인의 직계비속→피상속인의 형제자매→피상속인의 4촌 이내의 방계혈족

③ 피상속인의 직계비속→피상속인의 형제자매→피상속인의 직계존속→피상속인의 4촌 이내의 방계혈족

④ 피상속인의 직계존속→피상속인의 형제자매→피상속인의 직계존속→피상속인의 4촌 이내의 방계혈족

10 예금의 입금업무에 관한 설명으로 옳지 않은 것은?

① 직원이 입금조작을 잘못하여 착오계좌에 입금하고 정당계좌에 자금부족이 발생한 경우에는 금융회사의 과실에 의한 채무불이행으로 되어 그 손해를 배상하여야 한다.

② 예금주가 오류입금인 사실을 알면서 예금을 인출하였다면 부당이득으로 반환하여야 한다.

③ 입금 의뢰액 보다 실제 확인된 금액이 적은 경우에 입금 의뢰액대로 예금계약이 성립함을 주장하기 위해서는 금융회사가 그 입금 의뢰액을 입증할 책임을 부담한다.

④ 잘못된 입금은 착오에 기인한 것이므로 착오계좌 예금주의 동의 없이 취소하여 정당계좌에 입금할 수 있다.

11 우체국 체크카드 상품 중 전국 가맹점 뿐만 아니라 지역별 가맹점을 포함한 지역별 추가 캐시백 혜택을 제공하는 특화 카드는?

① 우리동네^{PLUS}
② 어디서나
③ 행복한
④ 라이프+

12 면책요건에 대한 설명 중 옳지 않은 것은?

① 일반적으로 채권의 준점유자가 되기 위해서는 예금통장이나 증서 등을 소지하고 있어야 하지만 표현상속인이나, 전부채권자 또는 추심채권자의 경우 예금통장·증서를 소지하고 있지 않더라도 금융기관이 선의·무과실이면 면책된다.
② 인감이나 서명이 육안으로 상당한 주의를 기울여 일치한다고 인정되면 족하다.
③ 비밀번호가 일치해야 한다.
④ 면책요건에서 은행의 선의란 은행이 채권의 준점유자에게 변제수령의 권한이 없음을 알지 못한다는 것이다.

13 채권의 분류가 바르게 연결된 것은?

① 발행주체별 – 단기채, 중기채, 장기채
② 만기유형별 – 보증채, 무보증채, 담보부채권, 무담보부채권, 후순위채권
③ 이자 지급방법별 – 이표채, 할인채, 복리채
④ 발행유형별 – 국채, 지방채, 특수채, 금융채, 회사채

14 다음은 Bull Market에 대한 설명이다. 괄호 안에 들어갈 말을 올바르게 고른 것은?

> 실업율이 (높고 / 낮고), 물가가 (급변하여 / 안정되어), 경제상황이 (좋을 / 나쁠) 때, 주식시장이 (호황인 / 침체된) 시장을 Bull Market이라고 한다.

① 높고, 급변하여, 나쁠, 호황인
② 낮고, 급변하여, 나쁠, 침체된
③ 높고, 안정되어, 좋을, 침체된
④ 낮고, 안정되어, 좋을, 호황인

15 금융시장에서 투자자는 환금성이 떨어지는 금융자산을 매입할 경우에 동 자산으로 현금으로 전환하는 데 따른 손실을 예상하여 일정한 보상인 '이것'을 요구하게 된다. '이것'은 무엇인가?

① 금리 스프레드   ② 유동성 프리미엄
③ 제2차 증권   ④ 금리옵션

16 다음은 주가지수선물과 주가지수옵션을 비교한 표이다. 이 중 옳지 않은 것은?

구분	주가지수선물	주가지수옵션
① 정의	미래 일정 시점에 특정주가지수를 매매하는 계약	미래 일정 시점에 특정 주가지수를 매매할 수 있는 권리를 매매
② 증거금	매수, 매도자 모두 필요	매도자만 필요
③ 권리 및 의무	매수자는 권리, 매도자는 계약이행의 의무	매수, 매도자 모두 계약이행의 권리와 의무
④ 이익과 손실	매도자, 매수자의 이익·손실 무한정	맴수자 이익 무한정, 매도자 손실 무한정

17 카드 종류별 설명으로 옳은 것은?

① 신용카드는 신용등급 6등급 이하 및 미성년자는 원칙적으로 발급이 금지된다.
② 선불카드는 카드사를 겸영하지 않는 국내 은행에서도 발급받을 수 있다.
③ 체크카드는 직불카드와 달리 24시간 이용이 가능하다.
④ 현금IC카드는 결제일에 가맹점에 입금된다.

18 다음 중 금융시장의 기능과 거리가 먼 것은?

① 금융거래의 정보 수집에 드는 비용과 시간을 단축시켜 준다.
② 금융시장의 발달은 투자자에게 낮은 유동성(liguidity)을 제공해준다.
③ 시장신호(market signal)를 활용하여 시장규율(markets discipline) 기능을 수행한다.
④ 적절한 자금 이전으로 국민 경제의 생산력을 향상시킨다.

19 금융기관에 대한 설명으로 옳지 않은 것은?

① 금융기관은 금융시장에서 저축자와 차입자 사이에서 저축과 투자를 연결해주는 기능을 수행한다.
② 보험회사는 사망·질병·노후 또는 화재나 각종 사고를 대비하는 보험을 인수·운영하는 기관이다.
③ 증권관련기관에는 증권회사, 자산운용회사, 선물회사, 증권금융회사 그리고 투자자문회사가 있다.
④ 금융기관은 보통 은행, 비은행 예금취급기관, 보험회사, 증권관련기관 4개 그룹으로 구분한다.

20 보통예금에 대한 설명으로 틀린 것은?

① 가입대상은 신용이 양호한 개인에 한한다.
② 이자율은 낮은 편이다.
③ 저축수단으로 활용도는 높지 않다.
④ 가입좌수, 예치기간, 가입한도는 제한이 없다.

1 생명보험 상품 특약의 구분에 관하여 다음 중 서로 연결이 올바르게 된 것은?

㈎ 독립성에 따른 구분	㉠ 종속특약
㈏ 필수가입여부에 따른 구분	㉡ 고정부가특약
	㉢ 선택부가특약
	㉣ 독립특약

① ㈎ – ㉡　　　　　　　　　　② ㈎ – ㉢
③ ㈏ – ㉣　　　　　　　　　　④ ㈏ – ㉡

2 다음 설명 중 틀린 것은?

① 보험자의 보험금 지급책임이 존속하는 기간을 보험기간이라 한다.
② 보험기간과 보험료 납입기간이 일치하는 경우를 동기납이라 한다.
③ 보험료 납입기간이 보험기간보다 짧은 경우를 단기납이라 한다.
④ 계약자가 보험자에게 보험료를 납입하여야 할 기간을 보험료 납입기간이라 한다.

3 저축성 보험의 설명이 옳지 않은 것은?

① 생명보험 고유의 기능인 위험보장보다는 생존시에 보험금이 지급되는 저축기능을 강화한 보험이다.
② 목돈 마련에 유리한 저수익 상품이다.
③ 보장부분은 위험보험료를 예정이율로 분리하여 피보험자가 사망 또는 장해를 당했을 때 보험금을 지급하는 부분이다.
④ 적립부분은 저축보험료를 일정 이율로 분리하여 만기 또는 중도 생존시 적립된 금액을 지급하는 부분이다.

4 다음 중 보험의 목적에 해당하지 않는 것은?

① 위험을 분산시킨다.

② 스스로 부담하기 어려운 위험을 보험회사에 전가한다.

③ 정서적 가치 훼손, 정신적 괴로움을 보험을 통해 보호받을 수 있다.

④ 동질의 위험에 대한 다수의 보험계약자를 확보함으로써 손실의 예측능력을 확보할 수 있다.

5 다음 중 손해보험에 대한 설명으로 옳지 않은 것은?

① 화재보험 : 화재나 번개로 인하여 재산상의 손해가 발생할 경우 보험증권에 의해 사전에 약정된 보험금을 지급

② 책임보험 : 각종 거래에서 발생하는 신용위험을 감소시키기 위해 보험의 형식으로 하는 보증제도

③ 운송보험 : 육상운송의 목적인 운송물에 대하여 그 운송에 관한 사고로 인하여 생길 손해 의 보상을 목적으로 하는 보험

④ 자동차보험 : 계약자가 자동차를 소유, 운행, 관리하는 동안 발생하는 각종 사고로 인해 생기는 피해에 대한 보험금을 지급

6 영업보험료 중 부가보험료에 해당하지 않는 것은?

① 신계약비

② 유지비

③ 위험보험료

④ 수금비

7 보장성보험의 기본공제대상자가 아닌 사람은?

① 연간 소득금액이 200만 원 이하인 배우자

② 연간 소득금액이 100만 원 이하인 만 20세 이하의 형제자매

③ 연간 소득금액이 100만 원 이하인 만 60세 이상인 부모

④ 소득금액 요건을 충족한 장애인인 대상자

8 다음 설명에 해당하는 것은?

> 경우에 따라서 보험범죄로 규정하기는 어려우나, 보험사고의 발생가능성을 높이거나 손해를 증대시킬 수 있는 보험계약자 또는 피보험자의 고의 또는 불성실에 의한 행동

① 연성사기
② 경성사기
③ 도덕적 해이
④ 역선택

9 「보험업법」상 보험을 모집할 수 있는 자격이 아닌 것은?

① 보험대리점
② 보험설계사
③ 보험회사의 임직원
④ 보험회사의 대표이사

10 우체국보험 상품에 대한 설명으로 옳지 않은 것은?

① 계약보험금 한도액은 보험종류별로 피보험자 1인당 4천만 원이다.
② 연금보험의 최초 연금액은 피보험자 1인당 1년에 900만 원 이하로 한다.
③ 연금저축계좌에 해당하는 보험의 보험료 납입금액은 피보험자 1인당 연간 500만 원 이하로 한다.
④ 우체국 보험의 종류에는 보장성보험, 저축성보험, 연금보험이 있다.

11 다음 중 보험계약의 무효 사유가 아닌 것은?

① 뚜렷한 사기의사에 의하여 계약이 성립되었음을 체신관서가 증명하는 경우
② 타인의 사망을 보험금 지급사유로 하는 계약에서 계약을 체결할 때까지 피보험자의 서면에 의한 동의를 얻지 않은 경우
③ 만 15세 미만자를 피보험자로 하여 사망을 보험금 지급사유로 한 계약의 경우
④ 계약을 체결할 때 계약에서 정한 피보험자의 나이에 미달되었거나 초과되었을 경우

12 '무배당 우체국치매간병보험 2109'에 대한 설명 중 옳지 않은 것은?

① 경증치매부터 중증치매까지 보장하는 상품으로, 병이 있어도 간편심사로 가입이 가능하다.

② 특약으로 중증알츠하이머치매, 특정파킨슨병 등 추가 보장이 가능하다.

③ 80세 계약해당일에 생존 시, 치매 여부와 관계없이 건강관리자금을 지급한다.

④ 가입나이는 30∼70세이며, 보험가입금액은 1종 2,000만 원, 2종 1,000만 원이다.

13 괄호 안에 들어갈 알맞은 말을 고르면?

(   )은/는 고객이 보험모집자와의 사전 상담을 통해 설계한 청약내용을 직접 우체국보험 홈페이지에 접속하여 필수정보를 입력한 후 공인인증을 통하여 보험계약을 체결하는 것이다.

① TM

② 전자청약서비스

③ 언더라이팅

④ 스마트청약서비스

14 우체국보험과 타기관 보험을 비교한 다음의 설명 중 옳지 않은 것은?

① 우체국 보험은 가입이 자유로운 반면, 공영보험은 의무가입이다.

② 우체국보험의 지급액은 국가에서 보장하고, 민영보험은 예금보험공사에서 보증한다.

③ 우체국보험은 국영사업으로 주주의 이익이 없지만, 민영보험의 주주이익을 추구한다.

④ 우체국보험은 민영보험에 비해 상품의 취급에 제한이 없다.

15 다음 중 위험의 구분이 바르게 연결된 것은?

① 순수위험–시간경과에 따른 사회 · 경제적 변화와 관계가 있는 위험

② 투기적 위험–주식투자, 복권, 도박 등과 같이 경우에 따라 이익 또는 손실이 발생할 수 있는 위험

③ 정태적 위험–조기사망, 화재, 자연재해, 교통사고 등과 같이 사건의 발생 결과 손실만 발생하는 위험

④ 동태적 위험–시간에 따른 사회 · 경제적 변화와 관계없이 발생할 수 있는 위험

16 보험료 계산 중 3이원방식에 관한 설명으로 옳지 않은 것은?

① 예정이율이 낮아지면 보험료는 올라가고 예정이율이 높아지면 보험료는 내려간다.

② 예정사망률이 낮아지면 사망보험의 보험료는 내려간다.

③ 예정사업비율이 낮아지면 보험료는 내려가고 예정사업비율이 높아지면 보험료는 올라간다.

④ 예정사망률이 높아지면 생존보험의 보험료는 올라간다.

17 보험회사는 금융사고를 미연에 방지하고 사고발생시 피해를 최소화하기 위해 내부 신고 제도를 운영한다. 다음 중 신고대상 행위가 아닌 것은?

① 횡령, 배임, 공갈, 절도, 뇌물수수 등 범죄 혐의가 있는 행위

② 업무와 관련하여 금품, 향응 등을 요구하거나 수수하는 행위

③ 보험소비자가 분쟁 처리 결과에 이의가 있는 경우

④ 업무와 관련된 상사의 위법 또는 부당한 지시행위

18 소득의 일부를 일정기간 적립했다가 노후에 연금을 수령하여 일정수준의 소득을 계속 유지함으로써 노후의 생활능력을 보호하기 위한 보험은 무엇인가?

① 교육보험

② 저축성보험

③ 연금보험

④ 사망보험

19 다음 중 질병 보험의 특성으로 바르지 않은 것은?

① 진단비, 수술비에는 1회 보상한도 금액을 설정하고 있다.

② 고연령일수록 보험료가 증가하게 된다.

③ 질병 보험의 책임개시일은 보험계약 후 30일 뒤이다.

④ 입원의 경우에는 입원일수를 120일 또는 180일 등으로 한도를 정하고 있다.

20 보험계약의 철회, 무효, 취소, 실효에 관한 설명으로 옳은 것은?

① 보험계약자는 보험가입증서(보험증권)을 받은 날부터 30일 이내에 청약을 철회할 수 있 다.

② 진단계약, 보험기간이 90일 이내인 계약 또는 전문금융소비자가 체결한 계약은 청약을 철회할 수 없다.

③ 청약일로부터 60일이 초과한 계약은 청약철회가 불가하다.

④ 1일 보험가입증서를 받은 경우 15일까지 청약철회가 가능하다.

1 동기식 전송(Synchronous Transmission)에 대한 설명으로 옳지 않은 것은?

① 정해진 숫자만큼의 문자열을 묶어 일시에 전송한다.

② 작은 비트블록 앞뒤에 Start Bit와 Stop Bit를 삽입하여 비트블록을 동기화한다.

③ 2,400bps 이상 속도의 전송과 원거리 전송에 이용된다.

④ 블록과 블록 사이에 휴지시간(Idle Time)이 없어 전송효율이 높다.

2 제시된 입력 데이터를 엑셀 서식의 표시 형식 코드에 따라 출력한 결과로 옳은 것은?

입력 데이터 : 7777.8　　　　표시 형식 코드 : #,##0

① 7,777

② 7,778

③ 7,777.8

④ 7,777.80

3 UML Diagram의 종류 중 구조 다이어그램의 종류로 옳지 않은 것은?

① 클래스 다이어그램

② 컴포넌트 다이어그램

③ 패키지 다이어그램

④ 순차 다이어그램

4 블록암호 알고리즘에 대한 설명으로 옳지 않은 것은?

① 고정된 크기의 블록 단위로 암 복호화 연산을 수행하며 각 블록의 연산에는 동일한 키를 사용

② 특정 비트수의 집합을 한번에 처리

③ 이진화된 평문 스트림과 이진 키스트림 수열의 XOR 연산으로 암호문을 생성하는 방식

④ 평문을 일정한 크기의 블록 단위로 잘라 암호화 알고리즘을 처리

5 온라인에서 멀티미디어 콘텐츠의 불법 유통을 방지하기 위해 삽입된 워터마킹 기술의 특성으로 옳지 않은 것은?

① 부인 방지성

② 비가시성

③ 강인성

④ 권리정보 추출성

6 교착상태(Deadlock) 발생조건으로 옳지 않은 것은?

① 상호배제(Mutual exclusion)

② 점유대기(Hold and wait)

③ 선점(Preemption)

④ 환형대기(Circular wait)

7 V모델 테스트 단계 중 개발한 소프트웨어가 사용자의 요구사항을 충족하는지에 중점을 두고 테스트하는 방법은?

① 단위테스트

② 통합테스트

③ 시스템테스트

④ 인수테스트

8 로컬 및 네트워크 스토리지의 중요한 파일을 암호화하고 파일을 해독하기 위해 몸값을 요구하는 악성 소프트웨어는?

① 스파이웨어

② 랜섬웨어

③ 피싱

④ 스미싱

9 디자인패턴 중 행위패턴의 종류로 옳지 않은 것은?

① 메멘토 패턴

② 옵저버 패턴

③ 방문자 패턴

④ 싱글톤 패턴

10 외부 인터럽트가 발생하는 경우에 해당하지 않는 것은?

① 전원 이상 인터럽트(Power fail interrupt)

② 프로그래 검사 인터럽트(Program check interrupt)

③ 기계 착오 인터럽트(Machine check interrupt)

④ 외부장치로부터 인터럽트 요청이 있는 경우

11 인터넷에서 사용하는 표준 주소 체계인 URL(Uniform Resource Locator)의 4가지 구성요소를 순서대로 옳게 나열한 것은?

① 프로토콜, 서버 주소, 포트 번호, 파일 경로

② 서버 주소, 프로토콜, 포트 번호, 파일 경로

③ 프로토콜, 서버 주소, 파일 경로, 포트 번호

④ 포트 번호, 프로토콜, 서버 주소, 파일 경로

12 RISC(Reduced Instruction Set Computer)에 대한 설명으로 옳은 것의 총 개수는?

⊙ CPU 명령어 개수를 줄여 간단한 하드웨어 회로
ⓛ 메모리와 CPU 사이 데이터 전송 시 LOAD와 STORE 명령만으로 한정
ⓒ 명령어 형식은 모두 같은 길이
ⓔ 어드레싱 모드의 수는 제한
ⓜ 복잡한 명령어 집합을 가진 CPU 아키텍쳐
ⓗ 많은 수의 명령어와 주소모드가 존재하나 실제로 쓰이는 명령어는 한정
ⓢ 대부분의 명령어는 직접 메모리 접근이 가능

① 2개　　　　　　　　　　　② 3개
③ 4개　　　　　　　　　　　④ 5개

13 프로세스(Process)와 스레드(Thread)에 대한 설명으로 옳지 않은 것은?

① 프로세스는 한 개의 스레드를 가질 수 있다
② 스레드는 스케줄링의 최소 단위이다
③ 프로세스는 정적이지만 스레드는 동적이다.
④ 프로세스는 스레드 실행의 틀이다

14 다음 글의 빈칸에 공통으로 들어갈 알맞은 단어를 고르시오.

In today's uncertain economic landscape, individuals are increasingly seeking secure and reliable ways to plan for their financial future. One such tool that has gained popularity is the _____. A(n) _____ is a financial product that provides a regular stream of income over a specified period or for the rest of an individual's life.

① guarantee　　　　　　　　② substance
③ denomination　　　　　　　④ annuity

15 다음 중 빈칸에 가장 적절한 것을 고르시오.

> One can read together with others remotely, (A) _____ between the virtual lines and in the margins, reading each other's comments instantaneously, and composing documents together in real time by adding words or sentences to those just (B) _____ by one's collaborators.

       (A)   (B)

① commenting − composed

② commented − composing

③ to comment − composed

④ to comment − composing

16 다음 대화를 읽고 물음에 답하시오.

> W : That was bad news with the stock market today.
> M : I know. I was barely able to get all my money out in time.
> W : Unfortunately for me, I wasn't so lucky with that.
> M : Don't worry. The market will bounce back and you'll recoup your losses.
> W : I hope so. I can't afford to lose my house.
> M : Just remember what they say − buy low and sell high.

> Q. What is correct about the man according to the conversation?

① The man was a pretty lucky guy.

② He was able to secure his funds.

③ The market had some stock he wanted.

④ Because of the situation, he lost the house.

17 글의 흐름으로 보아, 주어진 문장이 들어가기에 가장 적절한 곳을 고르시오.

However, do not assume that a product is perfectly complementary, as customers may not be completely locked in to the product.

A "complementary good" is a product that is often consumed alongside another product. For example, popcorn is a complementary good to a movie, while a travel pillow is a complementary good for a long plane journey. (①) When the popularity of one product increases, the sales of its complementary good also increase. (②) By producing goods that complement other products that are already (or about to be) popular, you can ensure a steady stream of demand for your product. (③) Some products enjoy perfect complementary status — they have to be consumed together, such as a lamp and a lightbulb. (④) For example, although motorists may seem required to purchase gasoline to run their cars, they can switch to electric cars.

18 다음 글의 내용과 일치하지 않는 것을 고르시오.

Many people question whether government taxes on unhealthy products are an appropriate way for the government to collect revenue from citizens. For instance, in Canada, taxes make up nearly 70 percent of the total price of certain goods, such as tobacco products. In the case of items containing tobacco, proceeds from their sales are used to pay the cost of public health treatment for people with smoking-related illnesses. Using similar reasoning, some countries are proposing a tax on sugary sodas. This is because greater sugar consumption is linked to higher obesity and diabetes rates. To be sure, taxing beverages might be effective in preventing lifestyle-related diseases. Yet many people are arguing that preserving personal freedom of choice is the most important priority and that such taxes infringe on this freedom.

① Harmful products are subject to added charges in Canada.
② A government-determined tax has been levied against sugary beverages.
③ Sweetened soft drink consumption correlates with certain medical conditions.
④ Certain Canadian government revenues are spent on health services.

19 주어진 문장이 들어가기에 가장 적절한 곳은?

> Another misconception about exercise is that it increases the appetite.

People have several myths about exercise. (①) One myth is that if a woman lifts weights, she will develop muscles as large as a man's. (②) Without male hormones, however, a woman cannot increase her muscle bulk as much as a man's. (③) Actually, regular exercise stabilizes the blood-sugar level, which prevents hunger pains. (④) Some people also think that a few minutes of exercise a day or one session a week is enough. But at least three solid workouts a week are needed for muscular and cardiovascular fitness.

20 필자의 주장을 더욱 설득력 있게 하고자 할 때, 추가해야 할 내용으로 가장 적절한 것은?

As the Internet becomes more central to the search for information, students and scholars are demanding that more items in library collections be digitized and made available on the Web. Library directors also see this method of preservation as a perfect way to provide more service for less money. However, librarians caution that digital preservation is not without its faults. Many small libraries do not have the budgets to provide equipment and personnel needed to undertake such a project. More important, however, technologies are changing so quickly that files preserved today in one format will not be usable with future formats. If paper documents are scanned and discarded, our heritage will be lost forever somewhere down the road on the digital bandwagon.

① 작은 도서관 자료의 디지털화에 드는 비용
② 현재 사용하는 스캐닝 프로그램의 비교
③ 작은 도서관의 온라인 장서의 예
④ 연구 시 디지털화된 자료를 사용하는 교수와의 면담

정답 및 해설 P. 243

▶▶▶ 01 **우편일반**

1 다음 중 우편사업의 보호규정에 관한 설명으로 옳지 않은 것은?

① 우편사업의 독점은 우편사업자의 보편적 서비스 제공에 대한 보상적 성격으로 우편법에 의거 서신 취급은 법에 허용된 경우를 제외하고는 금지하고 있다.

② 우편물이 전염병의 유행지에서 발송되거나 유행지를 통과할 때에 검역법에 의한 검역을 최우선으로 받을 수 있다.

③ 우편 이용관계에 있어서는 무능력자의 행위라도 능력자의 행위와 동일한 효력이 있으며, 무능력자의 행위임을 이유로 우편관서에 대하여 이용관계의 무효를 주장할 수 없다.

④ 우편전용의 물건이나 현재 우편업무에 제공되는 물건에 대하여 심히 공익을 해칠 만한 정당한 사유가 있다고 판단될 때에는 압류할 수 있다.

2 다음 중 우편의 이용관계에 관한 설명으로 옳지 않은 것은?

① 우편이용관계자는 우편관서, 발송인 및 수취인이다.

② 우편이용계약의 성립시기는 우체국 창구에서 접수하거나 우체통에 투입한 때이다.

③ 우편이용관계의 법적 성질은 공법관계라는 것이 통설이다.

④ 우편이용관계는 우편이용자가 우편물 송달역무의 제공을 목적으로 마련된 인적·물적 시설을 이용하는 관계이다.

3 다음 중 손해배상 청구에 관한 설명으로 옳지 않은 것은?

① 손해배상에 이의가 있을 때는 결정 통지를 받을 날부터 3개월 안에 민사 소송을 제기할 수 있다.

② 손해배상에 대해 공무원의 고의 또는 중대한 잘못이 있는 경우, 배상책임을 물을 수 있다.

③ 손해배상 청구권은 우편물을 발송한 날부터 1년이다.

④ 손해배상 결정서를 받은 청구인은 우편물을 받을 날부터 3년 안에 배상액을 청구할 수 있다.

4 다음 우편물 송달기준에 들어갈 말로 알맞은 것은?

구분	송달기준
통상우편물	접수한 날의 다음날부터 (㉠)일 이내에 배달
익일특급	접수한 날의 다음날 배달
등기소포	※ 제주선편 : D+(㉡)일(D : 우편물 접수한 날)

	㉠	㉡		㉠	㉡
①	3	3	②	3	2
③	2	2	④	2	3

5 다음은 부가우편역무 중 무엇에 관한 설명인가?

> 우정사업본부장이 조제한 우표류 및 우편차량 또는 우편시설 등에 개인 또는 단체로부터 광고를 게재하거나 광고물을 부착하는 제도

① 광고우편　　　　　　　　② 계약등기
③ 내용증명　　　　　　　　④ 본인지정배달

6 우편물 배달에 관한 설명 중 가장 올바른 것은?

① 2인 이상을 수취인으로 하는 경우는 2인의 수취인을 확인하고 전달해야 한다.
② 특급우편, 특별송달, 모사전송우편물, 등기소포우편물의 경우 사서함번호 기재가 없더라도 우편사서함에 투입할 수 있다.
③ 사서함번호와 주소가 함께 기재된 우편물의 경우 일반우편물과 등기는 사서함에 투함할 수 있으며 국내특급우편물은 주소지에 배달한다.
④ 동일건축물 또는 동일구내의 수취인에게 배달할 우편물은 그 건축물 또는 구내의 관리사무소, 접수처 또는 관리인에게 배달할 수 있다.

7 국제우편물의 통상우편물을 내용물에 따라 구분할 때 'A/O'에 해당하는 것이 아닌 것은?

① 항공서간(Aerogramme)

② 인쇄물(Printed papers)

③ 시각장애인용 우편물(Items for the blind)

④ 소형포장물(Small packet)

8 다음 중 우편물을 내용에 따라 분류할 때 그 연결이 바르지 않은 것은?

① 인쇄물 – 무게한계 5kg

② 우편자루 배달인쇄물 – 최저 10kg ~ 최고 30kg

③ 서장 – 무게한계 5kg

④ 시각장애인용 우편물 – 무게한계 7kg

9 다음 중 나라별 전자상거래용 우편서비스 명칭이 잘못 연결된 것은?

① 한국 – K-Packet

② 홍콩 – e-express

③ 중국 – e-small packet

④ 싱가포르 – e-pak

10 다음 중 국내 우편물의 제한중량 및 용적에 해당하지 않는 것은?

① 서신 등 의사전달물 및 통화의 최대용적은 가로, 세로 및 두께를 합하여 90cm이다.

② 소형포장우편물의 최대용적은 가로, 세로 및 두께를 합하여 35cm 미만이다.

③ 통상우편물의 제한중량은 최소 2g ~ 최대 6,000g이다.

④ 국내특급은 35kg이 최대 무게이다.

11 다음은 등기소포와 일반소포에 관한 내용이다. 옳은 것은?

① 일반소포는 반송시 반송수수료가 없다.
② 등기소포는 우편첩부로 요금납부가 가능하나 일반소포는 불가능하다.
③ 일반소포는 망실·훼손, 지연배달 시 손해배상청구가 가능하다.
④ 등기소포는 부가취급서비스가 불가능하다.

12 다음 중 안심소포에 관한 설명으로 옳은 것은?

① 등기소포를 전제로 보험가액 300만 원 이하의 고가품, 귀중품 등을 취급한다.
② 안심소포의 가액은 300만 원 이하의 물건에 한정하여 취급하며 20원 미만의 단수를 붙일 수 없다.
③ 신고가액은 수취인이 정하는 가격으로 하며 취급담당자는 상품가액의 판단에 관여할 필요가 없다.
④ 부패하기 쉬운 냉동·냉장 물품은 접수 후 3일 내에 도착이 가능한 지역이어야 한다.

13 후납우편물과 별납우편물에 관한 설명으로 옳은 것은?

① 별납우편물은 우편물을 자주 발송하는 공공기관, 은행, 회사 등이 요금납부를 위한 회계절차상의 번잡함을 줄일 수 있는 제도이다.
② 별납우편물의 취급기준은 10통 이상의 통상우편물 또는 소포우편물이다.
③ 요금후납 계약을 위한 담보금은 1개월분의 우편요금 등을 개략적으로 추산한 금액의 3배 이상이다.
④ 최초 후납계약일부터 체납하지 않고 5년간 성실히 납부한 사람은 요금후납 담보금이 면제된다.

14 우편물 배달에 관한 설명으로 옳은 것은?

① 같은 건축물이나 같은 구내의 수취인에게 배달할 우편물은 그 건축물이나 구내의 관리사무소, 접수처, 관리인에게 배달이 가능하다.

② 사서함 번호가 주소와 함께 기록된 우편물의 경우 우편물을 사서함에 넣을 수 없다.

③ 우편사서함 번호를 기록하지 않은 우편물은 우편사서함에 투입할 수 없다.

④ 수취인이 부재하면 무인우편물 보관함에 배달할 수 있다.

15 국제우편물에 관한 설명으로 옳지 않은 것은?

① 국제우편물은 국제통상우편물, 국제소포우편물, 국제특급우편물 등으로 구분된다.

② 국제통상우편물은 취급속도에 따라 우선취급우편물과 비우선취급우편물로 구분된다.

③ 국제소포는 모두 기록 취급하는 우편물로 발송 수단에 따라 항공소포와 선편소포로 구분된다.

④ K-Packet은 5kg 이하 소형물품의 해외배송에 적합한 우편서비스로 우체국과의 계약을 통해 이용하는 전자상거래용 국제우편서비스이다.

16 시각장애인용 우편물에 관한 설명으로 옳지 않은 것은?

① 항공 등기로 접수할 경우 항공부가요금만 징수하며, 등기요금은 무료이다.

② 봉투 겉표지에 'Items for the blind'를 고무인으로 날인한다.

③ 소인 여부를 떠나 우표나 요금인영증지나 금전적 가치를 나타내는 어떠한 증서도 포함할 수 없다.

④ 시각장애인용 점자우편물의 수취인 주소가 있는 반대편에 이용자가 해당 상징이 그려진 흰색 표지를 부착해야 한다.

17 다음 중 국제특급우편으로 보낼 수 없는 물품은?

① 업무용 서류
③ 금융기관 간 교환 수표
② 마이크로 필름
④ 컴퓨터 데이터

18 다음 중 우편자루배달인쇄물(M bag)의 접수에 관한 설명으로 옳지 않은 것은?

① 접수할 때에는 하나의 통상우편물로 취급한다.
② 우편요금을 포함하여 통관절차대행수수료 4,000원을 징수한다.
③ 주소기록용 꼬리표를 모두 2장 작성하여야 한다.
④ 선편일 경우에는 부산국제우체국으로 발송한다.

19 다음 설명에 해당하는 국제우편 특수취급우편물의 접수 제도는?

> 우편물마다 접수번호를 부여하고 접수한 때로부터 배달되기까지의 취급과정을 그 번호에 의하여 기록 취급하여 송달의 확실성을 보장하기 위한 제도

① 항공
③ 배달통지
② 등기
④ 보험취급

20 다음 중 「우편법」에 따른 정의로 옳지 않은 것은?

① "우편물"이란 통상우편물과 소포우편물을 말한다.
② "소포우편물"이란 통상우편물 외의 물건을 포장한 우편물을 말한다.
③ "서신"이란 의사전달을 위하여 특정인이나 특정 주소로 송부하는 것으로서 신문, 정기간행물, 서적, 상품안내서 등을 포함한다.
④ "우편요금을 표시하는 증표"란 우편엽서, 항공서신, 우편요금 표시 인영(印影)이 인쇄된 봉투를 말한다.

1　다음 중 옳지 않은 것은?

① 금리는 계산하는 방법에 따라 단리와 복리로 나눌 수 있다.

② 100만 원짜리 채권을 지금 산 뒤 1년 후 원금 100만 원과 이자금액 10만 원을 받는다면 수익률은 0.1%이다.

③ 100만 원을 연 10%의 금리로 은행에 2년간 예금할 경우 복리 방식으로는 121만 원이 된다.

④ 실질금리는 명목금리에서 물가상승률을 뺀 것이다.

2　다음 중 입출금이 자유로운 상품이 아닌 것은?

① 자유적금

② 저축예금

③ 가계당좌예금

④ 단기금융상품펀드

3　다음 중 카드 종류별 특징으로 옳은 것은?

① 직불카드는 신용공여에 기반한 후불결제방식을 이용한다.

② 체크카드는 원래 신용공여 기능이 없어 할부서비스나 현금서비스를 이용할 수 없지만 최근에는 고객의 신용등급에 따라 소액의 신용공여가 부여되어 할부서비스를 이용할 수도 있다.

③ 기명식 선불카드의 경우 최고 300만 원까지 충전할 수 있다.

④ 만 19세 이상이면 누구나 체크카드를 발급받을 수 있다.

4 금융회사 종사자에 대한 설명으로 옳지 않은 것은?

① 금융회사 종사자는 명의인의 서면요구나 동의를 받지 않는 한 타인에게 금융거래정보나 자료 등을 제공 또는 누설해서는 안 된다.

② 명의인의 서면요구나 동의를 받지 않는 한 타인에게 금융거래정보나 자료 등에 대해 누구든지 이를 요구할 수는 있다.

③ 법원의 영장 등에 의한 요구에 한하여 사용목적에 필요한 최소한의 범위 안에서 거래정보 등을 제공할 수는 있다.

④ 금융회사 종사자가 명의인의 서면요구나 동의를 받지 않는 한 타인에게 금융거래정보나 자료 등을 제공 또는 누설 시 5년 이하의 징역 또는 5,000만 원 이하의 벌금에 처한다.

5 예금자보호에 관한 설명으로 옳은 것은?

① 모든 금융상품이 보호대상 '예금' 등에 해당한다.

② 소정이자를 제외하고 1인당 5천만 원까지 보호된다.

③ 보호를 받을 수 있는 예금자는 개인에 한정된다.

④ 예금의 지급이 정지되거나 파산한 금융회사의 예금자가 해당 금융회사에 대출이 있는 경우에는 예금에서 대출금을 먼저 상환시키고 남은 예금을 기준으로 보호한다.

6 다음 중 면책의 근거로 옳지 않은 것은?

① 진정한 예금주에게 변제한 때에 한해서 금융기관은 예금채무를 면하게 되는 것이 원칙이다.

② 금융기관이 양도성예금증서(CD)와 같은 유가증권을 그 증권의 점유자에게 지급하면 그 소지인이 정당한 권리자인지 여부에 따라 금융기관은 면책된다.

③ 금융기관이 선관주의의무를 다하지 못함으로 무권리자에게 지급한 때에는 예금주에 대하여 그 지급의 유효를 주장할 수 없다.

④ 금융기관이 채권의 준점유자에 대한 변제, 영수증 소지자에 대한 변제, 상관습, 예금거래기본약관의 면책의 요건을 구비한 자에게 예금을 지급한 경우 진정한 권리자인지 여부에 관계없이 그 지급이 유효하고 금융기관은 면책된다.

7 자본시장법은 금융규제 완화로 인한 원금손실 가능 금융투자상품의 대거 등장에 따라 투자자보호장치를 강화하고 있다. 다음 중 투자자보호장치가 아닌 것은?

① 설명의무
② 고객알기
③ 투자자의 전문화
④ 부당권유 규제

8 우리나라의 주식 거래방법에 대한 설명 중 옳지 않은 것은?

① 매수주문의 경우 가장 높은 가격을, 매도주문의 경우 가장 낮은 가격을 우선적으로 체결한다.
② 시초가와 종가의 경우 동시호가제도를 채택하고 있다.
③ 전일 종가 대비 ±30% 이내에서 가격이 변동하여 상·하한가가 결정된다.
④ 대부분의 주식거래는 유리한 가격에 우선 거래할 수 있는 시장가주문에 의해 이루어진다.

9 우체국 체크카드의 효력에 대한 다음의 설명 중 옳은 것을 모두 고르면?

> ㉠ 우체국에서 가입신청서를 심사하여 금융단말기에 등록, 카드를 교부함으로써 효력이 발생한다.
> ㉡ 위탁업체를 통해 발급받은 경우, 회원 본인이 사용 등록하여야 효력이 발생한다.
> ㉢ 법인 회원의 경우 폐업, 청산에 따라 우체국에 신고 등록한 경우 효력이 상실된다.

① ㉠, ㉢
② ㉠, ㉡
③ ㉡, ㉢
④ ㉠, ㉡, ㉢

10 우체국 포스트페이(PostPay)에서 제공하는 서비스가 아닌 것은?

① QR코드 간편결제
② 모임통장 개설
③ 전화번호 송금
④ 모바일카드 신청 및 발급

11 금융시장에서 사용하는 리스크(Risk)와 위험(Danger)에 대한 설명 중 옳지 않은 것은?

① 위험은 수익에 관계없이 손실만을 발생시키는 사건을 말한다.
② 리스크는 수익의 불확실성 또는 손실발생 가능성을 말한다.
③ 리스크와 위험 모두 적절한 보상이 주어지지 않는다는 공통점이 있다.
④ 위험은 제거하거나 전가하는 것이 최선인 반면, 리스크는 통계적 방법을 통해 관리가 가능하다.

12 다음 중 금융에 관한 설명으로 옳지 않은 것은?

① 자금의 효율적인 배분을 주도한다.
② 안전하고 편리한 지급 · 결제 시스템을 구축하여 이용자들의 원활한 거래를 지원한다.
③ 비용과 시간 등 거래비용을 획기적으로 줄여준다.
④ 금융은 불확실성이나 위험은 해소할 수 없다.

13 다음 글에서 설명하고 있는 우리나라의 주가지수는 무엇인가?

> 유가증권시장에 상장되어 있는 종목을 대상으로 산출되는 대표적인 종합주 가지수이다. 1980년 1월 4일을 기준시점으로 이 날의 주가지수를 100으로 하고 개별종 목 주가에 상장주식수를 가중한 기준시점의 시가총액과 비교시점의 시가총액을 비교하여 산출하는 시가총액방식 주가지수이다.

① 코스피지수   ② 코스닥지수
③ 코스피200지수   ④ KRX100 지수

14 다음 중 양도성예금증서에 관한 설명으로 옳은 것은?

① 실세금리를 반영하여 수익률이 비교적 높은 편이다.
② 1,000만 원 이상의 목돈은 1년 이상 운용하는데 적합한 장기상품이다.
③ 중도해지가 가능하다.
④ 예금자보호 대상이다.

15 다음 글에서 설명하고 있는 외화예금 관련 금융상품은 무엇인가?

> 약정기간이 길수록 확정이자가 보장되므로 여유 자금을 장기간 안정적으로 운용하기에 좋다.

① 외화정기예금
② 외화적립식예금
③ 외화펀드
④ 외화보통예금

16 주식과 채권에 대한 설명으로 옳은 것은?

① 회사 청산 시 주식은 채권에 우선하여 청산 받을 권리가 있다.
② 우선주는 채권의 특성만을 모두 가진 증권이다.
③ 채권 소유자는 주주총회에서 의사결정에 참여할 수 있다.
④ 주식의 발행은 자기자본의 증가를 가져오지만 채권은 타인자본인 부채의 증가를 수반한다.

17 예금거래의 상대방에 대한 설명으로 옳지 않은 것은?

① 제한능력자는 단독으로 유효한 법률행위를 하는 것이 제한되는 자로서 이에는 미성년자 · 피성년후견인 · 피한정후견인이 있다.

② 법정대리인인 후견인은 피성년후견인을 대리하여 법률행위를 할 수 있다.

③ 외국인이라도 거주자이면 금융회사와의 원화예금거래는 자유이다.

④ 모든 예금거래는 예금주 본인과 해야 한다.

18 다음 중 수시입출식 예금이 아닌 상품은?

① 듬뿍우대저축예금

② 기업든든 MMDA 통장

③ 2040+ α 정기예금

④ e-Postbank 예금

19 공익형 예금상품에 대한 설명으로 옳지 않은 것은?

① 우체국예금 상품 중 국영금융기관으로서의 공적인 역할 제고를 위한 예금으로서 정부정책 지원 및 금융소외계층, 사회적 약자를 지원하기 위한 예금이다.

② 우체국은 총 10종의 예금상품을 통해 금융소외계층의 기초생활 보장을 위한 수급금 압류방지 통장과 서민 · 소상공인 등 금융소외계층의 자산형성을 지원하기 위한 특별 우대이율을 제 공 중에 있다.

③ 적립식 예금으로는 새출발자유적금, 장병내일준비적금이 있다.

④ 거치식 예금으로는 이웃사랑정기예금, 소상공인정기예금이 있다.

20 다음 (　) 안에 들어갈 숫자를 순서대로 적은 것은?

> 우체국은 아래와 같은 상황에 해당하는 경우 전자금융서비스의 전부 또는 일부를 제한할 수 있다.
>
> ① 계좌 비밀번호, 보안카드 비밀번호, 폰뱅킹 이체비밀번호, 모바일 인증서에 등록한 PIN, 패턴, 생체
>   인증 정보, OTP(디지털 OTP 포함) 인증번호 등을 연속 (　)회 이상 잘못 입력한 경우
> ② OTP는 전 금융기관을 통합하여 연속 (　)회 이상 잘못 입력한 경우
> ③ 기타 예금거래 기본약관 등에서 정한 거래 제한 사유가 발생한 경우

① 3, 5

② 3, 7

③ 5, 7

④ 5, 10

1　다음 중 보험료에 관한 설명으로 옳은 것은?

① 영업보험료는 위험보험료와 저축보험료로 구성되어 있다.

② 위험보험료는 사망보험금의 지급의 재원이 되는 보험료이고, 저축보험료는 만기보험금 지급의 재원이 되는 보험료이다.

③ 배당금은 현금으로만 지급하여야 한다.

④ 예정이율이 낮아지면 보험료는 내려가고, 예정사업비율이 낮아지면 보험료는 올라간다.

2　다음에서 설명하는 보험으로 적절한 것은?

> 계약자가 납입한 보험료를 특별계정을 통하여 기금을 조성한 후 주식, 채권 등에 투자하여 발생한 이익을 보험금 또는 배당으로 지급하는 상품

① 변액보험　　　　　　　　　② CI보험

③ 연금보험　　　　　　　　　④ 저축성보험

3　보험계약의 특성으로 올바른 것은?

① 보험사업은 다른 상거래와는 달리 공공성과 사회성이 그다지 강조되지 않는다.

② 보험계약은 절대적 강행법성을 띤다.

③ 보험계약은 영리 추구를 목적으로 하지 않는 공공성을 띤다.

④ 보험계약은 보험사업자와 계약을 체결하는 많은 보험가입자들은 경제적인 면에 있어 서로 연결되어 있는 단체성을 이룬다.

4 무배당 우체국실손의료비보험(갱신형)에 대한 설명으로 옳은 것은?

① 입원 최대 5천만 원, 통원 최대 50만 원을 보장한다.
② 근로소득자의 납입 보험료(연간 100만 원 한도) 10%에 대해 세액공제 혜택을 제공한다.
③ 임신 23주 이내의 태아도 가입 가능하며 재가입 종료 나이는 종신까지이다.
④ 갱신 또는 재가입 직전 보험기간 2년 동안 보험금 지급 실적이 없는 경우, 갱신일 또는 재가입일부터 차기 보험기간 1년 동안 보험료의 20%를 할인해 준다.

5 다음 중 부활의 요건의 내용이 옳지 않은 것은?

① 부활계약 청구시에도 보험계약자는 중요한 사항에 대하여 고지의무를 부담여야 한다.
② 보험계약자가 제2회 이후의 계속보험료를 납부하지 아니함으로써 보험계약이 해지되었거나 실효된 경우로서 해지환급금이 지급되지 않았어야 한다.
③ 보험계약자는 부활이 가능한 일정 기간 내에 연체된 보험료를 보험자에게 납부하고 보험계약의 부활을 청구하여야 한다.
④ 보험계약자의 부활청구로부터 보험자가 약정이자를 첨부한 연체보험료를 받은 후 30일이 지나도록 낙부통지를 하지 않으면 보험자의 승낙이 의제되고 해당 보험계약은 부활한다.

6 계약자가 보험계약 시 보험수익자를 지정하지 않은 경우의 보험사고별 보험수익자가 바르게 연결된 것은?

① 사망보험금 – 보험계약자
② 통원급부금 – 피보험자의 상속인
③ 생존보험금 – 보험계약자
④ 장해 – 피보험자의 상속인

7 유배당보험은 계약에 대해 잉여금이 발생할 경우 잉여금의 일정비율을 계약자배당준비금으로 적립하여 이를 보험계약자에게 배당금으로 지급한다. 다음 중 배당금 지급방법이 아닌 것은?

① 보험금 또는 제환급금 지급 시 가산

② 적립식 지급

③ 보험료 상계

④ 현금지급

8 다음 중 생명보험의 기본원리와 그 내용이 바르지 않은 것은?

① 대수의 법칙 – 숫자 또는 측정횟수가 적을수록 예상치가 실제치에 근접한다는 원칙을 말한다.

② 생명표 – 국민생명표와 경험생명표로 분류할 수 있다.

③ 수지상등의 원칙 – 보험계약자가 납입하는 보험료 총액과 보험회사가 지급하는 보험금 및 사업비 등 지출비용의 총액이 동일한 금액이 되도록 하는 것이다.

④ 상부상조의 정신 – 다수의 사람들이 모여 각종 사고에 대비해 서로 일정금액을 모금하여 공동준비재산을 마련해두고 그 구성원 가운데 예기치 못한 불행을 당한 사람에게 미리 약정된 금액을 지급함으로써 서로를 돕는 것이다.

9 비과세 종합저축(보험)에 관한 설명으로 옳지 않은 것은?

① 만 65세 이상 거주자 또는 「장애인복지법」 제32조에 따라 등록한 장애인은 가입할 수 있다.

② 1인당 저축원금 5천만 원까지 납입 가능하다.

③ 2026년 12월 31일까지 가입이 가능하다.

④ 가입 당시 저축자가 비과세 적용을 신청해야 한다.

10 보험영업활동 기본원칙 중 틀린 것은?

① 보험회사 및 모집종사자는 보험소비자의 권익을 보호하기 위해 보험영업활동 시 합리적으로 행동하고 적절하게 판단해야 하며, 보험소비자가 합리적인 선택을 할 수 있도록 지원해야 한다.

② 보험회사 및 모집종사자는 부당한 모집행위나 과당경쟁을 하지 않고 합리적이고 공정한 영업풍토를 조성함으로써 모집질서를 확립하고 보험계약자의 권익보호에 최선을 다해야 한다.

③ 보험회사는 보험상품을 판매하고 서비스를 제공하는 일련의 과정에서 보험소비자의 권익이 침해되는 일이 발생하지 않도록 노력해야 한다.

④ 보험회사는 1년 이상 유지된 계약에 대해 보험계약관리내용을 연 2회 이상 보험소비자에게 제공해야 하며, 변액보험에 대해서는 분기별 1회 이상 제공해야 한다.

11 생명보험 상품의 종류에 대한 설명으로 옳지 않은 것은?

① 주된 보장에 따라 사망보험, 생존보험, 생사혼합보험으로 나뉜다.

② 저축성 보험은 목돈 마련에 유리한 고수익 상품이다.

③ 연금보험에서 연금은 가입자가 원할 경우 지급기간을 확정하여 받거나 종신토록 받을 수 있다.

④ 보장성보험은 만기 시 환급되는 금액이 납입 보험료보다 많다.

12 위험보장을 목적으로 사람의 질병·상해 또는 이에 따른 간병에 관하여 금전 및 그 밖의 급여를 지급할 것을 약속하고 대가를 수수하는 계약으로서 대통령령으로 정하는 계약은 무엇인가?

① 제3보험

② 손해보험

③ 생명보험

④ 저축보험

13 다음에서 설명하는 암보험금의 종류는 무엇인가?

> 암으로 진단 확정되고, 직접적인 치료를 목적으로 입원하여 치료를 받는 경우 입원 1일당 약정 보험금을 지급한다.

① 암 직접치료 입원보험금
② 암진단보험금
③ 암 직접치료 통원보험금
④ 방사선 약물치료비

14 보험계약의 체결에 관한 설명으로 옳지 않은 것은?

① 보험계약은 보험계약자의 청약과 보험자의 승낙으로 성립된다.
② 보험계약자가 보험계약의 청약시에 보험료 상당액을 납부한 때에는 보험자는 다른 약정이 없는 한 10일 내에 승낙의 통지를 발송해야 한다.
③ 보험자가 청약을 승낙하기 전에 보험사고가 생긴 때에는 고지의무위반, 건강진단 불응 등 해당 청약을 거절할 사유가 없는 한 보험자는 보험계약상의 책임을 진다.
④ 보험자가 승낙할 경우 보험자의 책임은 최초보험료가 지급된 때로 소급하여 개시된다.

15 보험계약의 철회에 관한 설명으로 옳은 것은?

① 보험계약자는 보험가입증서(보험증권)를 받은 날부터 30일 이내에 청약을 철회할 수 있다.
② 진단계약, 보험기간이 6개월 미만인 계약 또는 전문보험계약자가 체결한 계약은 청약을 철회할 수 없다.
③ 일자 계산은 초일 불산입을 적용하지 않는다.
④ 청약일로부터 30일이 초과한 계약은 청약철회가 불가하다.

16 다음 중 보험의 대상이 되는 불확실성(위험)의 조건에 해당하지 않는 것은?

① 다수의 동질적 위험단위
② 우연적이고 고의성 없는 위험
③ 재난적 손실
④ 측정 가능한 손실확률

17 다음 중 보험료 산정에 관한 설명으로 옳지 않은 것은?

① 일시납방식 보험 계약에서는 미래 예상되는 모든 보험금지급비용 충당에 필요한 금액을 일시금으로 납입한다.
② 자연보험료는 매년 납입 순보험료 전액이 그 해 지급되는 보험금 총액과 일치하도록 계산하는 방식으로 보험료가 매년 낮아지게 된다.
③ 동일한 보험료를 납입함으로써 계약 후반기에 늘어나는 보험금 지급에 대비하여 전반기에 미리 기금을 조 성해 놓는 방식이다.
④ 보험계약자는 보험기간 중에 보험회사가 정한 납입보험료의 최저 · 최고치 규정에 따라 본인이 원하는 만큼의 보험료를 납입할 수 있다.

18 보험계약에 있어 역선택이란 특정군의 특성에 기초하여 계산된 위험보다 높은 위험을 가진 집단이 동일 위험군으로 분류되어 보험계약을 체결함으로써 그 동일 위험군의 사고 발생률을 증가시키는 현상을 나타내는 용어는?

① 역선택
② 도덕적 해이
③ 연성사기
④ 경성사기

19 제3보험업 중 사람의 신체에 입은 상해에 대하여 치료에 소요되는 비용 및 상해의 결과에 따른 사망 등의 위험에 관하여 금전 및 그 밖의 급여를 지급할 것을 약속하고 대가를 수수하는 보험은 무엇인가?

① 질병보험

② 간병보험

③ 상해보험

④ 사망보험

20 다음 글은 무엇에 관한 설명인가?

> 피보험자가 암 보장개시일 이후에 암으로 진단 확정되고, 직접적인 치료를 목적으로 하여 통원하였을 경우 통원 1 회당 약정 보험금을 지급하게 된다.

① 암 직접치료 통원보험금

② 암 사망보험금

③ 암 직접치료 입원보험금

④ 암진단보험금

1 다음에서 설명하는 입·출력 장치로 옳은 것은?

> • CPU의 개입 없이 입출력장치와 주기억장치와의 데이터 직접 전송 가능
> • CPU는 DMA 컨트롤러와 상태정보 및 제어정보만 전송
> • 프로그램 수행 중 인터럽트의 발생 횟수 최소화 및 시스템 효율성 증대

① 버스(Bus)

② 채널(Channel)

③ 스풀링(Spooling)

④ DMA(Direct Memory Access)

2 서원은행 테이블에서 잔고가 200,000원에서 5,000,000원 사이인 고객들의 등급을 '우대고객'으로 변경하고자 와 같은 SQL문을 작성하였다. 괄호안의 들어갈 내용으로 옳은 것은?

> 〈보기〉
> UPDATE 고객계좌
> SET 등급 = '우대고객'
> WHERE 잔고 (   ) 200000 AND 5000000

① IN

② BETWEEN

③ VALUES

④ AS

3 네트워크 장치에 대한 설명으로 옳지 않은 것은?

① 라우터(router)는 네트워크 계층에서 동작하며 같은 프로토콜을 사용하는 네트워크 간의 최적의 경로를 설정하는 장치이다.

② 리피터(Repeater)는 물리계층에서만 동작하는 1계층 장비이며 네트워크 선로를 통해 전달되는 신호를 증폭시켜주는 역할이다.

③ 브리지(Bridge)는 두 개 이상의 근거리 통신망을 연결하여 하나의 네트워크로 만들어주는 장치이다.

④ 게이트웨이(Gateway)는 네트워크 회선과 서버컴퓨터를 연결하는 네트워크 장비이다.

4 워크시트에서 [A2:B8] 영역을 참조하여 [E3:E7] 영역에 학점별 학생수를 표시하고자 한다. 다음 중 [E3] 셀에 수식을 입력한 후 채우기 핸들을 이용하여 [E7] 셀까지 계산하려고 할 때 [E3] 셀에 입력해야 할 수식으로 옳은 것은?

① =COUNTIF(B3:B8, D3)

② =COUNTIF($B$3:$B$8, D3)

③ =SUMIF(B3:B8, D3)

④ =SUMIF($B$3:$B$8, D3)

5 결합도(Coupling)는 모듈 간의 상호 의존 정도 또는 모듈 간의 연관 관계를 의미한다. 아래에 나타낸 결합도를 약한 정도에서 강한 정도 순으로 올바르게 나열한 것 은?

① 자료결합도 - 제어결합도 - 공통결합도 - 내용결합도
② 자료결합도 - 내용결합도 - 제어결합도 - 공통결합도
③ 공통결합도 - 내용결합도 - 제어결합도 - 자료결합도
④ 공통결합도 - 자료결합도 - 제어결합도 - 내용결합도

6 정보보안 3요소로 옳지 않은 것은?

① 기밀성(Confidentiality)   ② 무결성(Intefrity)
③ 가용성(Availability)   ④ 부인방지 (Non-repudiation)

7 처리 중인 데이터나 처리 결과를 임시적으로 보관하는 CPU 안의 기억장치로 옳은 것은?

① 캐시 메모리(cache memory)
② 플래시 메모리(Flash Memory)
③ 레지스터(Register)
④ 가상 메모리(Virtual Memory)

8 다음에서 설명하는 소프트웨어 개발 방법론으로 옳은 것은?

> • 절차보다는 사람이 중심이 되어 변화에 유연하고 신속하게 적응하면서 효율적으로 시스템을 개발할 수 있는 신속 적응적 경량 개발 방법론
> • 애자일은 개발 과정의 어려움을 극복하기 위해 적극적으로 모색한 방법론

① 애자일 개발 방법론
② 구조적 개발 방법론
③ 객체지향 개발 방법론
④ 컴포넌트 기반 개발 방법론

9 불 대수(Boolean Algebra)에 대한 간소화로 옳지 않은 것은?

① $A(A + B) = A$

② $A + \overline{A} B = A + B$

③ $A(\overline{A} + B) = AB$

④ $A + A B = B$

10 중앙 컴퓨터와 여러 대의 단말 장치들을 독립적인 회선(전용회선)을 이용하여 일대일로 연결하는 방식은?

① 메인 프레임 방식

② 포인트 투 포인트 방식

③ 클라이언트–서버 방식

④ 멀티포인트 방식

11 다음에서 설명하는 용어로 가장 옳은 것은?

> 구글에서 대용량 데이터 처리를 분산 병렬 컴퓨팅에서 처리하기 위한 목적으로 제작하여 2004년 발표한 소프트웨어 프레임워크이다.

① 딥페이크(Deepfake)

② 맵리듀스(MapReduce)

③ 퍼셉트론(Perceptron)

④ 디지털 포렌식(Digital Forensics)

12 관계형 데이터베이스의 뷰(View)에 대한 장점으로 옳지 않은 것은?

① 뷰는 논리적 데이터 독립성을 제공한다.
② 뷰는 가상 테이블이기 때문에 물리적으로 구현되어 있지 않다.
③ 하나의 뷰를 삭제하면 그 뷰를 기초로 정의된 다른 뷰는 자동으로 삭제되지 않는다.
④ 동일 데이터에 대해 동시에 여러 사용자의 상이한 응용이나 요구를 지원해준다.

13 OSI 7계층에서 데이터 링크 계층(Data Link Layer)의 기능에 관한 설명으로 옳지 않은 것은?

① 송신측이 수신측의 처리속도보다 더 빨리 데이터를 보내지 못하도록 조절하는 흐름제어 기능이 있다.
② 프레임의 시작과 끝을 구분하기 위한 프레임의 동기화 기능이 있다.
③ 다중 네트워크 링크에서 패킷을 목적지까지 전달한다.
④ 프레임의 순차적 전송을 위한 순서제어 기능이 있다.

14 다음 글의 빈칸에 들어갈 알맞은 단어를 고르시오.

Customers with facilities for Internet banking (also known as online banking) can use their bank's or building society's website to carry out payments and other _____ over the Internet. This form of banking can be done outside business hours and from anywhere with Internet access.

① notification
② transactions
③ overdraft
④ installment

15 다음 밑줄 친 부분과 바꿔쓸 수 있는 것으로 가장 알맞은 것을 고르시오.

> By monitoring foreign aid expenditure, we can prevent its misuse and aim to provide support for poor countries so that they can eventually achieve economic <u>empowerment</u> and donate money to others in turn.

① parameter   ② authority
③ barrier   ④ incentive

16 다음 대화에 이어질 표현으로 가장 적절한 것을 고르시오.

> M : I would like to take out a loan to buy a car.
> W : _____.

① Do you have some identification with you?
② Sure. You have run up a lot of debt.
③ That kind of withdrawal will require a manager's approval.
④ OK. What kind of account would you like to open?

17 다음 글의 주제로 가장 적절한 것은?

The interaction of workers from different cultural backgrounds with the host population might increase productivity due to positive externalities like knowledge spillovers. This is only an advantage up to a certain degree. When the variety of backgrounds is too large, fractionalization may cause excessive transaction costs for communication, which may lower productivity. Diversity not only impacts the labour market, but may also affect the quality of life in a location. A tolerant native population may value a multicultural city or region because of an increase in the range of available goods and services. On the other hand, diversity could be perceived as an unattractive feature if natives perceive it as a distortion of what they consider to be their national identity. They might even discriminate against other ethnic groups and they might fear that social conflicts between different foreign nationalities are imported into their own neighbourhood.

* externality : 외부 효과 ** fractionalization : 분열

① roles of culture in ethnic groups

② negative perspectives of national identity

③ contrastive aspects of cultural diversity

④ factors of productivity differences across countries

18 다음 글의 빈칸 (A), (B)에 들어갈 말로 가장 적절한 것을 고르시오.

Making a good first impression can lead to successful relationships in both love and work. Here are some tips to ensure you make a good first impression. First, dress appropriately for the occasion. _____(A)_____, wearing at-home clothes for a job interview can make the interviewer unsure about hiring you. Next, be a good listener. This means not interrupting conversations, and remember that a good listener makes frequent eye contact. This will show you're interested in the other person and are not bored or distracted. _____(B)_____, staring fixedly at other persons without any facial expression can make you look rude or angry, so it is important to wear a smile. Your smiling face will give them a favorable impression.

      (A)   (B)

① For example ······ Therefore

② For example ······ However

③ As a result ······ However

④ As a result ······ Otherwise

19 다음 밑줄 친 곳에 들어갈 알맞은 것은?

Banks are not ordinarily prepared to pay out all accounts : they rely on their depositors not to demand payment all at the same time. If depositors should come to fear that a bank is not sound, that it cannot pay off all its depositors, then that fear might cause all the depositors to appear on the same day. If they did the Bank could not pay all accounts. However, _____, then there would always be funds to pay those who wanted their money when they wanted it.

① if they withdrew funds from their accounts secretly

② if they deposited less and less year after year

③ if they compelled tellers not to use their funds for private purpose

④ if they did not all appear at once

20 다음 글에서 필자가 결론으로 말하고자 하는 것은?

The average brain is naturally lazy and tends to take the line of least resistance. The mental world of the ordinary man consists of beliefs which he has accepted without questioning and to which he is firmly attached ; he is instinctively hostile to anything which would upset the established order of his familiar world. A new idea, inconsistent with some of the beliefs which he holds, means the necessity of rearranging his mind ; and this process is laborious, requiring a painful expense of brain-energy. To him and his fellows, who from the vast majority, new idea and options which cast doubt on established beliefs and institutions seem evil just because they are disagreeable. It is desirable that this attitude should be altered for the progress of the society.

① 고정된 사고의 틀을 깨고 새로운 생각을 받아들여야 한다.
② 평범한 사람은 익숙한 세계의 기존 질서를 깨는 어떤 것에 애착을 갖는 경향이 있다.
③ 사람들은 자신의 이익을 위해 기존의 질서가 깨지는 것을 두려워한다.
④ 뇌에너지의 고통스런 희생을 필요로 하는 것들은 평범한 사람에게는 유해한 것이다.

제5회 모의고사

▶▶▶ 01 **우편일반**

1 다음 중 우편의 이용관계에 관한 내용으로 옳지 않은 것은?

① 우편이용관계자는 우편관서, 발송인, 수취인이다.
② 우편이용계약은 우체국 창구에서 접수하거나 우체통에 투입한 때 성립한다.
③ 우편관서는 우편물 송달의무와 요금 등의 징수권, 기타 권리의무를 가진다.
④ 우편이용계약에서 방문접수와 집배원 접수의 경우 접수증을 발급받은 때 계약이 성립한다.

2 다음 중 통상우편물 접수 시 규격외 요금을 징수해야 하는 우편물은?

① 누르지 않은 자연 상태에서 두께가 3mm인 것
② 우편번호 작성란을 5개의 칸으로 구성하여 인쇄한 경우
③ 봉할 때 풀, 접착제를 사용하여 도드라지지 않게 접합한 것
④ 창문봉투의 경우 종이 소재로 투명하게 창문 제작

3 다음 ( )안에 들어갈 알맞은 말은?

> 조력자에 대한 보수 및 손실보상을 청구할 때에는 ( )의 주소, 성명, 청구사유 및 청구금액을 기재한 청구서를 운송원 등이 소속된 우체국장을 거쳐 관할지방우정청장에게 제출하여야 한다. 이때에 소속우체국장은 보수 또는 손실보상의 청구내용에 대한 의견서를 첨부하여야 한다.

① 청구인
② 발송인
③ 수취인
④ 집배원

4 다음 중 국내특급에 관한 설명으로 옳지 않은 것은?

① 국내특급의 종류에는 익일특급이 있다.

② 등기취급하는 우편물에 한정하여 취급한다.

③ 익일특급은 접수한 다음 날까지 배달된다.

④ 통상우편물 및 소포우편물의 제한 무게는 40kg 까지 이다.

5 다음 중 민원우편에 대한 설명으로 옳은 것은?

① 민원우편은 일반우편물보다 우선하여 송달한다.

② 민원우편의 송달에 필요한 왕복우편요금은 선불, 민원우편 부가취급수수료는 후불이다.

③ 우정사업본부 발행 민원우편 취급용봉투 외에 일반 서류봉투 사용이 가능하다.

④ 민원우편의 송달은 당일특급에 따라 신속히 송달한다.

6 다음 설명 중 적합하지 않은 것은?

① 우정사업본부장이 발행한 우편엽서와 사제엽서는 봉함하지 않고 발송이 가능하다.

② 발송인이 신고한 내용이 실제로 우편물의 내용과 달라서 법규에 위반된다고 인정될 때에는 우편물을 개봉할 것을 요구할 수 있다.

③ 우편물 내용의 신고 및 개봉을 거부할 때에는 그 우편물은 접수하지 않아도 된다.

④ 착불소포는 우편물 수취인에게 수수료를 제외한 우편요금을 수납하여 세입 처리한다.

7 우편사업의 경영주체 및 관계법률에 관한 설명으로 옳은 것은?

① 우편사업은 국가가 직접 경영하며 미래창조과학부장관이 이를 관장한다.

② 우편사업을 국가에서 경영하는 이유는 우편사업의 성격상 요청되는 취급의 안정성, 신속성, 정확성, 수익성을 확보할 수 있기 때문이다.

③ 우편에 관한 국내 법률로는 우편법, 통신비밀보호법, 우편지급업무 약정 등이 있다.

④ 우편법은 헌법에 보장된 국민 사생활의 비밀과 통신의 자유가 보장되도록 하기 위하여 제정하였다.

8 우편물을 배달할 때 수취인이 장기부재일 경우 "수취인장기부재" 표기를 하여 반송하여야 하는 경우에 해당하는 것은?

① 수취인 주소지에 있는 동거인에게 배달할 때

② 수취인의 이웃주민에게 배달할 때

③ 수취인에게 15일 이내 돌아올 것을 고지받은 때

④ 수취인에게 15일 이후에 돌아올 것을 고지받은 때

9 다음 중 우편금지물품에 대한 설명으로 옳지 않은 것은?

① 국제우편으로 발송하는 것이 금지 또는 제한된 물품을 말한다.

② 우편금지물품은 만국우편협약, 우편법, 국제우편규정 등에서 정하는 바에 의한다.

③ 우편법상의 우편금지물품은 고시를 통해 이루어진다.

④ 세계 각국의 우편금지물품은 동일한 기준으로 정해진다.

10 국제특급우편(EMS) 요금의 주요 특별 감액이 바르게 짝지어지지 않은 것은?

① 계약기간이 1년을 초과하고 직전 계약기간 이용 금액이 6백만 원 이상인 경우 – 1%p 추가 감액
② 계약기간이 3년을 초과하고 직전 계약기간 이용 금액이 100백만 원 이상인 경우 – 2%p 추가 감액
③ 인터넷 접수시스템(e-Shipping)을 통해 접수한 경우 – 5%p 추가 감액
④ e-Shipping으로 수출우편물 정보 또는 수출신고번호를 제공한 경우 – 1%p 추가 감액

11 등기취급 우편물의 종류별 배달방법이 바르게 짝지어진 것은?

① 내용증명 – 2회 배달 후 보관하지 않고 반송
② 특별송달 – 3회 배달 후 보관하지 않고 반송
③ 맞춤형 계약등기 – 2회 배달, 3일 보관 후 반송
④ 선택등기우편물 – 3회 배달, 2일 보관 후 반송

12 다음 중 국제통상우편물에 관한 설명으로 옳지 않은 것은?

① 소설이나 신문의 원고, 필사한 악보는 인쇄물의 요건을 갖추지 않았지만, 인쇄물로 취급할 수 있다.
② 항공서간은 세계 어느 지역에나 단일 요금으로 보낼 수 있다.
③ 우편엽서의 형태는 직사각형이어야 한다.
④ CD, 비디오테이프, OCR, 포장박스, 봉인한 서류는 인쇄물로 접수한다.

13 다음 중 K-Packet에 관한 설명으로 옳은 것을 모두 고르면?

ㄱ 「국제우편규정」에 따라 우정사업본부장이 고시한 전자상거래용 국제우편서비스이다.
ㄴ 국내에서 K-Packet을 등기소형포장물보다 우선 취급한다.
ㄷ 최대길이는 50cm이다.
ㄹ 손해배상 처리절차는 기존 국제등기우편과 동일하다.
ㅁ 평균 송달기간은 7~10일이다.

---

① ㄱ, ㄴ

② ㄴ, ㄹ, ㅁ

③ ㄱ, ㄹ, ㅁ

④ ㄱ, ㅁ

14 EMS 배달보장 서비스에 관한 설명으로 옳은 것은?

① 우리나라와 EMS 서비스 품질 향상을 위하여 특별협정을 체결한 10개 우정청간에 운영되며, 별도 취급 수수료는 없다.

② 아시아지역은 접수한 날부터 3일 이내 배달을 보장한다.

③ 배달예정일보다 늦게 배달되면 지연사실 판결 후 우편요금을 배상해 주는 서비스이다.

④ 미국, 호주, 유럽은 접수한 날부터 4일 이내 배달을 보장한다.

15 국제우편물의 각종 청구제도에 관한 설명으로 옳지 않은 것은?

① 행방조사청구제도의 청구대상우편물은 등기우편물, 소포우편물, 국제특급우편물이다.

② 국제우편 손해배상제도의 청구권자는 발송인 또는 수취인이다.

③ 행방조사청구제도의 청구기한은 우편물을 발송한 날부터 계산하여 6개월이다.

④ 내용품의 실제가격을 초과 사기하여 보험에 든 경우 손해배상은 면책된다.

16 다음 중 우편 이용관계자의 권리와 의무에 대한 연결로 옳은 것의 총 개수는?

> ㉠ 우편관서 – 송달요구권
> ㉡ 우편관서 – 요금·수수료 징수권
> ㉢ 발송인 – 우편물 반환청구권
> ㉣ 수취인 – 우편물 수취권
> ㉤ 수취인 – 수취거부권

① 1개   ② 2개
③ 3개   ④ 4개

17 도서·산간 오지 등의 배달기한에 대한 설명으로 옳지 않은 것은?

① 교통 여건 등으로 인해 우편물 운송이 특별히 어려운 곳은 관할 지방우정청장이 별도로 배달기한을 정하여 공고한다.
② 접수 우편물 기준, 우편물을 접수한 그날에 관할 집중국으로 운송하기 어려운 지역은 일반적인 배달기한 적용이 어려운 지역에 해당한다.
③ 배달 우편물 기준, 관할 집중국에서 배달국의 당일 배달 우편물 준비 시간 안에 운송하기 어려운 지역은 일반적인 배달기한 적용이 어려운 지역에 해당한다.
④ 운송 곤란 지역의 배달기한을 계산할 때, 접수·배달 우편물의 운송이 모두 어려운 곳은 각각의 필요 일수의 평균을 배달기한에 합하여 계산한다.

18 국내우편물 손해배상에 관한 설명으로 옳은 것은?

① 손해배상 청구는 우편물을 발송한 다음 날로부터 1년 내에 해야 한다.
② 수취인이 우편물을 정당하게 받았을 경우는 손해배상 제한사유에 해당하지 않는다.
③ 파손·훼손·분실로 손해배상을 하는 경우 '손실·분실'에 해당하는 금액을 한도로 하여 배상한다.
④ 손해배상 결정서를 받은 청구인은 우편물을 받은 날부터 3년 안에 배상액을 청구할 수 있으며 그 이후에는 시효로 인해 권리가 소멸된다.

19 다음은 봉투에 넣어 봉함하거나 포장하여 발송하는 우편물의 기계 처리를 위한 공백 공간에 대한 설명이다. 빈칸에 들어갈 숫자를 모두 더한 값은?

> • 앞면 : 오른쪽 끝에서 (   )mm × 밑면에서 (   )mm, 우편번호 오른쪽 끝에서 (   )mm
> • 뒷면 : 왼쪽 끝에서 (   )mm × 밑면에서 (   )mm

① 328

③ 332

② 330

④ 334

20 우정사업본부에서 발행하는 우편엽서의 규격 요건으로 옳은 것은?

① 크기는 세로 최대 120mm, 가로 최대 160mm이며, 허용 오차는 ±5mm이다.

② 우편번호 기재 여백규격은 상 · 하 · 좌 · 우에 3mm 이상이다.

③ 직사각형 형태의 별도 봉투로 봉함한 형태이다.

④ 무게는 최소 2g, 최대 5g이다.

1 다음 중 금융에 대한 설명으로 옳지 않은 것은?

① 일정 이자를 받고 자금을 융통해 주는 것이다.
② 기본적으로 활동 주체는 가계 · 기업 · 정부 · 금융회사으로 구분할 수 있다.
③ 자금공급자로부터 자금수요자로 자금이 이동하는 형태에 따라 직접금융과 간접금융으로 구분할 수 있다.
④ 금융회사는 최종적인 자금의 수요자가 된다.

2 다음 중 특수은행이 아닌 것은?

① 중소기업은행
② 외국은행지점
③ 농협은행
④ 한국산업은행

3 CD/ATM의 특징으로 옳지 않은 것은?

① 영업점의 창구를 이용하지 않고도 입출금이 가능하다.
② CD/ATM을 이용하기 위해서는 현금카드, 신용카드, 휴대폰, 바코드, 생체인식 등 이용매체가 필요하다.
③ CD/ATM을 이용하여 현금인출 뿐만 아니라 각종 증명서나 거래내역의 출력, 통장 비밀번호 변경 등 다양한 업무가 가능하다.
④ CD/ATM을 통해 공과금납부, 티켓발행, 기업광고 등 다양한 서비스로 확대되어 수익 창출의 기회도 얻게 되었다.

4 다음 중 법정대리의 경우 대리관계의 확인서류로 옳지 않은 것은?

① 미성년자 – 가족관계등록부

② 피성년후견인 – 후견등기부

③ 부재자 – 가족관계등록부

④ 사망자 – 사망자의 유언, 법원의 선임심판서

5 다음 설명 중 옳지 않은 것은?

① 종합소득에는 이자소득, 배당소득, 사업소득, 근로소득, 연금소득, 기타소득이 있다.

② 양도소득은 자산을 양도함으로서 발생하는 소득을 말한다.

③ 종합과세는 이자소득 등 종합소득 중 비과세소득과 분리과세소득을 제외한 소득을 합산하여 누진세율을 적용하는 방법을 말한다.

④ 금융소득 종합과세제도는 1996년부터 실시되었으며 1998년부터 일시 유보되었다가 2000년에 폐지되었다.

6 다음 중 환율에 대한 설명으로 옳지 않은 것은?

① 수출이 늘어나면 환율은 하락한다.

② 해외여행을 갈 때는 원화가 강세일 때 환전하는 것이 유리하다.

③ 외국인 관광객이 증가하면 환율은 상승한다.

④ 미국 금리가 우리나라보다 높으면 달러화 금융자산에 투자하는 것이 유리하다.

7 금융시장의 유형에서 금융거래의 장소에 따라 구분한 것으로 옳은 것은?

① 단기금융시장(자금시장)과 장기금융시장(자본시장)

② 채무증서시장과 주식시장

③ 발행시장과 유통시장

④ 거래소시장과 장외시장

8 다음 글에서 설명하는 것은?

> 가입 후 일정기간마다 시장실세금리를 반영하여 적용금리를 변경하는 정기예금으로 금리변동기, 특히 금리상승기에 실세금리에 따라 목돈을 운용하는 데에 적합한 금융상품이다.

① 양도성예금증서   ② 실세금리연동형 정기예금

③ 정기예탁금   ④ 주가지수연동 정기예금

9 다음 중 채권형 펀드에 해당하는 것은?

① 가치주형펀드   ② 섹터형펀드

③ 인덱스펀드   ④ 하이일드펀드

10 ETF와 인덱스펀드에 대한 설명으로 옳지 않은 것은?

① ETF는 주식시장 인덱스를 추종하여 주식처럼 유가증권시장에 상장되어 거래된다.

② 인덱스펀드는 대부분 ETF보다 높은 보수를 책정하고 있다.

③ ETF는 액티브펀드보다 높은 투자비용이 발생한다.

④ ETF는 일반 주식처럼 장중 거래가 가능하다.

11 다음 글에서 설명하고 있는 상품은 무엇인가?

> 주식, 채권, 금융상품 등 증권회사에 예탁한 개인투자자의 자금을 한꺼번에 싸서(wrap) 투자자문업자로부터 운용서비스 및 그에 따른 부대서비스를 포괄적으로 받는 계약을 의미한다.

① 랩어카운트   ② 주가연계증권

③ 종합재산신탁   ④ 금전신탁

12 신주인수권의 배정방법 중 실권주 발생 시 일반투자자를 대상으로 청약을 받은 다음 청약 미달 시 이사회 결의로 그 처리방법을 결정하는 방법은 무엇인가?

① 주주우선공모방식

② 제3자 배정방식

③ 주주배정방식

④ 일반공모방식

13 다음 글에서 설명하는 예금계약은?

> 일정한 기간을 정하여 부금을 납입하게 하고 기간의 중도 또는 만료 시에 부금자에게 일정한 금전을 급부할 것을 내용으로 하는 약정

① 별단예금

② 당좌예금

③ 상호부금

④ 정기예금

14 우체국예금과 일반은행과의 차이로 옳지 않은 것은?

① 주식 발행이 없으므로 자기자본에 자본금 및 주식발행 초과금이 없다.

② 타인자본에는 예금을 통한 예수부채는 있지만 차입부채는 없다.

③ 우편대체 계좌대월 등 일부 특수한 경우를 제외하고는 여신이 없다.

④ 환매조건부채권매도 등을 통한 차입부채가 없다.

15 100만 원짜리 채권을 지금 10만 원 할인된 90만 원에 사고 1년 후 100만 원을 받는 경우에 할인율은 몇 %인가?

① 10%

② 7%

③ 5%

④ 3%

16 다음 중 상호금융에 해당하지 않는 것은?

① 신용협동조합

② 수산업협동조합

③ 한국산업은행

④ 새마을금고

17 다음 중 지역별 청약가능 예치금으로 옳지 않은 것은?

① 85m^2 이하–서울 300만 원

② 102m^2 이하–기타 광역시 600만 원

③ 102m^2 초과 135m^2 이하–기타 시군 400만 원

④ 135m^2 초과–기타 광역시 1,000만 원

18 100만 원을 연 5%의 복리상품에 예치할 경우 원금이 2배인 200만 원으로 불어나려면 얼마나 걸리는가?

① 14.4년

② 14.6년

③ 15.4년

④ 15.8년

19 우체국 예금·보험에 관한 설명으로 옳지 않은 것은?

① 우체국예금 상품은 크게 요구불예금과 저축성예금으로 구분할 수 있다.

② 주식 발행이 없으므로 자기자본에 자본금 및 주식발행 초과금이 없다.

③ 우체국보험은 동법에 따라 계약 보험금 한도액이 보험종류별로 피 보험자 1인당 5천만 원으로 제한되어 있다.

④ 우체국보험의 종류는 보장성보험, 저축성보 험, 연금보험이 있다.

20 착오송금 반환지원제도에 관한 설명으로 옳지 않은 것은?

① 23. 12. 31 이후 발생한 5만 원 이상 5천만 원 이하 착오송금을 신청할 수 있다.

② 예금보험공사 본사 상담센터 방문 신청해야 한다.

③ 착오송금일로부터 1년 이내 신청 (통상 접수일로부터 약 2개월 내외 반환 예상)

④ 수취인이 착오입금된 돈을 임의로 인출하여 사용하는 경우 형사상 횡령죄에 해당될 수 있다.

1 무배당 우체국노후실손의료비보험에 대한 설명으로 옳은 것은?

① 최대 70세까지 가입이 가능한 실버 전용 보험이다.

② 의료비 전문 보험으로 상해 및 질병 최고 5,000만 원까지 보장된다.

③ 필요에 따라 종합형, 질병형, 상해형 중 한 가지 형태를 계약자가 선택하여 가입이 가능하다.

④ 보험기간 만료일 15일 전까지 계약자의 별도 의사표시가 없으면 최대 3회까지 자동갱신이 가능하다.

2 보험계약의 성립과 거절 중 잘못된 것은?

① 보험계약은 보험계약자의 청약과 보험자의 승낙으로 성립된다.

② 보험자가 계약을 거절한 때에는 보험료를 받은 기간에 대하여 일정 이자를 보험료에서 차감한 후 돌려준다.

③ 보험자는 청약일로부터 30일 이내에 계약을 승낙 또는 거절하여야 한다.

④ 청약일로부터 30일 이내에 승낙 또는 거절의 통지를 하지 않으면 계약은 승낙된 것으로 본다.

3 보험금을 받는 자를 지정하지 않았을 경우 보험사고에 따른 보험수익자가 옳지 않은 것은?

	보험사고별 종류	보험수익자
①	사망보험금	피보험자의 상속인
②	생존보험금	보험계약자
③	장해 · 입원 · 수술	보험계약자
④	통원급부금	피보험자

4 일반적인 상해보험의 보장내용에 관한 설명 중 옳은 것은?

① 상해장해급부금 – 보험기간 중 상해로 인해 직접치료를 목적으로 수술을 받았을 때
② 상해입원급부금 – 보험기간 중 상해로 인해 직접치료를 목적으로 입원하였을 경우
③ 만기환급금 – 보험기간 중에 상해의 직접적인 원인으로 사망하였을 경우
④ 상해수술급부금 – 보험기간 중 상해로 인해 장해분류표에서 정한 각 장해지급률에 해당하는 장해상태가 되었을 경우

5 무배당 우체국건강클리닉보험(갱신형) 2109에 대한 설명으로 옳지 않은 것은?

① 20년 만기 생존 시마다 건강관리자금을 지급한다.
② 0세부터 65세까지 가입 가능한 건강보험이다.
③ "국민체력100" 체력 인증시 보험료 지원혜택이 있다.
④ 3대질병 진단 시 최대 3,000만 원을 보장한다.

6 무배당 우체국실속정기보험 2109에 대한 설명으로 옳지 않은 것은?

① 병이 있어도 3가지 간편고지로 간편하게 가입 가능하다.
② 비갱신형 보험료로 사망과 50% 이상 중증장해를 보장한다.
③ 고객 형편 및 목적에 맞게 순수형 또는 환급형 중 선택 가능하다.
④ 특약 선택이 불가능한 상품이다.

7 다음 중 보험의 종류와 내용이 바르게 연결되지 않은 것은?

① 운송보험 : 육상운송의 목적인 운송물에 대하여 그 운송에 관한 사고로 인하여 생길 손해 의 보상을 목적으로 하는 보험
② 해상보험 : 항해에 따르는 사고로 인해 발생할 수 있는 많은 종류의 위험을 종합적으로 담 보하고, 보험사고 발생 시 보험증권에 의해 약정된 보험금을 지급
③ 보증보험 : 각종 거래에서 발생하는 신용위험을 감소시키기 위해 보험의 형식으로 하는 보증제도
④ 책임보험 : 화재나 번개로 인하여 재산상의 손해가 발생할 경우 보험증권에 의해 사전에 약정된 보험금을 지급

8 다음 빈칸에 들어갈 말을 순서대로 나열한 것은?

보험료납입인	피보험자	소득금액요건	연령요건	세액공제여부
본인	부모	연간 (㉠)만 원 이하	만(㉡)세 이상	가능
본인	배우자	연간 100만 원 이하	특정 요건 없음	가능
본인	자녀	연간 100만 원 이하	만 (㉢)세 이하	가능
본인	형제자매	연간 100만 원 이하	만 20세 이하 또는 만 60세 이상	가능

① 200, 65, 20
② 100, 60, 20
③ 200, 60, 20
④ 100, 65, 19

9 다음 중 예금자보호법에 대한 설명으로 옳지 않은 것은?

① 1인당 최고 5,000만 원까지 보장한다.
② 보험금 지급정지, 보험회사의 인가취소·해산·파산·제3자 계약이전 시 계약이전에서 제외 된 경우 지급한다.
③ 보호대상은 예금자로, 개인만 포함한다.
④ 산출기준은 해지환급금(사고보험금, 만기보험금)과 기타 제지급금의 합산금액이다

10 제3보험에 관한 설명으로 옳지 않은 것은?

① 위험보장을 목적으로 사람의 질병·상해 또는 이에 따른 간병에 관하여 금전 및 그 밖의 급여를 지급할 것을 약속하고 대가를 수수하는 계약으로서 대통령령으로 정하는 계약이다.
② 겸영을 허용하지 않는다.
③ 제3보험은 상해보험, 질병보험, 간병보험으로 분류할 수 있다.
④ 보험업법 제4조에서는 보험종목을 구분하여 제3보험을 생명보험이나 손해보험이 아닌 독립된 하나의 보험업으로 구분하고 있다.

11 간병보험에 관한 설명으로 옳지 않은 것은?

① 피보험자가 보험기간 중 상해 또는 질병으로 장기요양상태가 되거나 중증 치매 등으로 일상생활이 어려워졌을 때 간병을 필요로 하게 되면 이를 약관에 의거 보험금을 지급하는 상품이다.

② "장기요양상태"라 함은 거동이 불편하여 장기요양이 필요하다고 판단되었을 경우 「노인장기요양보험법」에 따라 국민건강보험공단의 장기요양등급 판정위원회에서 장기요양 2등급 또는 장기요양 3등급 등으로 판정받은 경우를 말한다.

③ 치매상태와 일상생활에서 행동의 제한이 있는 상태에 있을 때 보험금을 지급하는 것이다.

④ 노인장기요양보험은 만 65세 이상의 노인 및 노인성질병(치매, 뇌혈관성질환, 파킨슨병 등)을 가진 만 65세 미만의 자를 대상으로 한다.

12 다음 중 보험계약의 무효 요건에 해당하지 않는 것은?

① 기발생 사고

② 피보험자의 자격미달

③ 보험자의 법률 위반이 존재할 때

④ 사기에 의한 초과, 중복보험

13 다음 중 보험계약의 당연 실효 사유에 해당하지 않는 것은?

① 최초보험료의 부지급

② 보험자는 계속보험료 미지급, 고지의무 위반, 통지의무 위반 등의 경우 보험계약에 대한 해지권 행사하였을 때

③ 보험회사가 파산선고를 받고 3개월이 경과하였을 때

④ 보험기간의 만료

14 다음 중 우체국보험의 특징으로 옳지 않은 것은?

① 무진단·단순한 상품구조를 바탕으로 보험료가 저렴한 보험상품을 취급하여 서민들이 쉽게 가입이 가능하도록 하고 있다.

② 국가가 경영하고 우체국장이 관장한다.

③ 농·어촌 지역에서부터 지방 중소도시까지 전국적으로 널리 분포된 우체국 조직을 이용 하므로 보험료가 저렴하고 가입절차가 간편하여 보험의 보편화에 기여하고 있다.

④ 담당인력과 조직에 대해 행정안전부 등 관련부처와 협의를 거치는 등 정부조직법 , 국가 공무원법 등의 통제를 받고 있다 .

15 우체국보험의 재무건전성 관리에 관한 설명으로 옳지 않은 것은?

① 우정사업본부장은 우체국보험의 보험금 지급능력과 재무건전성을 확보하기 위하여 '건전경영의 유지를 위한 준수사항'을 준수하여야 한다.

② 지급여력비율은 지급여력금액을 지급여력기준금액으로 나누어 산출한다.

③ 과학기술정보통신부 장관은 우정사업본부장은 우체국보험의 지급여력비율이 100% 미만인 경우로서 보험계약자에게 보험금을 지급하지 못할 우려가 있다고 판단되는 경우에는 경영개선계획을 수립·시행하여야 한다.

④ 우정사업본부장은 보유자산에 대해 건전성을 "정상", "요주의", "고정", "회수의문", "추정손실"의 5단계로 분류하여야 한다.

16 다음 중 우체국 보험계약의 무효사유가 아닌 것은?

① 뚜렷한 사기의사에 의하여 계약이 성립되었음을 체신관서가 증명하는 경우

② 타인의 사망을 보험금 지급사유로 하는 계약에서 계약을 체결할 때까지 피보험자의 서면에 의한 동의를 얻지 않은 경우

③ 계약을 체결할 때 계약에서 정한 피보험자의 나이에 미달되었거나 초과되었을 경우

④ 만 15세 미만자, 심신상실자 또는 심신박약자를 피보험자로하여 사망을 보험금 지급사유로 한 계약의 경우

17 다음 중 보험금 지급사유 발생일로 바르지 않은 것은?

① 장해상태가 되었을 때 – 장해진단일
② 진단이 확정되었을 때 – 입원일
③ 수술을 받았을 때 – 수술일
④ 사망하였을 때 – 사망일

18 다음 중 저축성보험에 해당하지 않는 것은?

① 무배당 그린보너스저축보험플러스 2203
② 무배당 청소년꿈보험 2109
③ 무배당 온라인내가만든희망보험 2109
④ 무배당 알찬전환특약 2109

19 다음 글에서 설명하는 보험 상품은 무엇인가?

> 뇌·심질환을 진단, 입원, 수술까지 종합적으로 보장하고, 비갱신형으로 설계하여 보험료 인상없이 최대 100세까지 집중보장하는 상품이다.

① 무배당 우체국건강클리닉보험(갱신형) 2109
② 무배당 우체국New100세건강보험 2203
③ 무배당 우체국하나로OK보험 2109
④ 무배당 우체국와이드건강보험 2112

20 무배당 우체국급여실손의료비보험(갱신형) 2109에 관한 설명으로 옳지 않은 것은?

① 입원·통원 합산 5천만 원까지 보장한다.
② 통원(외래 및 처방 합산) 회당 10만 원까지 보장한다.
③ 보험금 지급실적이 없는 경우 보험료 할인혜택을 제공한다.
④ 근로소득자 납입 보험료(연간 100만원 한도) 12% 세액공제받을 수 있다.

1 네트워크 토폴로지(topology)에 대한 설명으로 옳은 것은?

> • 컴퓨터와 단말장치들을 서로 이웃하는 것끼리 포인트 투 포인트방식으로 연결
> • 분산 및 집중 제어 모두 가능
> • 단말장치의 추가/제거 및 기밀 보호가 어려움

① 링형
② 트리형
③ 버스형
④ 성형

2 저장장치 중 접근속도가 빠른 것부터 순서대로 나열한 것은?

> ㉠ 레지스터
> ㉡ RAM
> ㉢ 캐시메모리
> ㉣ SSD

① ㉠, ㉢, ㉡, ㉣
② ㉠, ㉢, ㉣, ㉡
③ ㉢, ㉠, ㉡, ㉣
④ ㉢, ㉠, ㉣, ㉡

3 서비스 거부(DoS) 공격으로 옳은 것은?

> ㉠ Ping of Death 공격
> ㉡ SYN Flooding 공격
> ㉢ TCP SYN Flooding 공격
> ㉣ ICMP Flooding 공격

① ㉠, ㉡

② ㉡, ㉢

③ ㉢, ㉣

④ ㉠, ㉣

4 데이지-체인(daisy-chain) 우선순위 인터럽트 방식 에 대한 설명으로 옳지 않은 것은?

① 인터럽트가 발행하는 모든 장치를 한 개의 회선에 직렬로 연결

② 우선순위가 높은 장치를 선두에 위치시키고 나머지를 우선순위에 따라 차례로 연결

③ 호스트에 가까운 쪽에 높은 우선권을 두는 경우가 많음

④ 많은 인터럽트가 있을 경우, 모두 조사하는 데에 시간이 걸려 처리 속도가 느림

5 TCP/IP 프로토콜 중 전송계층인 TCP에 대한 설명으로 옳게 구성 된 것은?

> ㉠ 데이터의 신뢰성을 보장하지 않으며 순서를 보장하지 않음
> ㉡ 주로 실시간 멀티미디어 스트리밍, DNS 조회, 게임 서버 등에서 사용
> ㉢ 연결 지향적 프로토콜
> ㉣ 흐름 제어와 혼잡 제어를 지원하여 네트워크 혼잡을 방지

① ㉠, ㉡

② ㉡, ㉢

③ ㉢, ㉣

④ ㉠, ㉣

6 임계구역의 문제를 해결하기 위한 3가지 조건으로 옳지 않은 것은?

① 상호배제(Mutual exclusion)
② 진행(progress)
③ 동기화(Synchronization)
④ 한정된 대기(bounded waiting)

7 시스템의 보안 취약점의 종류로 옳지 않은 것은?

① 사용자의 계정 관리에 대한 취약점
② 접근 권한이 없는 사용자가 특정 파일을 열람 가능하다면 심각한 보안 취약점
③ 디렉토리, 파일 등의 관리에 대한 취약점
④ 웹 브라우저의 문제나 웹 프로그래밍 언어의 오류, 버그로 인한 보안 취약점

8 블랙박스 테스트(Black Box Test)의 종류로 옳지 않은 것은?

① 동등 분할 기법(Equivalence Partitioning)
② 기초 경로 시험(basic path testing)
③ 경계값 분석 기법(Boundary Value Analy
④ 원인 결과 그래프 기법(Cause Effect Graph)

9 유스케이스 다이어그램 구성 요소로 옳지 않은 것은?

① 시스템(System)
② 액터(Actor)
③ 유스케이스(Usecase
④ 시스템(System)

10 서브넷 마스크(Subnet Mask)의 설명으로 옳지 않은 것은?

① IP 주소의 네트워크 부분과 호스트 부분을 구분하는 데 사용되는 비트 패턴

② IP 주소와 함께 사용되어 네트워크 주소와 호스트 주소를 식별

③ 주로 이진수로 표현되며, IP 주소와 동일한 길이를 갖습니다.

④ IP 주소 범위를 더 작은 서브넷으로 나누는 프로세스

11 출석부 테이블에서 학번이 2401인 튜플을 삭제하는 SQL문으로 옳은 것은?

① DELETE FROM 출석부 WHERE 학번=2401;

② DELETE IN 출석부 WHERE 학번=2401;

③ DROP TABLE 출석부 WHERE 학번=2401;

④ DROP 출석부 COLUMN WHERE 학번=2401;

12 공개키 기반 구조(Public Key Infrastructure)의 구성 요소로 옳지 않은 것은?

① 이용자

② 인증기관

③ 등록기관

④ 저장소

13 사용자의 요구사항을 정확히 파악하기 위해 소프트웨어 시제품(Prototype)을 만들어 최종 결과물을 예측하는 모형은?

① 폭포수 모형(Waterfall Model)

② 프로토타입 모형(Prototype Model)

③ 나선형 모형(Spiral)

④ V 모델(V-Model)

14 다음 글의 빈칸에 들어갈 알맞은 단어를 고르시오.

> Customers can make _____ from more than a million cash dispensers worldwide, and of course you'll receive a cheque book and a debit card within a few days of opening your account.

① claim   ② withdrawals

③ declare   ④ ensure

15 다음 중 어법상 적절하지 않은 것을 고르시오.

> Just make a decision and move forward. Try it now. Pick a decision you have been postponing, ① giving yourself three minutes, and just make it. If you are overwhelmed with too many decisions, take a piece of paper and write a list of the decisions. Give yourself a set ② amount of time and then, one by one, make the best decision you can make in the moment. ③ Making the decision—any decision will reduce your anxiety and let you ④ move forward. The best antidote to feeling overwhelmed is forward momentum.

16 다음 대화에 이어질 표현으로 가장 적절한 것을 고르시오.

> M : Filing income tax returns is really stressful.
> W : I know. Last year I had to owe money back.
> M : If I owe this year, I might just take out a loan.
> W : _____.

① You should wait until someone gives it to you.

② If you do, you risk becoming bankrupt.

③ It's very profitable to do something like that.

④ Asking for financial assistance can always help.

17 주어진 글 다음에 이어질 글의 순서로 가장 적절한 것을 고르시오.

During a radio program, a company of biscuit manufactures once asked listeners to bake biscuits and send them to their factory. They offered to pay $2 a pound for the biggest biscuit baked by a listener. The response to this competition was amazing.

(A) However, just before the competition closed, a truck arrived at the factory with a truly big biscuit which weighed 2,400 pounds. It had been baked by a college student.

(B) It was so heavy that a crane had to be used to remove it from the truck. The company had to pay more money than they had expected, for they bought the biscuit from the student for $4,800.

(C) Before long, biscuits of all shapes and sizes began arriving at the factory. All the biscuits that were sent were carefully weighed. The largest was 713 pounds. It seemed certain that this would win the prize.

① (A)-(C)-(B)　　　　　　　② (B)-(A)-(C)

③ (C)-(A)-(B)　　　　　　　④ (C)-(B)-(A)

18 밑줄 친 부분이 가리키는 대상이 나머지 넷과 다른 것을 고르시오.

Justin Morgan, a horse, was born around 1790 on a farm in Massachusetts. His original name was Figure. Figure's owner didn't think much of the horse. So he gave ① him to his cousin, Justin Morgan, to pay a debt. Morgan took the horse home to ② his Vermont farm. Later, the horse would become known by his owner's name. Figure was small, but ③ he was tough! Morgan entered Figure in pulling contests. The horse pulled heavy logs and won lots of prizes. Later, Figure became a racehorse. ④ He won every race he entered. Figure wasn't just strong and fast, he was also friendly and handsome. He had a smooth, shiny coat and a gentle personality. Soon Figure was famous all over Vermont and Massachusetts.

19 다음 글의 뉴욕 필하모니 공연에 대한 필자의 생각으로 가장 적절한 것은?

It was remarkable that there was so much hoopla over whether this one visit by the New York Philharmonic could somehow have a lasting effect on relations between North Korea and the civilized world. This flies in the face of the Bard's admonition to remember that what's past is prologue. Not quite four decades ago, the US table-tennis team ping-ponged to Beijing, opening the door for Nixon to play the "China card" against the Soviets, but that only led to nearly two decades of détente. The only effective way to bring about the end of totalitarian regimes is direct confrontation. The USSR fell because world leaders like Ronald Reagan, Margaret Thatcher and Pope John Paul II confronted that state and its ideology head-on.

① approving

② indifferent

③ contented

④ skeptical

20 다음 글의 "I"의 심경으로 가장 적절한 것은?

I was a coward ; and the thing I feared more than anything in the world was to break up in the battle and give way to that cowardice. I made up my mind that as long as I had the strength, never, under any circumstances, would I allow that to happen ; I prayed, until a lump came into my throat, to be spared that degradation.

① disappointed

② determined

③ encouraged

④ stunned

정답 및 해설 P. 267

▶▶▶ 01   **우편일반**

1 다음에서 설명하는 국제 법규는 무엇인가?

> 이 조약은 ○○ 지역에 있는 우정청간에 광범위한 협력관계를 설정하고 이를 발전시킬 것을 목적으로 1962년 4월 1일 창설된 △△ 회원국 간의 조약으로 회원국 상호간의 우편물의 원활한 교환과 우편사업 발전을 위한 협력증진을 목적으로 하고 있다.

① 아시아 · 태평양우편연합(APPU) 조약
② 표준다자간 협정 또는 양자협정
③ UPU 조약
④ MOU

2 다음 중 제한능력자의 행위에 대한 설명으로 옳지 않은 것은?

① 우편물의 발송 · 수취나 그 밖에 우편 이용에 관하여 제한능력자의 행위라도 능력자가 행한 것으로 간주된다.
② 제한능력자의 행위임을 이유로 우편관서에 대하여 임의로 이용관계의 무효 또는 취소를 주장할 수 없다.
③ 법률행위에 하자가 발생한 경우에는 관련규정에 따른다.
④ 제한능력자라 함은 행위제한능력자를 말하며, 의사제한능력자는 제외한다.

3 다음 중 손해배상의 범위에 관한 설명으로 옳지 않은 것은?

① 일반 통상우편물의 분실 시 손해배상금액은 없다.
② 일반 소포의 분실 시 손해배상금액은 없다.
③ 설·추석 등 특수한 기간에 우편물이 늘어나 늦게 배달되는 경우는 지연배달에 해당한다.
④ 실제 손해액이 최고 배상금액보다 적을 때는 실제 손해액으로 배상한다.

4 다음 중 이용자 실비지급제도에 대한 설명으로 틀린 것은?

① 우체국 직원의 잘못으로 인하여 2회 우체국을 방문하였음을 신고한 경우 1만 원 상당의 문화상품권을 지급하여야 한다.
② 월 2회 이상 EMS 이용 시 분실이 발생하였을 경우 무료발송권을 지급하여야 한다.
③ 등기우편에 관한 취급시 우체국직원의 불친절 안내로 인하여 3회 이상 우체국을 방문하였다면, 1만 원 상당의 문화상품권을 지급받을 수 있다.
④ EMS의 손해배상을 청구하러 왔을 경우 3일 이상을 지연하였을 경우에는 십만 원 상당의 문화상품권을 지급하여야 한다.

5 다음 중 일반소포와 등기소포의 차이를 설명한 것으로 옳은 것은?

① 일반소포는 손해배상을 청구할 수 없다.
② 등기소포는 반송 시 반송수수료를 징수하지 않는다.
③ 일반소포는 부가특수서비스를 취급할 수 있다.
④ 등기소포와 일반소포 모두 현금이나 신용카드 결제가 가능하며, 기록취급을 하지 않는다.

6 다음 중 우편요금 등의 반환청구에 관한 설명으로 옳지 않은 것은?

① 우편요금은 과학기술정보통신부가 제공하는 우편의 서비스에 대한 대가로 납부하는 것이기 때문에 이 서비스를 제공하지 않은 경우에는 채무 불이행으로 요금을 발송인에게 반환해야 한다.

② 청구인의 반환청구를 검토하여 지급하기로 결정한 때에는 우편요금반환청구서에 해당사항을 적은 후에 봉투 등의 증거자료를 첨부하여 제출하도록 한다.

③ 우표로 반환할 때에는 우선 창구에서 보관 중인 우표로 반환 금액에 상당하는 우표를 청구인에게 교부하고 영수증을 받는다.

④ 현금으로 반환할 때에는 청구인이 반환금 등에서 반환 후 지출관에게서 영수증을 받는다.

7 발송인이나 수취인의 청구에 따라 국제우편물의 행방을 추적 조사하고 그 결과를 청구자에게 알려주는 제도인 행방조사청구제도에 대한 설명으로 옳지 않은 것은?

① 청구대상우편물은 등기우편물, 소포우편물, 국제특급우편물이다.

② 국제특급우편물의 경우 청구기한은 3개월 이내이다.

③ 행방조사는 발송인이나 수취인 모두 청구가 가능하다.

④ 행방조사는 손해배상문제와 직결되는 업무이므로 정확하고 신속히 처리해야 한다.

8 다음은 무엇에 관한 설명인가?

> 최상의 EMS 배송서비스를 제공하기 위한 고품질 서비스로서 계산 프로그램에 따라 발송지(접수 우체국)와 수취인의 우편번호를 입력하면 상대국 공휴일, 근무일 및 항공스케줄이 고려된 배달보장일자가 제공되는데 만약 제공된 배달예정일보다 지연배달된 경우 지연사실 확인 즉시 우편요금을 배상해 주는 보장성 서비스

① EMS 배달보장 서비스(EMS Guarantee Service)

② EMS 프리미엄 서비스

③ 수출우편물 발송확인 서비스

④ 계약국제특급우편

9 국제우편 손해배상제도에 대한 설명으로 옳은 것은?

① 원칙적으로 손해배상의 청구권은 발송인에게만 있다.

② 우편관서의 과실 유무는 손해배상의 요건에 해당되지 않는다.

③ 천재지변으로 인해 손해가 발생한 경우 면책 사유에 해당하지 않는다.

④ 손해배상금은 우편물의 분실, 파손 또는 도난 등 사고에 대한 책임이 있는 우정청이 부담한다.

10 다음 중 EMS 운송장 기록 요령으로 옳은 것은?

① 무게는 100g 단위로 기록한다.

② 보내는 사람뿐만 아니라 받는 사람의 전화번호까지 반드시 적어야 한다.

③ 10만 원 이상의 물품일 경우 반드시 고객에게 보험 이용 여부를 문의한 후 이용할 때는 해당 칸에 표시하며, 보험가액을 원화로 기록한다.

④ 우편번호는 신속한 통관과 정확한 배달을 위하여 필요하므로 기록을 권장한다.

11 국제우편물 유형별 손해배상액이 바르게 짝지어진 것은?

① 등기우편물 – 분실, 전부 도난 또는 전부 훼손된 경우 – 52,500원 범위내의 실손해액과 납부한 우편요금(등기료 포함)

② 보험서장 및 보험소포우편물 – 일부 분실·도난 또는 일부 훼손된 경우 – 보험가액 범위내의 실손해액

③ 등기우편낭 배달 인쇄물 – 일부 도난 또는 일부 훼손된 경우 – 162,350원 범위내의 실손해액

④ 보통소포우편물 – 분실, 전부 도난 또는 전부 훼손된 경우 – 50,000원에 1Kg당 7,870원을 합산한 금액범위내의 실손해액과 납부한 우편요금

12 다음 중 우편사업의 특성으로 옳은 것은?

① 사업의 전반을 법령으로 정하고 있어 경영상 제약이 많고 적자가 났을 때 다른 회계의 지원을 받을 수 없다.

② 우편사업은 콜린 클라크(Colin Clark)의 산업분류에 의하면 노동집약적 성격이 강한 2차 산업에 속한다.

③ 우편사업은 「정부기업예산법」에 따라 정부기업으로 정해져 있어 회계상의 기업성보다 정부기업으로서의 공익성이 강조된다.

④ 우편사업의 회계 제도는 경영 합리성과 사업운영 효율성을 확보하고 예산을 신축적으로 사용하기 위해 특별회계로서 독립채산제를 채택하고 있다.

13 우편의 이용관계에 대한 설명으로 옳지 않은 것은?

① 우편 이용관계자는 우편관서, 발송인, 수취인이다.

② 우편 이용자와 우편관서 간의 우편물 송달 계약을 내용으로 하는 공법(公法)상의 계약 관계(통설)이다.

③ 우편사업 경영 주체가 국가이며 공익적 성격을 띠고 있으므로 이용관계에서 다소 권위적인 면이 있다.

④ 우편 이용관계는 이용자가 우편 서비스 제공을 목적으로 마련된 인적·물적 시설을 이용하는 관계이다.

14 우편사업의 보호규정에 대한 설명으로 옳은 것은?

① 우편관서는 철도, 궤도, 자동차, 선박, 항공기 등의 이용자에게 운송요구권을 가진다.

② 서신독점권의 대상이 되는 서신은 의사전달을 위해 불특정 다수의 개인이나 주소로 송부하는 것을 말한다.

③ 조직 또는 계통을 이용하여 타인의 서신을 송달할 경우에는 서신송달의 정부독점권을 침해할 가능성이 많으므로 단 1회의 송달을 하는 것도 금지한다.

④ 우편업무를 위해서만 사용하는 물건에 대해서는 국세·지방세 등의 제세공과금을 매기지 않지만, 압류를 금지할 수는 없다.

15 선택적 우편서비스의 종류에 대한 설명으로 바르게 연결한 것은?

> ㉠ 우편물의 접수에서 배달 전(前) 단계까지의 취급과정을 기록하는 우편물의 취급제도
> ㉡ 등기취급을 전제로 우편물의 배달일자 및 수취인을 배달우체국에서 증명하여 발송인에게 통지하는 특수취급제도
> ㉢ 등기취급을 전제로 「민사소송법」의 규정에 의한 방법으로 송달하는 우편물로서 배달우체국에서 배달 결과를 발송인에게 통지하는 특수취급제도

① 등기취급, 배달증명, 특별송달
② 등기취급, 내용증명, 민원우편
③ 준등기취급, 배달증명, 특별송달
④ 준등기취급, 내용증명, 민원우편

16 다음 괄호 안에 들어갈 우편물 배달기한으로 알맞은 것은?

> • 통상우편물은 접수한 다음 날부터 (㉠) 이내
> • 익일특급 제주선편은 접수한 날 +(㉡)

① 3일, 1일　　　　　　　　　　② 3일, 2일
③ 4일, 1일　　　　　　　　　　④ 4일, 2일

17 계약등기 우편물의 부가취급 서비스에 대한 설명이다. 해당 서비스를 이용할 때의 수수료로 옳은 것은?

> 수취인이 개인정보 누출이나 재산상의 피해를 예방하기 위하여 발송인이 수취인 본인에게 배달하도록 지정한 계약등기 우편물로, 등기취급을 전제로 우편물을 수취인 본인에게만 배달하여 주는 부가취급제도

① 500원　　　　　　　　　　② 1,000원
③ 1,500원　　　　　　　　　④ 2,000원

18 집배코드 구성 체계에 따라 ㉠~㉢까지의 번호가 나타내는 바가 순서대로 바르게 연결된 것은?

$$A1_{\text{동서울}} \quad 110_{\text{광화문}} \quad 02 \quad 09$$

㉠   ㉡   ㉢   ㉣

① 집중국·물류센터 번호 – 배달국 번호 – 집배구 번호 – 집배팀 번호
② 집중국·물류센터 번호 – 배달국 번호 – 집배팀 번호 – 집배구 번호
③ 배달국 번호 – 집배팀 번호 – 집배구 번호 – 집중국·물류센터 번호
④ 배달국 번호 – 집배구 번호 – 집배팀 번호 – 집중국·물류센터 번호

19 소포우편물의 접수에 대한 설명으로 옳은 것은?

① 폭발물·인화물질·마약류 등의 우편금지물품의 포함 여부 외에 내용품에 대한 문의는 할 수 없다.
② 내용품에 대하여 발송인이 허위로 진술한다고 의심이 가는 경우 개피를 요구하고 내용품을 확인할 수 있다.
③ 의심우편물에 대하여 발송인이 개피를 거부함을 사유로 하여 소포우편물의 접수를 거절할 수는 없다.
④ 소포우편물의 포장은 개인의 자유이므로 별도로 확인하지 않는다.

20 보험취급 우편물의 종류로 그 성격이 다른 하나는?

① 안심소포　　　　　　② 통화등기
③ 물품등기　　　　　　④ 외화등기

1 다음 중 금리에 관한 설명으로 옳지 않은 것은?

① 금리는 시장의 수요와 공급의 원리에 의해 결정된다.
② 화폐의 공급은 가계의 소득이 적어지거나 소비가 늘어나면 줄어들어 금리가 오르게 된다.
③ 금리는 빌려준 돈을 못 받을 위험이 클수록, 그리고 차입기간이 길수록 높다.
④ 금리는 돈을 빌리려는 수요가 공급보다 많으면 내려가고, 공급보다 수요가 적으면 올라간다.

2 예금거래의 상대방에 관한 내용으로 옳지 않은 것은?

① 예금 수입의 경우에는 대리권의 존부 등을 확인할 필요는 없으나 지급의 경우 정당한 대리권자 인지 여부를 확인하여야 한다.
② 피한정후견인의 경우 법정대리인의 동의를 얻어 직접 법률행위를 하거나 법정대리인이 행위무능력자를 대리하여 그 행위를 할 수 있다.
③ 외국인이라도 거주자이면 금융기관과의 원화예금거래는 자유이다.
④ 국가나 지방자치단체와의 예금 거래행위의 법적성질을 통설은 사법관계라고 본다.

3 텔레뱅킹의 이용에 대한 설명으로 옳지 않은 것은?

① 실명확인증표가 있는 개인(외국인, 재외교포 포함) 및 기업이면 누구나 이용 가능하다.
② 각종 조회 · 분실신고 등은 거래은행에 별도의 신청절차 없이 비밀번호 입력만으로 이용이 가능하다.
③ 일반전화 회선을 통해 금융거래 내역이 송 · 수신되기 때문에 도청 등 보안상 취약점을 방지하기 위해 텔레뱅킹 도 · 감청 보안솔루션을 도입하고 있다.
④ 텔레뱅킹 서비스는 대부분 24시간 연중무휴 이용이 가능하지만, 일부 서비스의 경우 통상적으로 22:00부터 24:00 사이에 제한이 있다.

4 금융실명거래 및 비밀보장에 관한 법률에 대한 설명으로 옳은 것은?

① 1994년 '금융실명거래 및 비밀보장에 관한 긴급재정경제명령'이 제정되었다.
② 1996년 '금융실명거래 및 비밀보장에 관한 법률'이 입법하여 제정되었다.
③ 금융기관은 거래자의 실명에 의하여 금융거래를 해야 한다.
④ 실명이 확인된 계좌에 의한 거래와 공과금 수납 및 1,000만 원 이하의 송금 등은 실명을 확인하지 않을 수 있다.

5 다음 설명은 금융의 역할 중 어느 것에 해당하는가?

> 금융회사들은 원활한 자금중개를 위해 돈을 빌리는 사람의 신용도를 평가하기도 하고 돈을 저축(투자)하는 사람들과 돈을 빌리는 사람 사이에서 가격(이자율)을 조정하기도 한다.

① 개인 간 자금거래 중개
② 거래비용의 절감
③ 가계에 대한 자산관리수단 제공
④ 자금의 효율적인 배분

6 주요 국가와 글로벌 주요 주가지수에 대한 설명으로 옳지 않은 것은?

① MSCI 지수에는 MSCI EAFE, MSCI World, MSCI EM 등의 지수가 있다.
② MSCI에 편입되는 것 자체가 투자가치가 높은 우량기업이라는 의미로 해석되기도 한다.
③ 미국의 뉴욕증권거래소는 세계에서 가장 큰 주식시장이며, 미국 기업들만 상장되어 있다.
④ 미국증권거래소는 뉴욕증권거래소에 상장되지 않은 주식을 거래한다.

7 다음 중 비은행금융회사에 해당하는 것은?

① 중소기업은행
② 농협은행
③ 수협은행
④ 새마을금고

8 다음 중 금융회사에 관한 설명으로 옳지 않은 것은?

① 은행은 설립목적에 따라 일반은행과 특수은행으로 구분된다.
② 중소기업은행은 신용도가 높은 중소기업을 지원하기 위하여 설립된 은행이다.
③ 상호저축은행은 예금금리와 대출금리 모두 은행보다 높은 편이다.
④ 생명보험과 손해보험은 완전히 분리된 보험으로 서로 겸업하지 않는다.

9 다음 중 펀드투자의 장점이 아닌 것은?

① 소액으로 집중투자가 가능하다.
② 투자전문가에 의해 투자되고 관리 · 운영된다.
③ 규모의 경제로 인해 비용을 절감할 수 있다.
④ 거래비용과 정보취득비용이 절감된다.

10 주식과 채권에 대한 설명으로 옳지 않은 것은?

① 주식의 자본조달 방법은 자기자본이다.
② 주식과 채권 중 가격변동위험이 큰 것은 채권이다.
③ 채권은 만기시 원금을 상환해야 한다.
④ 채권의 발행자는 정부, 지자체, 특수법인, 주식회사다.

11 다음 중 우체국 체크카드 사용한도에 대한 설명으로 옳지 않은 것은?

① 만 12세 이상 개인의 일 기본 한도는 3만 원이다.

② 만 14세 이상 개인의 일 최대 한도는 3천만 원이다.

③ 법인의 월 최대 한도는 3억 원이다.

④ 만 13세 고객이 만 14세 이상이 되는 시점에 한도 상향을 신청하지 않으면 자동으로 상향되지 않는다.

12 다음 글에서 설명하는 우체국 거치식 예금에 해당하는 것은?

> 여유자금 추가입금과 긴급자금 분할해지가 가능한 정기예금으로 만 50세 이상 중년층 고객을 위한 우대금리 및 세무 , 보험 등 부가서비스를 제공

① 우체국 퇴직연금 정기예금

② e-Postbank정기예금

③ 챔피언정기예금

④ 시니어 싱글벙글 정기예금

13 다음 글에서 설명하는 우체국의 해외송금 업무는 무엇인가?

> 국제은행 간의 금융통신망으로 은행 간 자금결제 및 메시지교환을 표준화된 양식에 의거 송수신함으로써 신속, 저렴, 안전하게 처리하기 위해 1973년 유럽 및 북미은행 중심으로 설립된 국제은행간 정보통신망 송금 서비스이다.

① SWIFT 해외송금

② Eurogiro 해외송금

③ MoneyGram 특급송금

④ 우편환

14 다음 중 ⓒ에 들어갈 예시로 적절한 것은?

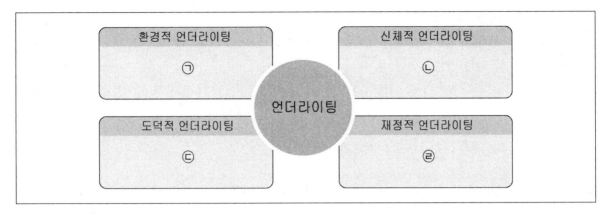

① 운전 및 생활습관
② 가족병력
③ 태만, 과실, 부주의
④ 생활환경 및 소득수준

15 다음 글에서 설명하고 있는 금리는 무엇인가?

> 금융회사 또는 거래금액이 크고 신용도가 높은 경제주체들이 거래하는 만기 1년 이내의 금융시장에서 결정되는 이자율

① 단기금리
② 장기금리
③ 명목금리
④ 실질금리

16 금융투자업의 종류와 설명이 바르게 연결된 것은?

① 투자매매업–투자자로부터 금융상품에 대한 투자판단의 전부 또는 일부를 일임받아 투자자별로 구분하여 자산을 취득·처분 그 밖의 방법으로 운용 하는 것을 영업으로 하는 것

② 집합투자업–금융회사가 고객으로 하여금 금융투자상품을 매도·매수하거나 증권을 발행·인수 또는 권유·청약·승낙하는 것

③ 투자자문업–투자자로부터 금융상품에 대한 투자판단의 전부 또는 일부를 일임 받아 투자자별로 구분하여 자산을 취득·처분 그 밖의 방법으로 운용 하는 것을 영업으로 하는 것

④ 신탁업–자본시장법에 따라 신탁을 영업으로 수행하는 것

17 다음 중 펀드 투자의 장점이 아닌 것은?

① 소액으로 분산투자가 가능하다.
② 투자전문가에 의해 투자되고 관리·운영된다.
③ 규모의 경제로 인해 비용을 절감할 수 있다.
④ 기회비용이 늘어난다.

18 다음 (   ) 안에 들어갈 용어로 바른 것은?

(㉠):보다 많은 투자자들에게 그 기업의 주식을 매수할 수 있게 하기 위해 주식의 시장가격을 낮추고자 할 때 발생한다.
(㉡):주가가 아주 낮은 경우 주가를 적정수준까지 끌어올리고자 할 때 발생한다.
(㉢):기업이 재무적으로 어려움에 처해 있거나 투자계획 등으로 현금을 아껴야 할 필요가 있을 때 많이 이루어진다.

	㉠	㉡	㉢
①	주식분할	주식배당	주식병합
②	주식분할	주식병합	주식배당
③	주식배당	주식병합	주식분할
④	주식병합	주식분할	주식배당

19 예금계약의 법적 성질에 관한 설명으로 옳은 것을 몇 개인가?

> ㉠ 소비임치계약이란 수취인이 보관을 위탁받은 목적물의 소유권을 취득하여 이를 소비한 후 그와 같은
>   종류·품질 및 수량으로 반환할 수 있는 특약이 붙어 있는 것을 내용으로 하는 계약이다.
> ㉡ 금융회사와 체결한 예금계약은 부합계약이다.
> ㉢ 계약의 각 당사자가 서로 대가적 의미를 가지는 채무를 부담하는 계약을 쌍무계약이라고 한다.
> ㉣ 합의이외에 물건의 인 도 기타의 급부를 하여야만 성립하는 계약을 낙성계약이라고 한다.

① 1개
② 2개
③ 3개
④ 4개

20 다음 글이 설명하는 자금세탁방지제도는 무엇인가?

> 금융거래(카지노에서의 칩 교환 포함)와 관련하여 수수한 재산이 불법재산이라고 의심되는 합당한 근거
> 가 있거나 금융거래의 상대방이 자금세탁행위를 하고 있다고 의심되는 합당한 근거가 있는 경우 이를
> 금융정보분석원장에게 보고토록 한 제도이다.

① 고액현금거래보고(Currency Transaction Report, CTR)
② 고객확인제도(Customer Due Diligence, CDD)
③ 의심거래보고제도(Suspicious Transaction Report, STR)
④ 금융정보분석기구(FIU)

1　**다음 중 보험료에 관한 설명으로 옳지 않은 것은?**

① 예정사망률이 높아지면 사망보험 보험료는 비싸지고 생존보험 보험료는 싸진다.

② 예정이율이 낮아지면 보험료는 비싸지고 예정이율이 높아지면 보험료는 싸진다.

③ 예정사업비율이 높아지면 보험료는 싸지고, 예정사업비율이 낮아지면 보험료는 비싸진다.

④ 보험료는 수지상등의 원칙에 의거하여 예정사망률, 예정이율, 예정사업비율의 3대 예정률을 기초로 계산한다.

2　**다음 중 보장성보험의 소득공제에서 기본공제대상자에 해당하지 않는 사람은?**

① 연간 소득금액이 100만 원 이하인 배우자

② 만 60세 이상인 직계존속(연간 소득금액 100만 원 이하)

③ 만 60세 이상인 직계비속(연간 소득금액 100만 원 이하)

④ 만 20세 이하 또는 만 60세 이상인 형제자매(연간 소득금액 100만 원 이하)

3　**보험계약의 법적 성질로 옳지 않은 것은?**

① 보험계약은 보험계약에 대해 특별한 방식을 요구하는 요식계약으로 보험계약은 서면으로 체결되지 아니하면 효력이 없다.

② 보험자의 책임이 당사자간에 다른 약정이 없으면 최초의 보험료의 지급을 받은 때로부터 개시되는 낙성계약이다.

③ 보험계약은 계약성립시 보험계약자는 보험료 지급의무를 가지며 보험자는 보험사고의 발생을 조건으로 보험금 지급의무를 부담하는 쌍무계약이다.

④ 보험계약은 다수인을 상대로 체결되고 보험의 기술성과 단체성으로 인해 그 정형성이 요구되는 부합계약이다.

4 다음 중 에버리치상해보험 2109에 관한 설명으로 옳지 않은 것은?

① 교통사고뿐만 아니라 각종 재해사고도 함께 보장한다.
② 휴일재해 사망보장을 더욱 강화했다는 특징이 있다.
③ 한번 가입으로 90세까지 보장이 가능하다.
④ 동일한 재해로 여러 신체부위의 합산 장해지급률이 70% 이상 장해 시 장해연금이 지급된다.

5 다음에서 설명하는 내용은 보험계약의 어떤 특성을 말하는 것인가?

> 보험계약자는 자기의 개인적인 위험을 보험자에게 전가하고 보험자는 위험을 인수하는 대가로 보험료를 받게 된다. 여기서 보험계약법은 보험가입자와 보험사업자 사이의 이해관계를 합리적으로 조정하는 역할을 담당하게 되고, 보험사업자의 입장에서 보험의 인수는 영리 추구를 위한 수단으로 사용된다. 보험계약법은 사회보험과는 달리 사보험관계에 적용되는 법으로서 사보험은 국가가 경제적 약자를 지원하는 사회보장적 성격을 지니는 사회보험과는 그 성격이 크게 다르다고 볼 수 있다.

① 사익조정성
② 단체성
③ 기술성
④ 사회성과 공공성

6 무배당 어깨동무보험 2109에 관한 설명으로 옳지 않은 것은?

① 어린이와 고령자는 가입이 불가능하다.
② 상해보장형의 경우, 매 2년마다 건강진단자금을 지급하여 각종 질환 조기진단 및 사전예방 자금으로 활용 가능하다.
③ 생활보장형은 주피보험자가 사망하고 장인 생존 시 장애인에게 생활안정자금을 지급한다.
④ 상해보장형은 재해로 수술 시 수술 1회당 재해수술보험금을 지급한다.

7 다음 빈칸에 들어갈 말을 순서대로 적은 것은?

> (㉠):보험회사, 대리점, 중개사에 소속되어 보험계약 체결을 중개하는 자
> (㉡):계약체결권, 고지 수령권, 보험료 수령권의 권한을 가지고 있음
> (㉢):보험대리점과 달리 계약체결권, 고지수령권, 보험료 수령권에 대한 권한이 없음

	㉠	㉡	㉢
①	보험설계사	보험중개사	보험대리점
②	보험중개사	보험설계사	보험대리점
③	보험설계사	보험대리점	보험중개사
④	보험중개사	보험대리점	보험설계사

8 비과세 종합저축(보험)에 대한 과세특례에 대한 설명으로 옳지 않은 것은?

① 1인당 저축원금 5천만 원까지 납입 가능하다.
② 고령자, 장애인 등에 대한 복지강화와 생활안정 지원 등을 위해 한시적으로 운용되는 상품이다.
③ 발생한 이자소득은 전액 과세이다.
④ 만 65세 이상 또는 장애인 등을 가입대상으로 한다.

9 실제 보험영업 및 관리과정에서 많이 발생하는 민원유형 중 불완전 판매가 아닌 것은?

① 약관 및 청약서 부본 미교부
② 고객불만 야기 및 부적절한 고객불만 처리
③ 고객의 니즈에 부합하지 않는 상품을 변칙 판매
④ 적합성원칙 등 계약권유준칙 미이행

10 다음 중 상해사건의 요건이 아닌 것은?

① 우연성

② 급격성

③ 외래성

④ 고의성

11 다음은 보험계약의 법적성질 중 무엇에 관한 설명인가?

> 보험 계약은 서면으로 체결되지 아니하여도 효력이 있다. 그러나 실제의 보험실무에서는 정형화된 보험
> 계약 청약서가 이용되고 있다.

① 낙성계약   ② 불요식계약

③ 쌍무계약   ④ 사행계약성

12 보험계약의 실효에 대한 설명으로 바르지 않은 것은?

① 특정 원인이 발행하여 계약의 효력이 장래 소멸되는 것을 말한다.

② 장래에 대해서만 효력을 가진다.

③ 최초보험료의 부지급의 경우 당연 실효된다.

④ 보험계약자가 보험사고 발생 전에 계약의 전부 또는 일부를 해지할 때 당연 실효된다.

13 다음 중 보험계약의 부활의 요건이 아닌 것은?

① 해지환급금의 미지급 혹은 미수령

② 계속보험료 미납에 따른 계약해지의 경우

③ 보험계약자의 청구

④ 보험계약자의 승낙

14 우체국 보험과 민영보험에 대한 설명으로 바르지 않은 것은?

① 우체국 보험의 보험료가 민영보험에 비해 상대적으로 저렴하다.

② 우체국 보험의 사망 가입한도액은 5,000만 원이다.

③ 민영보험은 동일 금융기관내에서 1인당 최고 5천만 원까지 지급보장한다.

④ 민영보험의 감독기관은 금융위원회, 금융감독원이다.

15 보험모집 1단계에서 제공해야 할 서류는?

① 보험계약청약서 부본

② 보험약관

③ 보험가입증서

④ 가입설계서, 상품설명서

16 다음 중 보험료의 할인에 대한 설명으로 바르지 않은 것은?

① 보험료를 3개월분 이상 미리 납입하는 경우 할인을 해준다.

② 보험계약자가 보험료를 자동이체로 납입하는 계약에 대해 보험료의 3%에 해당하는 금액의 범위에서 할인 할 수 있다.

③ 보험계약자는 5명 이상의 단체를 구성하여 보험료의 단체 납입을 청구할 수 있다.

④ 두 자녀 0.5%, 세 자녀 이상 1.0%로 차등 적용되며, 자동이체 할인과 중복할인이 가능하다.

17 다음 중 우체국보험 상품에 관한 설명으로 바르지 않은 것은?

① 계약보험금 한도액은 보험종류별로 피보험자 1인당 4천만 원으로 한다.

② 연금보험의 최초 연금액은 피보험자 1인당 1년에 900만 원 이하로 한다.

③ 연금저축계좌에 해당하는 보험의 보험료 납입금액은 피보험자 1인당 연간 900만 원 이하로 한다.

④ 우체국 보험에는 보장성보험과 저축성보험이 있다.

18 다음 중 무배당 우체국건강클리닉보험(갱신형) 2109에 관한 설명으로 옳지 않은 것은?

① 최초계약의 가입나이는 0세부터 65세까지이다.
② 보험기간 만료일 15일 전까지 계약자의 별도 의사표시가 없으면 자동갱신된다.
③ 주 계약은 10년 만기이다.
④ 갱신계약 가입나이는 20세 이상이다.

19 다음 중 무배당 우리가족암보험 2109에 관한 설명으로 옳은 것은?

① 고액암(백혈병, 뇌종양, 골종양, 췌장암, 식도암 등) 진단 시 5,000만 원까지 지급한다.
② 고연령이나 만성질환(고혈압 및 당뇨병질환자)이 있으면 가입이 불가능하다.
③ 한번 가입으로 80세까지 보장 가능하다.
④ 암 진단 시 3,000만 원까지 지급한다.

20 무배당 우체국노후실손의료비보험(갱신형) 2109에 관한 설명으로 옳지 않은 것은?

① 상해 및 질병 최고 1억원까지 지급한다.
② 최대 75세까지 가입이 가능한 실버 전용보험이다.
③ 갱신계약은 64세부터 가능하다.
④ 필요에 따라 종합형 · 질병형 · 상해형 중 선택 가능하다.

1 관계데이터베이스 관련 다음 설명으로 옳은 것은?

> 〈보기〉
> 각 릴레이션(relation)에 속한 각 애트리뷰트(attribute)가 해당 도메인을 만족하면서 참조할 수 없는 외래키 값을 가져서는 안 된다는 것을 말한다.

① 개체 무결성   ② 도메인 무결성
③ 참조 무결성   ④ 무결성 규칙

2 관계 데이터베이스의 인덱스(index)에 장점으로 옳은 것은?

① 인덱스를 관리하기 위해 DB의 약 10%에 해당하는 저장공간이 필요하다.
② 테이블을 조회하는 속도와 그에 따른 성능을 향상시킬 수 있다.
③ 인덱스를 관리하기 위해 추가 작업이 필요하다.
④ 인덱스를 잘못 사용할 경우 오히려 성능이 저하되는 역효과가 발생할 수 있다.

3 다음에서 설명하는 소프트웨어 아키텍처의 유형으로 옳은 것은?

> 시스템을 계층으로 구성하고 각 계층은 관련된 기능을 수행
> 각 계층은 상위 계층에 서비스를 제공
> 가장 아래 계층은 시스템 전체에서 사용되는 핵심 서비스를 나타냄

① 클라이언트-서버(client-server) 아키텍처
② 브로커(broker) 아키텍처
③ MVC(Model-View-Controller) 아키텍처
④ 계층형(layered) 아키텍처

4 유비쿼터스 컴퓨팅 기술에 특징으로 옳지 않은 것은?

① 인간이 컴퓨터의 존재를 인식하여 컴퓨터를 사용하면서 주변상황에 파고 들게 만드는 기술

② 모든 사물 및 사람이 보이지 않는 네트워크로 연결된 새로운 공간

③ 특정한 기능이 내재된 컴퓨터가 환경과 사물에 심어짐으로써 주변의 모든 환경이나 사물 그 자체가 지능화된 환경

④ 사람의 개입 없이도 스스로 알아서 일을 처리하고 인간이 감지하지 못했던 세세한 부분의 정보까지 획득

5 다수의 프로세서들이 여러 개의 프로그램들 또는 한 프로그램의 분할된 부분들을 분담하여 동시에 처리하는 기술로 옳은 것은?

① 다중프로그래밍(multi-programming)

② 다중프로세싱(multi-processing)

③ 병렬처리(parallel processing)

④ 분산처리(distributed processing)

6 컴퓨터 시스템의 주기억장치 및 보조기억장치에 대한 설명으로 옳지 않은 것은?

① RAM은 휘발성(volatile) 기억장치이며 HDD 및 SSD는 비휘발성(non-volatile) 기억장치이다.

② RAM의 경우, HDD나 SSD 등의 보조기억장치에 비해 상대적으로 접근 속도가 빠르다.

③ SSD는 비휘발성 메모리로 전원이 꺼져도 Data를 저장할 수 있는 메모리이다.

④ SSD의 경우, 일반적으로 HDD보다 가볍고 접근 속도가 빠르며 전력 소모가 적다.

7 인터넷에서 사용하는 IPv6에 대한 설명으로 옳은 것은?

① 16비트씩 8부분으로 나눠 16진수로 표시

② 필요시 IPSec 프로토콜 별도 설치

③ A, B, C, D 등 클래스 단위의 비순차적으로 할당

④ 전송방식이 유니캐스트, 멀티캐스트, 브로드캐스트로 구성

8 SET(Secure Electronic Transaction)에 대한 설명으로 옳지 않은 것은?

① 프라이버시 보호를 위해 이중서명 프로토콜을 사용한다.

② 카드 소지자는 전자 지갑 소프트웨어가 필요하다.

③ 인증기관(Certification Authority)이 필요하다.

④ SET의 구성요소 중 카드소지자는 판매자를 말한다.

9 각 프로토콜에 적합한 데이터 블록을 만들려고 데이터에 정보를 추가하는 프로토콜의 기능을 의미하는 것은?

① 오류 제어(Error Control)

② 흐름 제어(Flow Control)

③ 연결 제어(Connection Control)

④ 캡슐화(Encapsulation)

10 =ROUNDUP(324.54,1)+ABS(PRODUCT(1, −2)) 수식의 결과 값으로 옳은 것은?

① 325.6

② 324.6

③ 326.6

④ 325.5

11 다음 중 컴퓨터의 하드디스크와 관련하여 RAID(Redundant Array of Inexpensive Disks) 기술에 관한 설명으로 옳지 않은 것은?

① 여러 개의 디스크를 배열하여 속도의 증대, 안정성의 증대, 효율성, 가용성의 증대를 하는데 쓰이는 기술

② 소용량의 저장장치를 여러 대로 묶어서 대용량 저장장치를 만들어서 사용하는 기술

③ 한 번 손실되거나 삭제된 데이터를 복구하기에 시간과 노력이 소요되는 만큼, 데이터 손실을 방지하기 위한 일종의 대비책

④ 두 개 이상의 프로세스나 스레드가 서로 자원을 얻지 못해서 다음 처리를 하지 못하는 상태

12 네트워크와 관련하여 OSI 7계층 참조 모델에서 각 계층의 대표적인 장비로 옳지 않은 것은?

① 전송 계층(Transport Layer) – 스위치(Swich)

② 네트워크 계층(Network Layer) – 라우터(Router)

③ 데이터링크 계층(Data-link Layer) – 브리지(Bridge)

④ 물리 계층(Physical Layer) – 리피터(Repeater)

13 급여 테이블에서 호봉이 6인 사원의 연봉을 3% 인상된 값으로 수정하는 SQL문을 작성할 때 괄호 안에 들어갈 내용으로 옳은 것은?

```
UPDATE 급여
(    )    연봉 = 연봉*1.03
WHERE    호봉 = 6 ;
```

① FROM   ② SET

③ VALUE   ④ INTO

14 다음 글의 빈칸에 들어갈 알맞은 단어를 고르시오.

Receiving packages from abroad is quite common for all expats in Korea. While gifts sent from our friends and family reach us easily via international mail, that is not always the case with purchases from foreign websites. In Korea, ordering products from overseas is a procedure that requires a special number for _____. Although the process of issuing one is fairly simple, it might be confusing for those expats who are not yet used t used to the local system of verification.

① invoice   ② description

③ customs clearance   ④ postal code

15 다음 빈칸에 공통으로 들어갈 단어로 가장 알맞은 것을 고르시오.

> • On international shipments, all duties and taxes are paid by the _____.
> • Last year, Korea emerged in status from a _____ of global donations to a donor that proudly offers aid to developing countries.

① proponent

② applicant

③ combatant

④ recipient

16 다음 대화를 읽고 물음에 답하시오.

> M : Jessica? You didn't finish the report due today.
> W : I'm sorry. It must have slipped my mind.
> M : You really have to stop procrastinating at work.
> W : Could you just give me an extension until tomorrow?
> M : I guess so. Just be grateful I'm in a good mood.
> W : Trust me, I am. I won't let you down.

> Q. Which is correct about Jessica according to the conversation?

① She drags her feet at her job.

② There's no time to finish the report.

③ Her memory is impeccable.

④ Any remorse in her is gone.

17 다음 글에서 전체 흐름과 관계없는 문장을 고르시오.

Beavers are famously busy, and they turn their talents to changing the landscape as few other animals can. ① When sites are available, beavers burrow in the banks of rivers and lakes. They also transform less suitable habitats by building dams. ② For example, they use big log, branch, and mud structures to block streams and turn fields and forests into large ponds. ③ The destruction of trees has made the beaver very unpopular and has often become a reason for getting rid of the beavers. ④ Beavers change the flow of water by building dams across waterways using a combination of tree trunks, reeds, rocks, twigs, mud and grass.

18 다음 글의 제목으로 가장 적절한 것을 고르시오.

This year, our country faced its greatest decline in manufacturing in four years. The good news is that we can all help to solve this issue. It is true that we're experiencing decline in all sectors of production including the auto and electronics industries. But this kind of slowdown is to be expected as the government is cutting back on spending. Instead of waiting around for the market to stabilize, it's up to you to help get our economy back on its feet. We need to spend more to earn more. By purchasing an automobile or new appliances, you can help our economy thrive.

① Your Role for a Healthy Economy
② Variables in an Economic Crisis
③ Government Versus Industry
④ What Cutting Back Spending Does

19 다음 글의 어조로 가장 알맞은 것은?

The boss was disturbed when he saw his employees loafing. "Look," he said, "everytime I come in there I see things I'd rather not see. Now, I'm a fair man, and if there are things that bother you, tell me. I'm putting up a suggestion box and I urge you to use it so that I'll never see what I just saw!"

At the end of the day, when the boss opened the box, there was only one little piece of paper in it. It read : "Don't wear rubber-soled shoes!"

① upset   ② instructive

③ humorous   ④ critical

20 다음 글에서 전체 흐름과 관계없는 문장은?

There are a couple of important steps to take when choosing a puppy. ⓐ One is to check out a puppy's physical condition carefully. The animal's eye should be clear and bright, and its gums should be pink and firm. ⓑ Also, watch it play with other puppies, and get an idea of the puppy's personality. ⓒ Owing a pretty puppy can improve a person'Ks mental and physical well-being. ⓓ If it's very timid or aggressive, it might not make a good pet.

① ⓐ   ② ⓑ

③ ⓒ   ④ ⓓ

정답 및 해설 P. 281

▶▶▶ 01   **우편일반**

1 다음 중 독점권의 대상이 되는 서신의 예외에 해당하는 것은 모두 몇 개인가?

> ㉠ 신문
> ㉡ 정기간행물
> ㉢ 상품의 가격·기능·특성 등을 문자·사진·그림으로 인쇄한 10쪽(표지 포함)인 책자 형태의 상품안내서
> ㉣ 화물에 첨부하는 봉하지 아니한 첨부서류 또는 송장
> ㉤ 외국과 주고받는 국제서류
> ㉥ 신용카드

① 3개   ② 4개
③ 5개   ④ 6개

2 다음 중 「우편법」의 목적으로 옳은 것은?

① 통신 및 대화의 비밀과 자유에 대한 제한은 그 대상을 한정하고 엄격한 법적 절차를 거치도록 함으로써 통신비밀을 보호하고 통신의 자유를 신장함을 목적으로 한다.

② 우체국창구업무의 일부를 일정한 자에게 위탁하여 이용 창구를 확대하고, 사업을 효율적으로 운영함으로써 국민편의의 증진과 우정사업의 발전에 이바지함을 목적으로 한다.

③ 우정사업의 조직, 인사, 예산 및 운영 등에 관한 특례를 규정함으로써 우정사업의 경영합리화를 도모하여 우정서비스의 품질을 향상시키고 국가경제의 발전에 이바지함을 목적으로 한다.

④ 우편 이용에 관한 기본적인 사항을 정하여 공평하고 적정한 우편 역무를 제공함으로써 공공의 복지증진에 이바지함을 목적으로 한다.

3 다음 중 손해배상을 하지 아니하는 경우에 해당하지 않는 것은?

① 우편물의 손해가 발송인의 과오로 인한 것일 때
② 우편물의 결함 및 불가항력으로 인하여 발생한 손해일 때
③ 우편물을 수취인이 수취하지 못하였을 때
④ 우편물 교부시 외부에 파손의 흔적이 없고 중량에 차이가 없을 때

4 봉함우편물 규격요건으로 옳지 않은 것은?

① 무게는 최대 50g 이하이어야 한다.
② 봉투색상은 흰색 또는 밝은 색으로 하되 빛 반사율은 70% 이상이어야 한다.
③ 봉투 봉함 시에는 스테이플, 풀, 접착제 등을 사용하여야 한다.
④ 문자나 도안을 표시하는 경우에는 발광물질을 사용하여서는 아니된다.

5 다음 중 용어의 설명이 바르게 연결되지 않은 것은?

① 계약등기 – 등기취급을 전제로 우체국장과 발송인과의 별도의 계약에 따라 접수한 통상우편물을 배달하고 그 배달결과를 발송인에게 전자적 방법 등으로 통지하는 특수취급제도이다.
② 광고우편 – 우정사업본부장이 조제한 우표류 및 우편차량 또는 우편시설 등에 개인 또는 단체로부터 의뢰받아 광고를 게재하거나 광고물을 부착하는 제도이다.
③ 전자우편 – 우체국 창구나 정보통신망을 통하여 전자적 형태로 접수된 통신문 등을 발송인이 의뢰한 형태로 출력·봉함하여 수취인에게 배달하는 제도이다.
④ 내용증명 – 등기취급을 전제로 우편물의 배달일자 및 수취인을 배달우체국에서 증명하여 발송인에게 통지하는 특수취급제도이다.

6 다음 중 우편물 포장검사 사항으로 옳지 않은 것은?

① 내용품의 성질상 송달도중 파손되거나 다른 우편물에 손상을 주지 않을 것인가

② 액체, 액화되기 쉬운 물건, 냄새나는 물건 또는 썩기 쉬운 물건은 적정한 용기를 사용하여 내용물이 새지 않도록 포장한 것인가

③ 혐오성이 없는 산 동물은 튼튼한 상자 또는 기타 적당한 용기에 넣어 완전히 탈출 및 배출물의 누출을 방지할 수 있는 포장을 한 것인가

④ 독·극물 또는 생병원체를 넣은 것은 전호와 같이 포장을 하고 우편물 표면에 품명 및 "독극물"이라고 표시하고 발송인의 자격 및 성명을 기재한 것인가

7 다음 중 국제통상우편물의 종별 규격요건에 대한 설명이 옳은 것은?

① 서장(Letters) : 50g까지로 중량제한을 두고 있다.

② 항공서간(Aerogramme) : 세계 모든 지역에서 공통된 단일요금이 적용된다.

③ 우편엽서(Postcard) : 앞면아래쪽에 "Postcard" 또는 "Carte postale" 표시가 있어야 한다.

④ 소형포장물(Small packet) : 내용물이 525,700원 이하일 경우는 세관신고서를 부착해야 한다.

8 다음 중 국제우편물 손해배상제도에 대한 설명으로 옳지 않은 것은?

① 운송과정이나 우편관서의 취급 중 우편물이 분실 또는 파손되어 발송인 또는 수취인이 재산상 손해를 입었을 때 우정청이 이를 보전해 주는 제도이다.

② 우편법 및 우편법 시행령에 의하여 조약에서 정하는 손해배상액을 초과하지 않는 범위 내에서 손해배상이 이루어지고 있다.

③ 지연배달 등으로 인한 간접손실 또는 수익의 손실도 배상하도록 규정하고 있다.

④ 보험가입된 국제소포의 경우 망실 및 도난 시 보험가액 범위 내에서 실제 손해액과 납부한 우편요금을 배상한다.

9 다음 중 국제우편요금에 관한 설명으로 옳지 않은 것은?

① 구성내용에 따라 국내취급비, 도착국까지의 운송요금과 도착국내에서의 취급비로 구분한다.

② 운송편별에 따라 선편요금과 항공요금으로 구분한다.

③ 우편물 종별에 따라 통상우편물요금, 소포우편물요금, 국제특급우편요금, K-Packet, 한중해상 특송의 요금 등으로 구분한다.

④ 만국우편협약에서 정한 범위 안에서 우정사업본부장이 결정한다.

10 우편사업에 대한 내용을 설명한 것으로 옳지 않은 것은?

① 우편사업은 국민의 이익을 추구하기 위해 정부가 출자·관리·경영하는 '정부기업'에 의한 사업 으로 경영 형태면에서 정부직영에 해당한다.

② 우편 이용관계의 법적 성질은 우편 이용자와 우편관서 상호 간의 송달 계약을 내용으로 하는 사 법(私法)상의 계약관계이다.

③ 우편 이용관계는 제3자(수취인)를 위한 우편관서와 발송인과의 계약이므로 우편 이용관계자는 우편관서, 발송인, 수취인이다.

④ 우편 이용관계에 있어서 제한능력자의 행위는 능력자의 행위와 동일한 효력을 갖지 않으므로 이 를 이유로 우편관서에 대하여 이용관계의 무효 또는 취소를 주장할 수 있다.

11 다음 중 선택적 우편서비스 대상으로 옳은 것은?

① 2kg 이하의 통상우편물

② 20kg 이하의 소포우편물

③ 우편과 다른 기술 또는 서비스가 결합된 서비스

④ 20kg 이하의 소포우편물의 기록취급 등 특수취급우편물

12 다음 중 통상우편물의 발송요건에 대한 설명으로 옳지 않은 것은?

① 우편물 정기발송계약을 맺은 정기간행물은 고시에서 정하는 바에 따라 띠종이 등으로 묶어서 발송할 수 있다.

② 봉투에 넣어 봉함하기가 적절하지 않은 우편물은 우정사업본부장이 정하여 고시한 기준에 적합하도록 포장하여 발송할 수 있다.

③ 우편이용자는 우편물 접수 시 우편물의 내·외부에 발송인 및 수취인의 주소, 성명과 우편번호, 우편요금의 납부표시 등을 표시하여 발송하여야 한다.

④ 우정사업본부장이 발행하는 우편엽서와 사제엽서 제조요건에 적합하게 제조한 사제엽서 및 전자우편물은 그 특성상 봉함하지 아니하고 발송할 수 있다.

13 등기소포와 일반소포와의 차이로 옳지 않은 것은?

	구분	등기소포	일반소포
①	요금납부 방법	현금, 우표첩부, 우표납부, 신용카드 결제 등	현금, 우표첩부, 신용카드 결제 등
②	손해배상	망실·훼손, 지연배달 시 손해배상청구 가능	망실·훼손 시 손해배상 청구 가능
③	반송료	반송 시 반송수수료 징수	없음
④	부가취급서비스	가능	불가능

14 등기취급제도에 대한 설명으로 옳지 않은 것은?

① 등기취급은 각 우편물의 접수번호 기록에 따라 접수에서 배달에 이르는 모든 과정을 기록 취급함으로써 취급과정을 명확하게 추적할 수 있다.

② 우편물 취급과정에서 망실, 훼손 등의 사고가 일어날 경우 등기취급우편물과 보험등기우편물의 손해 배상액은 서로 동일하다.

③ 보험취급이나 내용증명, 배달증명, 특급취급, 그 밖의 부가취급우편물 등 고가의 물품을 송달하거나 공적증명을 요구하는 물품 송달에 유리하다.

④ 잃어버리거나 훼손하면 이용자의 불만이 많고 손해배상의 문제가 생기는 유가물이나 주관적 가치가 있다고 인정되는 신용카드나 중요서류 등은 접수 검사할 때 내용품에 적합한 보험취급으로 발송하게 하고 이에 응하지 않을 때는 접수 거절할 수 있다.

15 선납 등기 라벨, 선납 준등기 라벨, 선납 일반통상 라벨의 유효기간으로 옳은 것은?

① 구입 후 6개월 이내 사용

② 구입 후 1년 이내 사용

③ 구입 후 2년 이내 사용

④ 구입 후 3년 이내 사용

16 다음 중 취급 한도액이 가장 큰 것은?

① 통화등기

② 물품등기

③ 유가증권등기

④ 외화등기

17 내용증명을 접수할 때 유의사항으로 옳은 것은?

① 내용문서는 한글이나 한자 또는 그 밖의 외국어로 자획을 명확하게 기록한 문서에 한정하여 취급하며, 숫자, 괄호, 구두점 등의 기호를 함께 적을 수 없다.

② 공공의 질서나 선량한 풍속에 반하는 내용이 아니어야 하며 내용 문서의 원본과 등본이 같은 내용임이 쉽게 식별되어서는 안 된다.

③ 내용증명의 대상은 문서에 한정하지만, 유가증권 등 문서 이외의 물건도 그 자체 단독으로 내용증명의 취급대상이 될 수 있다.

④ 내용문서의 원본과 관계없는 물건을 함께 봉입할 수 없다.

18 인터넷우체국 발송 후 배달증명 서비스에 대한 설명으로 옳지 않은 것은?

① 우체국을 방문하지 않고 인터넷으로 조회하여 프린터로 직접 인쇄하는 서비스이다.

② 등기우편물의 발송인이나 수취인만 신청할 수 있다.

③ 배달완료일 D+2일부터 신청 가능하다.

④ 등기우편물을 발송한 날부터 1년 이내에 신청이 가능하다.

19 우체국쇼핑 꽃배달 서비스 일부 환불 조치에 대한 설명이다. 빈칸에 들어갈 내용이 순서대로 바르게 연결된 것은?

주소오기 등 주문자의 실수로 잘못 배달되거나 수취인이 수취를 거부할 경우 주문자가 환불을 요구하면 꽃은 (   )%, 화분은 (   )%를 환불

① 10, 30 ② 20, 40

③ 30, 50 ④ 40, 60

20 다음 중 나만의 우표의 종류가 아닌 것은?

① 기본형 ② 홍보형

③ 롤형 ④ 시트형

1 다음에서 설명하는 예금계약의 법적 성질은?

> • 당사자 합의와 함께 물건의 인도, 기타의 급부를 하여야만 성립하는 계약을 말한다.
> • 당사자 간의 합의만으로 성립하는 낙성계약으로 보는 견해도 현재 유력하게 주장되고 있다.

① 요물계약성　　　　　　　　　　② 상사계약
③ 부합계약　　　　　　　　　　　④ 소비임치계약

2 다음 중 예금계약의 법적 성질 아닌 것은?

① 정기계약　　　　　　　　　　　② 부합계약
③ 상사계약　　　　　　　　　　　④ 소비임치계약

3 예금자보호법에 의거하여 보호받을 수 있는 예금상품이 아닌 것은?

① 저축예금　　　　　　　　　　　② 가계당좌예금
③ MMDA　　　　　　　　　　　　④ MMF

4 금융기관의 정보제공요구에 대한 설명으로 옳지 않은 것은?

① 금융기관에 정보제공을 요구시 임의양식으로도 가능하다.
② 금융기관은 거래정보 등을 제공한 경우 그 날부터 10일 안에 그 사실을 명의인에게 서면으로 통보해야 한다.
③ 통보유예 요청이 있는 때에는 통보유예기간이 종료된 날부터 10일 안에 통보해야 한다.
④ 통보유예 요청기간을 어겨 통보하지 않은 경우 3,000만 원 이하의 과태료에 처한다.

5 다음 중 금리의 결정에 관한 설명으로 옳지 않은 것은?

① 금리는 금융시장에서 자금의 수요와 공급에 의해 결정된다.

② 자금수요는 주로 가계소비, 기업투자 등에 영향을 받고 자금공급은 가계의 저축, 한국은행의 통화정책 등에 영향을 받는다.

③ 물가가 오를 것으로 예상되면 금리는 상승한다.

④ 가계의 소비가 늘거나 소득이 적어지면 금리가 하락한다.

6 다음 글에서 설명하고 있는 옵션의 종류는?

> 옵션의 만기일이 될 때까지(by expiration date) 언제라도 권리를 행사할 수 있는 형태의 옵션이다.

① 콜옵션(call option)

② 주식옵션(stock option)

③ 유럽식 옵션(European option)

④ 미국식 옵션(American option)

7 주식투자에 대한 특성으로 옳지 않은 것은?

① 물가가 오르면 주식의 가격도 오르는 경향이 있다.

② 주식투자를 통해 얻을 수 있는 수익에는 자본이득과 배당금이 있다.

③ 거래비용이 저렴하다.

④ 환금성의 위험은 존재하지 않는다.

8 가입 고객을 대상으로 우체국 주니어보험 무료가입, 캐릭터통장 및 통장 명 자유선정, 자동 재예치 서비스 등의 부가서비스 제공하는 예금은?

① 우체국 다드림적금

② 2040$^{+\alpha}$ 자유적금

③ 우체국 아이LOVE 적금

④ 우체국 마미든든 적금

9 다음 중 실명확인 생략이 불가능한 거래는?

① 실명이 확인된 계좌에 의한 계속 거래

② 각종 공과금 등의 수납

③ 100만 원 이하의 원화 또는 그에 상당하는 외국통화의 송금

④ 무통장 입금(송금)

10 금융분쟁조정위원회에 대한 설명으로 옳지 않은 것은?

① 금융감독원은 분쟁 관계당사자에게 내용을 통지하고 합의를 권고할 수 있다.

② 금융회사, 예금자 등 금융수요자 및 기타 이해관계자는 금융 관련 분쟁 발생 시 금융감독원에 분쟁의 조정을 신청할 수 있다.

③ 분쟁조정 신청일 이후 60일 이내로 합의가 이루어지지 않는 경우 금융감독원장은 지체없이 이를 금융분쟁조정위원회로 회부해야 한다.

④ 관계당사자가 조정안을 수락한 경우 해당 조정안은 재판상 화해와 동일한 효력을 갖는다.

11 다음 중 환율에 관한 설명으로 옳지 않은 것은?

① 원화가 강세일 때 환전하는 것이 유리하다.

② 외국의 금리가 높아지면 국내에 있던 자본이 외국으로 유출된다.

③ 환율이 상승하면 원화 가치가 상승한다.

④ 환율이 하락하면 원화 가치가 상승한다.

12 다음 글에서 설명하고 있는 금융유관기관은?

> 1996년 예금자보호법에 의거하여 금융회사가 파산 등으로 예금을 지급할 수 없는 경우 예금지급을 보장함으로써 예금자를 보호하고 금융제도의 안정성을 유지할 목적으로 설립된 기관이다.

① 한국은행

② 금융감독원

③ 예금보험공사

④ 한국거래소

13 다음 중 종류형펀드와 내용이 바르게 연결된 것은?

① A클래스-일정기간 내에 환매시 후취수수료가 부과, 환매가능성이 낮은 장기투자에 적합

② I클래스-법인 또는 거액개인고객 전용 펀드

③ W클래스-장기주택마련저축 펀드

④ P클래스-펀드슈퍼마켓에서 투자가능한 클래스로 후취수수료가 있는 펀드

14 발행유형별 채권의 종류에 해당하지 않는 것은?

① 보증채

② 담보부채권

③ 할인채

④ 후순위채권

15 예금계약의 성립에 관한 설명으로 옳은 것은?

① ATM에 의한 입금의 경우, 예금계약이 성립하는 시기는 고객이 돈을 넣은 때라고 보는 것이 통설이다.

② 현금에 의한 계좌송금의 경우에는 예금원장에 입금기장을 시작한 때에 예금 계약이 성립한다.

③ 타점권 입금에 의한 예금계약의 성립시기는 추심위임설이 통설이다.

④ 예금의사의 합치란 막연히 예금을 한다는 합의와 금전의 인도가 있었던 것으로는 부족하고, 어떤 종류·어떤 이율·어떤 기간으로 예금을 하겠다는 의사의 합치가 있는 경우를 말한다.

16 다음 중 비보호금융상품은 모두 몇 개인가?

요구불예금 양도성예금증서 저축성예금 은행 발행채권 외화예금 적립식예금

① 1개

② 2개

③ 3개

④ 4개

17 다음 설명에 해당하는 예금상품은 무엇인가?

> 가입대상은 실명의 개인으로 종이통장 미발행, 친환경 활동 및 기부참여 시 우대혜택을 제공하는 ESG 연계 정기예금

① 초록별 사랑 정기예금
② 이웃사랑정기예금
③ 우체국 새출발자유적금
④ 우체국 가치모아적금

18 다음 중 우체국 체크카드 사용한도에 들어갈 숫자로 알맞은 것은?

구분		기본한도		최대한도	
		일한도	월한도	일한도	월한도
개인	12세이상	(㉠)만 원	30만 원	3만 원	30만 원
	14세이상	6백만 원	2천만 원	(㉡)천만 원	5천만 원
법인		6백만 원	2천만 원	1억 원	(㉢)억 원

	㉠	㉡	㉢
①	3	5	3
②	5	3	5
③	3	5	5
④	5	5	3

19 우체국 통합멤버십에 관한 설명으로 옳지 않은 것은?

① 통합멤버십 포인트의 명칭은 "잇다머니"이며 우체국페이앱(App)에서 회원가입을 통하여 이용할 수 있다.
② 통합멤버 십의 1포인트는 1원 가치를 가진다.
③ 충전포인트의 충전한도는 건당 30만 원, 1일 50만 원이며 총 보유한도는 100만 원이다.
④ 선물 한도는 건당 10만 원, 1일 30만 원, 월 50만 원이다.

20 다음 글이 설명하는 해외송금 업무에 해당하는 것은?

> 1973년 유럽 및 북미은행 중심으로 설립된 국제은행간의 금융통신망이다. 은행 간 자금결제 및 메시지 교환을 표준화된 양식에 의거 송수신함으로써 신속, 저렴, 안전한 송금 서비스를 제공한다.

① SWIFT 해외송금

② Eurogiro 해외송금

③ MoneyGram 특급송금

④ 간편 해외송금

1 다음 중 우체국보험의 종류와 해당 상품이 잘못 연결된 것은?

① 보장성 보험 – 무배당 우체국New100세건강보험
② 저축성 보험 – 무배당 만원의행복보험
③ 저축성 보험 – 무배당 청소년꿈보험
④ 연금보험 – 어깨동무연금보험

2 생명보험 상품 성격에 따른 각종 보험에 대한 설명 중 올바른 것은?

① 저축성보험은 장기간 목돈 마련에 유리한 고수익 상품이다.
② 보장성보험은 만기시 환급되는 금액이 기납입 보험료보다 많다.
③ 교육보험은 일정시점에서 계약자와 피보험자가 동시에 생존했을 때만 지급되며 계약자가 사망하고 피보험자가 생존하였을 때에는 지급되는 않는다.
④ 연금보험은 가입자가 원할 경우 지급기간을 확정하여 받거나 종신토록 받을 수 있다.

3 다음 중 보험료 소득공제에 관한 내용으로 옳지 않은 것은?

① 보장성 보험의 공제한도는 연간 100만 원이다.
② 연금저축보험의 공제한도는 연간 400만 원이다.
③ 연금저축보험은 퇴직연금과 합산하여 연 500만 원까지 소득공제가 가능하다.
④ 장애인 전용보험의 공제한도는 연간 100만 원이다.

4 다음 중 보험증서의 교부에 관한 설명으로 옳지 않은 것은?

① 보험자는 계약이 성립한 때에는 보험증서를 교부한다.

② 보험증서란 보험계약의 성립 및 그 내용에 관한 증거로서 보험자가 교부하는 문서를 말한다.

③ 배달착오 등으로 인하여 보험계약자에게 보험증서가 도달되지 못한 경우에도 보험계약은 유효하게 성립한다.

④ 보험증서의 교부 여부는 보험계약의 효력발생에 영향을 미친다.

5 다음 설명 중 옳지 않은 것은?

① 보험사고가 보험계약자, 피보험자, 보험수익자 등 보험가입자 측의 고의 또는 중과실로 생긴 경우 보험자는 보험금지급책임을 면한다.

② 도덕적 위험에 대한 면책사유의 입증책임은 보험자에게 있으며 보험계약자나 피보험자 또는 보험수익자 모두의 고의나 과실이 있으면 성립한다.

③ 보험사고가 전쟁 기타의 변란으로 인하여 생긴 때에는 당사자간에 다른 약정이 없으면 보험자는 보험금액을 지급할 책임이 없다.

④ 보험료의 지급은 원칙적으로 지참채무이지만 당사자의 합의나 보험모집인의 관행을 통하여 추심채무가 될 수 있다.

6 다음 중 보험에 대한 설명으로 옳은 것은?

① 원칙적으로 보험상품의 대상이 되는 위험은 투기적 위험에 국한된다.

② 동태적 위험은 보험의 대상이 되기 어려운 특성을 가진다.

③ 보험은 확실한 손실에 대한 경제적 결과를 축소하고자 하는 것을 목적으로 한다.

④ 정신적 괴로움도 보험을 통해 보호받을 수 있다.

7 다음 글에서 설명하는 사회보장제도는?

> 국가 및 지방자치단체의 비용부담으로 생활유지능력이 없거나 생활이 어려운 국민에게 최저생활을 보장하고 자립을 촉진하는 경제적 보호제도

① 사회보험
② 공적부조
③ 사회서비스
④ 4대 보험

8 다음 중 인보험에 해당하지 않는 것은?

① 대인배상
② 사망보험
③ 생존보험
④ 생사혼합보험

9 사망보험금, 장해급여금 등 보험사고 발생 시 보험금 지급 재원이 되는 보험료는?

① 위험보험료
② 저축보험료
③ 자연보험료
④ 평준보험료

10 다음 중 사기적 보험계약 체결이 아닌 경우는?

① 암 등 고위험군 질병을 진단 받은 자가 보험가입을 위해 진단사실을 은폐한 경우

② 이미 사망한 자를 피보험자로 보험에 가입하는 행위

③ 피보험자가 제 3자를 통한 대리진단으로 다수의 보험에 가입하는 행위

④ 피보험자가 생존 중이나, 사망보험금 편취를 위해 사망한 것처럼 위장하는 행위

11 다음 설명은 보험계약의 요소 중 무엇에 관한 설명인가?

> 보험기간 내 보험사고가 발생하였을 때 보험자(보험회사)가 지급해야 하는 금액 이다. 보험금은 보험계약 체결 시 보험자와 보험계약자 간 합의에 의해 설정할 수 있다.

① 보험금

② 보험료

③ 보험목적물

④ 보험사고

12 다음 중 보험영업활동의 기본원칙에 관한 설명으로 옳지 않은 것은?

① 보험회사는 보험상품을 판매하고 서비스를 제공하는 일련의 과정에서 보험소비자의 권익이 침해되는 일이 발생하지 않도록 노력해야 한다.

② 보험모집자는 금융인으로서 사명감과 윤리의식을 가지고, 보험소비자의 권익 보호를 최우선 가치로 삼고 영업활동을 수행해야 한다.

③ 보험회사 및 보험모집자는 보험소비자의 권익을 보호하기 위해 보험영업활동 시 합리적으로 행동하고 적절하게 판단해야 하며, 보험소비자가 합리적인 선택을 할 수 있도록 지원해야 한다.

④ 보험회사 및 보험모집자는 보험상품 판매에 관한 보험관계 법규 등을 철저히 준수해야 하며, 법령 등에서 정하고 있지 않은 사항은 사회적 규범과 시장의 일관된 원칙 등을 고려하여 선의의 판단에 따라 윤리적으로 행동해야 한다.

13 중대한 질병이며 치료비가 고액인 암, 심근경색, 뇌출혈 등에 대한 급부를 중점적으로 보장하여 주는 보험으로 생존시 고액의 치료비, 장해에 따른 간병비, 사망시 유족들에게 사망보험금 등을 지급해주는 상품은 무엇인가?

① 변액보험
② 생사혼합보험
③ 생존보험
④ CI(Critical Illness)보험

14 다음 중 상해보험에 관한 설명으로 옳지 않은 것은?

① 상해사고의 요건에는 급격성, 우연성, 외래성이 있다.
② 보험기간 중 상해로 인해 직접치료를 목적으로 입원하였을 경우 상해입원급부금을 지급한다.
③ 보험가입자는 피보험자의 직업이 위험한 직업으로 변경된 경우 보험회사에 알려야 한다.
④ 변경된 직업 및 직무와 관계가 없는 사고더라도 보험가입자가 직업 및 직무의 변경 사실을 알리지 않았으면 보험금이 지급되지 않는다.

15 보험계약의 요소에 대한 설명으로 옳지 않은 것은?

① 보험사고란 보험에 담보된 재산 또는 생명이나 신체에 관하여 불확정한 사고 즉 위험이 발생하는 것을 말한다.
② 보험계약에서의 목적물은 보험사고 발생 후 보험자가 배상하여야 할 범위와 한계를 정해준다.
③ 보험자의 보험금 지급책임이 존속하는 기간 을 보험기간이라고 한다.
④ 보험사고가 발생할 경우 보험자가 지급하는 금액을 보험료라고 한다.

16 다음 중 보험계약의 부활에 관한 설명으로 옳지 않은 것은?

① 보험료의 납입연체로 인해 계약이 해지되었으나 해지환급금이 지급되지 아니한 경우, 계약자는 연체보험료에 약정이자를 붙여 보험자에게 지급하고 그 계약의 부활(효력회복)을 청구할 수 있다.

② 보험계약자가 제2회 이후의 계속보험료를 납부하지 아니함으로써 보험계약이 해지 되었거나 실효된 경우로서 해지환급금이 지급되지 않았어야 한다.

③ 보험계약에서의 부활은 실효된 보험계약의 효력을 원래대로 복구시키는 것이므로 실효되기 이전의 보험계약과 동일한 내용의 보험계약을 계속 유지하게 된다.

④ 보험계약자의 부활청구로부터 보험자가 약정이자를 첨부한 연체보험료를 받은 후 10일이 지나도록 낙부통지 하지 않으면 보험자의 승낙이 의제되고 해당 보험계약은 부활한다.

17 다음 중 리스크의 종류와 내용이 바르게 연결된 것은?

① 시장리스크-자금의 조달, 운영기간의 불일치, 예기치 않은 자금 유출 등으로 지급불능상태에 직면할 리스크

② 금리리스크-채무자의 부도, 거래 상대방의 채무불이행 등으로 인하여 손실이 발생할 리스크

③ 유동성리스크-예상하지 못한 손해율 증가 등으로 손실이 발생할 리스크

④ 운영리스크-부적절하거나 잘못된 내부의 업무 절차, 인력 및 시스템 또는 외부의 사건 등으로 인하여 손실이 발생할 리스크

18 다음 중 보험모집 자격요건으로 바르지 않은 것은?

① 우정인재개발원장이 실시하는 보험모집희망자 교육과정(사이버교육)을 이수하고 우정사업본부장, 지방 우정청장 또는 우체국장이 실시하는 보험 관련 집합교육을 20시간 이상 이수한 자

② 우정개발원장이 실시하는 보험모집희망자 교육과정(사이버교육)을 이수하고, 우체국보험 모집인 자격 평가 시험에서 70점 이상을 받아 합격한 자

③ 교육훈련 인증제에 따른 금융분야 인증시험에 합격한 자

④ 우정인재개발원장이 실시하는 보험관련 교육을 10일 이상 이수한 자

19 다음 중 보험계약의 부활에 관한 설명으로 옳은 것은?

① 계약해지 후 만기 또는 해지 후 환급금을 수령한 경우에도 부활이 가능하다.

② 계약해지일로부터 1년 이내, 보험기간 만기일까지 부활을 청구한 계약이어야 한다.

③ 보험기간 만기일이 비영업일인 경우는 그 다음 업무 개시 영업일까지 가능하다.

④ 보험계약자 또는 피보험자가 미성년자인 경우 부모 중 한명의 서명 또는 날인을 득하여야 한다.

20 보험 계약에 대한 설명으로 옳은 것을 모두 고르면?

> ㉠ 보험계약자 또는 피보험자는 청약시 청약서에서 질문한 사항에 대해 보험자에게 사실대로 알려야 한다.
> ㉡ 고지의무는 계약 청약시 뿐 아니라 부활시에도 이행하여야 한다.
> ㉢ 취소의 경우 계약시점으로 소급되어 없어지는 데 반해 실효는 장래에 대해서만 효력을 가진다.
> ㉣ 보험계약의 무효란 무효사유에 의하여 계약의 법률상 효력이 처음부터 발생하지 않은 것을 말한다.

① ㉠

② ㉠, ㉡

③ ㉠, ㉡, ㉢

④ ㉠, ㉡, ㉢, ㉣

1 자원의 상태를 감시하고 프로세스는 사전에 자신의 작업에 필요한 자원 수를 제시하는 교착상태 회피 알고즘으로 옳은 것은?

① 다익스트라 알고리즘

② 은행원 알고리즘 (Banker's Algorithm)

③ 최단경로 알고리즘

④ 최소신장트리 알고리즘

2 허위로 경고 메시지를 보내 심리적 불안감을 조성하여, 이를 빌미로 유해 소프트웨어 구매를 유도하는 악성프로그램을 가리키는 것은?

① 스케어웨어(Scareware)

② 파일리스(Fileless malware)

③ 루트킷(Rootkit)

④ 트로이목마(Trojan)

3 RAID(Redundant Array of Inexpensive Disks)에 대한 설명으로 알맞지 않은 것은?

① RAID-0는 디두 개 이상의 디스크에 데이터를 순차적으로 저장하는 방식이다.

② RAID-1은 데이터 처리 시, 동일한 디스크에 똑같이 저장하는 방식이다.

③ RAID-4는 기록용 디스크와 데이터 복구용 디스크를 별로도 두는 방식이다.

④ RAID-5는 패리티 정보를 별도 디스크에 보관 함으로 써 생기는 약점을 보완하기 위해 나온 방식이다.

4 캐시 기억 장치(cache memory)에 대한 설명으로 알맞지 않은 것은?

① 집합 연관 사상(set-associative mapping)방식은 주소 변환을 통해 주기억장치의 데이터 블록을 캐시기억장치에 저장한다.

② 연관 사상(associative mapping) 방식은 캐시 슬롯번호에 상관없이 주기억장치의 데이터 블록을 캐시 기억장치의 임의의 위치에 저장한다.

③ 주기억장치에 저장되어 있는 명령어와 데이터 중의 일부를 임시적으로 복사해서 저장하는 장치이다.

④ 캐시 쓰기 정책(cache write policy)은 write through 방식과 write back 방식 등이 있다.

5 OSI 참조 모델에서 네트워크 계층은 다양한 길이의 패킷을 네트워크들을 통해 전달하고, 그 과정에서 전송 계층이 요구하는 서비스 품질(QoS)을 위한 수단을 제공하는 계층으로 옳은 것은?

① 데이터링크 계층

② 네트워크 계층

③ 전송 계층

④ 세션 계층

6 인터넷에서는 도메인 주소를 IP 주소로 변환시켜주는 컴퓨터가 있어야 하는데 이러한 컴퓨터의 이름으로 알맞은 것은?

① PROXY 서버

② DHCP 서버

③ WEB 서버 PROXY 서버

④ DNS 서버

7 IP 네트워크를 활용하여 음성을 데이터 패킷으로 변환하여 통화를 가능하게 하는 통신 서비스 기술로 알맞은 것은?

① VPN

② IPSec

③ IPv6

④ VoIP

8 컴퓨터가 현재 실행하고 있는 명령을 끝낸 후 다음에 실행할 명령의 주소를 기억하고 있는 레지스터는?

① 명령레지스터(instruction register)

② 프로그램 카운터(Program Counter, PC)

③ 부호기(encoder)

④ 명령해독기(instruction decoder)

9 어떤 릴레이션 R에 존재하는 모든 속성들은 원자 값만을 가지며, 기본 키에 속하지 않는 각 속성은 기본 키에 완전하게 함수적으로 종속된다. 이 릴레이션 R은 어떤 정규형의 릴레이션인가?

① 제4정규형

② 제3정규형

③ 보이스─코드 정규형

④ 제2정규형

10 학번의 첫 문자가 'A'이면 50000, 'B'이면 40000, 'C'이면 30000의 장학금을 지급하고자 할 때 수식으로 옳은 것은?

	A	B
1	학번	장학금
2	A101	50000
3	B101	
4	C101	

① =IF(LEFT(A2,1)="A",50000,IF(LEFT(A2,1)="B",40000,30000))

② =IF(RIGHT(A2,1)="A",50000,IF(RIGHT(A2,1)="B",40000,30000))

③ =IF(LEFT(A2,1)='A',50000,IF(LEFT(A2,1)='B',40000,30000))

④ =IF(RIGHT(A2,1)='A',50000,IF(RIGHT(A2,1)='B',40000,30000))

11 인터넷 주소(IP)를 물리적 하드웨어(MAC) 주소로 변환하는 프로토콜은?

① ARP

② RARP

③ DNS

④ ICMP

12 다음 그림에서 [B7] 셀에 입력된 수식 "=VLOOKUP(180000, B3:C6,2,TRUE)"의 결과값으로 옳은 것은?

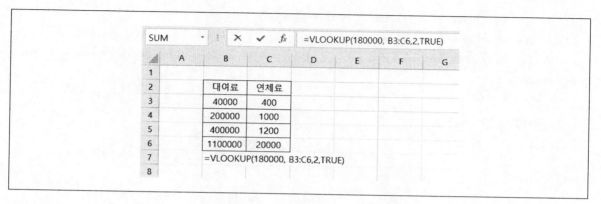

① 20000

② 1200

③ 1000

④ 400

13 클라우드 서비스의 종류로 옳지 않은 것은?

① IaaS

② PaaS

③ AaaS

④ SaaS

14 다음 대화의 빈칸에 들어갈 알맞은 단어를 고르시오.

A : Hi there. What kind of item is in this package?
B : It's a package of fireworks.
A : I'm sorry, but fireworks are not _____ to be shipped through the mail due to safety reasons.

---

① permitted   ② forbidden

③ sent   ④ restrict

15 다음 중 어법상 적절하지 않은 것을 고르시오.

Following its policy board meeting Friday, the Bank of Japan (BOJ) ① <u>announced</u> that it will buy an additional ¥10 trillion in Japanese government bonds under its asset—purchase program and ② <u>extend</u> the maturity of bonds it buys through the program to three years, from two years previously. The aggressive measures came together with the board's consumer price forecast for next fiscal year starting April 1, 2023, which ③ <u>felled</u> short of the 1% price goal. That has heightened hopes among market participants that the BOJ will follow up with regular additional easing measures until the price goal is in sight. The markets now expect the central bank ④ <u>to take</u> fresh steps around July, when it is due to review its inflation forecasts.

---

16 다음 대화를 읽고 이어질 표현으로 가장 적절한 것을 고르시오.

W : Soon, the social security system won't have money for the elderly.
M : That's horrible. Senior citizens have done so much for this country.
W : I hope it gets fixed by the time I'm their age.
M : _____.

① Old people will pay for the social security system.
② Where do you propose they fix the age?
③ We might have to get used to retiring later.
④ Overpopulation is not a factor in this trend.

17 다음 빈칸에 들어갈 가장 적절한 것을 고르시오.

When money is involved, decisions should be based on relevant and accurate information. More often than not, however, the opposite occurs. Known as anchoring effect, this phenomenon is rooted in our tendency to use information that is not applicable when assessing a situation. An example is if a friend asks you how much you pay for rent. He then asks you how much the rent for a slightly larger apartment in the same building might be. You make an estimate by adding a little more than what you are presently paying even though your rent has no actual bearing on the amount. In such a case, you are anchoring your answer on knowledge that is _____.

① mundane
② versatile
③ classified
④ irrelevant

18 다음 글을 읽고 아래 문장의 빈칸에 들어갈 가장 적절한 것을 고르시오.

Historians still disagree on where the name London comes from. The 12th-century priest Geoffrey of Monmouth wrote that the city was named after King Lud, a ruler of pre-Roman Britain. Centuries later, historian Alexander Jones claimed that London's name was derived from the Welsh *Llyn Dain*, referring to the River Thames that passes through the city. Similarly, in 1998, linguist Richard Coates stated that pre-Celtic peoples named the city *Plowonida*, or boat river, which indicates the width and depth of the Thames. Coates believed this name was then translated into the Celtic version *Lowonidonjon* before taking its modern English form.

→ The passage suggests that the (A)_____ of London's name is still (B)_____.

    (A)   (B)

① origin － famous

② origin － controversial

③ creator － controversial

④ creator － famous

19 다음 글에서 직업선택의 요인으로 언급되지 않은 것은?

According to one sociologist, Theodore Caplow, the accident of birth often plays a large role in determining what occupation people choose. Children follow their parents' occupation : farmers are recruited from farmers' offspring, teachers from the children of teachers. The parent passes an occupation on to the child. Furthermore, such factors as time and place of birth, race, nationality, social class, and the expectations of parents are all accidental, that is, not planned or controlled. They all influence choice of occupation.

① 부모의 직업
② 출생의 시기와 장소
③ 부모의 기대
④ 장래의 유망성

20 다음 글 중 Asia에서 cellular phone 소지자 증가의 요인으로 나타나 있지 않은 것은?

The number of cellular phone subscribers in Asia is predicted to rise from the current figure of around 10 million to 72 million by the year 2000. Fueling this boom are the region's dramatic economic growth, an abiding preoccupation with high technology and increased competition among cellular operators caused by market liberalization and the onset of new digital systems. Another factor stoking the cellular revolution is Asia's insatiable appetite for status symbols. In many parts of the region, having a cellular phone by one's side is as crucial to overall image as being well-dressed.

① 경제성장
② 정치적 안정
③ 첨단기술에의 몰두
④ 신분상징에의 욕구

PART

02

정답 및 해설

제1회 정답 및 해설

☞ 제1회 모의고사 p.12

▶▶▶ 01　　우편일반

1	2	3	4	5	6	7	8	9	10
②	①	③	③	④	②	③	③	④	③
11	12	13	14	15	16	17	18	19	20
③	①	④	③	③	③	①	③	④	②

1 ②

※ 우편의 의미
　㉠ 좁은 의미 : 우정사업본부가 책임지고 서신 등의 의사를 전달하는 문서나 통화 그 밖의 물건을 나라 안팎으로 보내는 업무
　㉡ 넓은 의미 : 우편관서가 문서나 물품을 전달하거나 이에 덧붙여 제공하는 업무를 통틀어 이르는 말

2 ①

㉠ 우편관서의 고의 또는 과실이 있어야 한다.
㉢ 국내우편물 손해배상금은 손해배상금결정서가 청구권자에게 도달한 때로부터 기산하여 5년간 청구하지 아니할 때에는 시효로 인하여 소멸된다.
㉺ 소포를 일반으로 보냈을 경우에는 배상금액이 없다. 또한, 손실액이 손해배상액보다 적을 때에는 그 실제 손해금액으로 배상하여야 한다.

3 ③

③ 우편관서는 우편물을 운송 중이거나 우편물의 발송 준비를 마친 후에만 그 압류를 거부할 수 있다〈우편법 제8조〉.

4 ③

③ 도와준 사람에게 줄 보수나 손실보상을 청구할 때에는 청구인의 주소, 성명, 청구사유, 청구금액을 적은 청구서를 운송원 등이 소속하고 있는 우체국장을 거쳐 관할 지방우정청장에게 제출하여야 한다. 이때에 소속 우체국장은 손실보상의 청구내용에 대한 의견서를 첨부하여야 한다.

5 ④

④ 소포우편물은 취급방법에 따라 등기소포와 일반소포, 접수방법에 따라 창구접수와 방문접수로 구분된다.

6 ②

㉠ 우체국쇼핑
㉡ 전자우편서비스

7 ③

③ 국내우편물이 특수취급 중 내용증명에 관한 설명이다.

※ 보험취급 … 은행권·수표 등의 유가증권, 금전적 가치가 있는 서류나 귀중품 등이 들어있는 우편물을 발송인이 신고한 가액에 따라 보험취급하여 교환하고, 망실·도난 또는 파손된 경우 보험가액의 범위 내에서 실제로 발생된 손해액을 배상하는 제도

8 ③

국제특급우편으로 보낼 수 있는 물품과 접수 금지 물품
㉠ 접수 가능 물품
　• 업무용 서류(Business Documents)

- 상업용 서류(Commercial papers)
- 컴퓨터 데이터(Computer data)
- 상품 견본 (Business samples)
- 마그네틱테이프(Magnetic tape)
- 마이크로필름(Microfilm)
- 상품(Merchandise) : 나라에 따라 취급을 금지하는 경우도 있음
ⓛ 접수 금지 물품
- 동전, 화폐(Coins, Bank notes)
- 송금환(Money remittances)
- 유가증권류(Negotiable articles)
- 금융기관 간 교환 수표(Check clearance)
- UPU일반우편금지물품(Prohibited articles)
  - 취급상 위험하거나 다른 우편물을 더럽히거나 깨뜨릴 우려가 있는 것
  - 마약류 및 향정신성 물질
  - 폭발성 · 가연성 또는 위험한 물질
  - 외설적이거나 비도덕적인 물품 등
- 가공 또는 비가공의 금, 은, 백금과 귀금속, 보석 등 귀중품
- 상대국가에서 수입을 금하는 물품
- 여권을 포함한 신분증

9 ④

발송인의 주소불명 기타 부득이한 사유로 인하여 반송할 수 없는 우편물과 내용품의 파손 · 변질 등의 사유로 발송인이 수취를 거절하는 우편물은 우편법의 규정에 의하여 환부불능 우편물로 처리한다.

10 ③

③ 과학기술정보통신부장관은 우편사업 경영주체이다.

11 ③

① 독점권의 대상은 서신으로, 외국과 주고받는 국제서류는 제외된다.

② 우편법 제2조 제2항에서 아무나 할 수 없음을 규정함으로써 서신독점권이 국가에 있음을 분명히 하고 있다.

④ 조직 또는 계통을 이용하여 타인의 서신을 송달할 경우에는 서신송달의 정부독점권을 침해할 가능성이 많으므로 단 1회의 송달을 하는 것도 금지한다.

12 ①

① 선택적 우편서비스의 대상은 2kg을 초과하는 통상우편물이다. 2kg 이하의 통상우편물은 보편적 우편서비스의 대상에 해당한다.

13 ④

① 통상우편물(등기포함) 일반소포 – 접수한 다음날부터 3일 이내
②③ 익일특급, 등기소포 – 접수한 다음날(제주선편 : 접수한 날+2)

14 ③

③ 의사전달물은 의사 전달이 목적이지만 '서신'의 조건을 갖추지 못한 것과, 대통령령에서 정하여 서신에서 제외한 통상우편물이다.

15 ③

① 우편번호는 우편물 구분을 편리하게 할 수 있도록 만든 일종의 코드로서, 문자로 기재된 수취인의 주소정보를 일정한 기준에 따라 숫자로 변환한 것이다.
② 집배코드는 총 9자리로 도착집중국 2자리, 배달국 3자리, 집배팀 2자리, 집배구 2자리로 구성되어 있다.
④ 개인정보보호법령에 따른 주민등록번호 등 고유식별정보는 기재할 수 없다.

16 ③

③ 가로, 세로, 높이 세 변을 합하여 최대 35cm여야 하고, 가로는 17cm 이상, 세로는 12cm 이상이어야 한다.

17 ①

등기취급제도

㉠ 우편물의 접수번호 기록에 따라 접수에서부터 받는 사람에게 배달되기까지의 모든 취급과정을 기록하며 만일 우편물이 취급 도중에 망실되거나 훼손된 경우에는 그 손해를 배상하는 제도로서 우편물 부가취급의 기본이 되는 서비스

㉡ 다른 여러 특수취급을 위해서는 기본적으로 등기취급이 되어야만 한다.

㉢ 2kg 이하의 통상우편물과 20kg 이하의 소포우편물에 대한 등기취급을 보편적 우편 서비스로 정함으로써 국민의 권리를 더욱 폭넓게 보장할 수 있는 기반을 조성

18 ③

㉡ 착불배달은 우편요금 등을 수취인이 지불하기로 발송인이 수취인의 승낙을 얻은 계약등기 우편물이어야 한다.

19 ④

④ 선납라벨 구매 고객이 취소를 요청하는 경우 구매 당일에 한해 판매우체국에서만 환불 처리가 가능하다(우표류 판매취소 프로세스 적용).

20 ②

② 우체국을 방문하지 않고 인터넷으로 조회하여 프린터로 직접 인쇄하는 서비스로, 배달완료일 D+2일부터 신청 가능하다.

▶▶▶ 02 예금일반

☞ 제1회 모의고사 p.19

1	2	3	4	5	6	7	8	9	10
③	③	④	③	③	③	④	①	②	④
11	**12**	**13**	**14**	**15**	**16**	**17**	**18**	**19**	**20**
②	③	④	①	③	①	④	②	④	③

1 ③

① 간접금융거래가 아닌 직접금융거래에 관한 내용이다.

② 금융활동의 주체는 가계 · 기업 · 정부 및 금융기관의 네 부문으로 나눌 수 있다.

④ 물가상승에 따른 구매력의 변화를 감안하지 않은 금리는 명목금리이다.

2 ③

③ 금융회사는 상인이므로 금융회사와 체결한 예금계약은 상사임치계약이다. 금융회사는 임치물에 대하여 주의의무가 가중되어 선량한 관리자의 주의의무를 부담한다.

3 ④

④ 무주택 세대주 여부 및 연령에 관계없이 1인 1계좌 가입 가능

4 ③

③ ATM에 의한 입금의 경우 예금자가 ATM의 현금투입박스에 현금을 투입하고 고객이 확인 버튼을 누른 때라고 보는 것이 통설이다.

5 ③

④ 가계부문은 생산요소의 공급주체로서 생산요소인 노동, 자본, 토지를 제공하며, 그 결과로 얻은 소득을 소비하거나 저축한다. 기업부분은 생산의 주체로서 노동, 자본, 토지라는 생산요소를 투입하여 재화와 용역(서비스)을 생산한다.

6 ③

③ 기준금리의 변경은 장·단기 시장금리, 예금 및 대출 금리 등에 영향을 주거나 주식·채권·부동산·외환 등 자산 가격에 영향을 줌으로써 실물경제 및 물가를 변동시키는 원인이 된다.

7 ④

① 코스닥시장에 상장되어 있는 종목을 대상으로 산출되는 종합지수로 코스닥시장의 대표지수이며, 코스피지수와 동일한 시가총액방식으로 산출된다.

② 유가증권시장에 상장된 주식 중 시장대표성, 업종대표성, 유동성 등을 감안하여 선정되는 200개 종목을 대상으로 최대주주지분, 자기주식, 정부지분 등을 제외한 유동주식만의 시가총액을 합산하여 계산한다.

③ 유가증권시장과 코스닥시장의 우량종목을 고루 편입한 통합주가지수로서 유가증권시장 90개, 코스닥시장 10개 등 총 100개 종목으로 구성된다.

8 ①

② 투자매매업에 대한 설명이다.

투자중개업 : 금융회사가 고객으로 하여금 금융투자상품을 매도·매수하거나 증권을 발행·인수 또는 권유·청약·승낙하는 것

③ 집합투자업에 대한 설명이다.

④ 신탁업에 대한 설명이다.

투자일임업 : 투자자로부터 금융상품에 대한 투자판단의 전부 또는 일부를 일임 받아 투자자별로 구분하여 자산을 취득·처분, 그 밖의 방법으로 운용하는 것을 영업으로 하는 것

9 ②

단기금융상품펀드(MMF; Money Market Fund)는 일시 자금예치 수단으로서의 본래 기능을 수행할 수 있도록 운용가능한 채권의 신용등급을 AA등급이상(기업어음 A2이상)으로 제한하여 운용자산의 위험을 최소화 하도록 하고 있으며, 유동성 위험을 최소화 하기 위하여 운용자산 전체 가중평균 잔존 만기를 90일 이내로 제한하고 있다. MMF는 자산운용회사가 운용하며 은행, 증권사, 보험사 등에서 판매한다.

10 ④

$1,000,000원 \times (1+0.04)^3 = 1,124,864원$

11 ②

① 장 전 종가매매 – 08:30~08:40

② 동시호가 – 08:30~09:00, 15:20~15:30

③ 장 후 종가매매 – 15:30~16:00 (체결은 15:40부터, 10분간 접수)

④ 시간외 단일가매매 – 16:00~18:00 (10분 단위, 총 12회 체결)

12 ③

③ CD/ATM서비스를 이용하기 위해서는 현금카드나 신용·체크카드 등이 있어야 하지만 최근 기술 발달로 휴대폰, 바코드, 생체인식으로도 CD/ATM 서비스를 이용할 수 있으며, 이용매체가 없어도 CD/ATM 서비스 이용이 가능하다.

13 ④

① 우체국예금 모바일 어플리케이션인 Postpay를 통한 간편결제·간편송금 이용 실적에 따라 우대혜택 및 소상공인·소기업에게 우대금리를 제공하는 입출금이 자유로운 예금

② 개인을 대상으로 예치 금액별로 차등 금리를 적용하는 개인 MMDA 상품으로 입출금이 자유로운 예금

③ 만 18세 이상에서 만 35세 이하의 개인을 대상으로 전자금융 타행이체, 자동화기기 인출 및 이체 등 수수료 면제 등 젊은 층의 금융이용 욕구를 반영한 서비스를 제공하는 입출금이 자유로운 예금

14 ①

① 우체국은 OTP를 발생시키는 전 금융기관을 통합하여 연속 10회 이상 잘못 입력한 경우 전자금융서비스의 전부 또는 일부를 제한할 수 있다.

15 ③

① 내부통제에 적합한 조직구조, 효과적인 내부통제가 이루어지도록 유인하는 보상체계, 적절한 인사 및 연수정책, 이사회의 내부통제에 대한 관심 방향, 임직원의 성실성과 자질 등 환경적 요인이다.

② 내부통제의 모든 과정은 모니터링되고 지속적으로 수정 및 보완되어야 한다.

④ 조직이 직면하고 있는 리스크를 종류별·업무별로 인식하고 측정, 분석하는 것이다. 효과적인 내부통제시스템 구축을 위해 조직의 목표달성에 부정적인 영향을 미칠 수 있는 리스크를 정확히 인식하고 평가한다.

16 ①

금융시장은 자금공급자와 자금수요자간에 금융거래가 조직적으로 이루어지는 장소를 말하는데, 이때의 장소는 재화시장처럼 특정한 지역이나 건물 등의 구체적인 공간뿐 아니라 자금의 수요와 공급이 유기적으로 이루어지는 추상적인 공간을 포함한다.

17 ④

④ 우체국 파트너든든 정기예금은 회전주기(1개월, 3개월, 6개월) 적용을 통해 고객의 탄력적인 목돈운용이 가능하며 우편 계약 고객(우체국택배, EMS, 우체국쇼핑 공급업체) 및 예금 거래 고객을 우대하는 정기예금이다.

18 ②

② MoneyGram 특급송금은 미국 댈러스에 소재하고 있는 머니그램社와 제휴한 Agent 간 네트워크상 정보에 의해 자금을 송금, 수취하는 무계좌 거래로, 송금번호(REF.NO)만으로 송금 후 약 10분 만에 수취가 가능한 특급해외송금 서비스이다.

19 ④

보통예금이나 당좌예금과 같이 기한의 정함이 없는 예금에 대해서 예금주는 금융기관 영업시간 내에는 언제든 예금을 청구할 수 있다. 하지만 정기예금 등 기한의 정함이 있는 예금은 약정한 지급기일에 지급을 하여야 한다. 단 기한의 정함이 있는 예금도 추심채무이므로 예금의 기일이 도래하고 예금주의 청구가 있는 때에만 채무불이행으로 인한 책임을 부담한다.

20 ③

③ 실명에 의하지 않고 거래한 금융자산에서 발생하는 이자 및 배당소득에 대하여는 소득세의 원천징수세율을 90%로 하고, 소득세법(제14조 제2항)에 따른 종합소득 과세표준의 계산에 이를 합산하지 않는다.

☞ 제1회 모의고사 p.26

1	2	3	4	5	6	7	8	9	10
③	①	④	③	②	①	②	④	③	④
11	12	13	14	15	16	17	18	19	20
①	④	④	②	④	④	③	④	③	④

보험사고별 종류	보험수익자
사망보험금	피보험자의 상속인
생존보험금	보험계약자
장해 · 입원 · 수술 · 통원급부금 등	피보험자

1　③

① 측정대상의 숫자 또는 측정횟수가 많아지면 많아질수록 예상치가 실제치에 근접한다는 것은 대수의 법칙이다.
② 대수의 법칙에 따라 연령별 생사잔존상태를 나타낸 표를 생명표라 한다.
④ 보험가입자가 납입하는 보험료 총액과 보험회사가 지급하는 보험금 및 경비(사업비)의 총액이 동일하도록 되어 있다는 원칙은 수지상등의 원칙이다.

2　①

② 생명보험 상품은 형태가 보이지 않는 무형의 상품이다.
③ 스스로의 필요에 의한 자발적인 가입보다는 보험을 판매하는 사람의 권유 및 설득에 의해 가입하는 비자발적 상품이다.
④ 짧게는 수년부터 길게는 종신동안 계약의 효력이 지속된다.

3　④

보험금을 받는 자를 지정하지 않은 경우 … 계약자가 보험계약 시 보험수익자를 지정하지 않은 경우 보험사고에 따라 보험수익자가 결정

4　③

①②④ 보험사고가 보험계약자, 피보험자, 보험수익자 등 보험가입자측의 고의 또는 중과실로 생긴 경우, 보험사고가 전쟁 기타의 변란으로 인하여 생긴 때에는 당사자간에 다른 약정이 없으면 보험자는 보험금액을 지급할 책임이 없다.

5　②

② 은행 등의 창구에서 보험료를 납입하도록 하는 온라인과 지로청구에 의한 보험료납입도 지참채무로 볼 수 있다.

6　①

생존보험은 피보험자가 만기까지 살아 있을 때만 보험금이 지급되는 보험으로 보험기간 중 사망시 납입된 보험료 및 보험금은 환급되지 않는다.

7　②

② 보험사고란 생명이나 신체에 관한 불확정한 사고뿐만 아니라 재산에 대한 사고도 포함한다. 즉 위험이 발생하는 것을 말한다. 이는 보험의 지급 사유라고 할 수 있다.

8　④

위험의 변경 또는 증가의 원인은 객관적이어야 하므로 보험계약자 또는 피보험자의 행위로 인한 것이 아니어야 한다. 보험계약자 또는 피보험자가 이를 게을리 한 때에는 보험자는 그 사실을 안 날로부터 1월 내에 계약을 해지할 수 있다〈상법 제 652조〉.

9 ③

③ 보험료 납입을 보험기간의 전 기간에 걸쳐서 납부하는 보험을 전기납보험이라 하며, 보험료의 납입기간이 보험기간보다 짧은 기간에 종료되는 보험을 단기납보험이라 한다.

10 ④

④ 예정사망률이 낮아지면 사망보험(피보험자 사망 시 보험금이 지급되는 보험)의 보험료는 내려가고, 생존보험(일정 시점까지 피보험자 생존 시에만 보험금이 지급되는 보험)의 보험료는 올라간다. 이와 반대로 예정사망률이 높아지면 사망보험의 보험료는 올라가고 생존보험의 보험료는 내려간다.

11 ①

① 세액공제 대상을 근로소득자로 제한하고 있기 때문에 연금소득자 또는 개인사업자 등은 보장성보험에 가입하더라도 세액공제를 받을 수 없다.

12 ④

④ 부당행위에 해당한다.

※ 부당행위
- 자필서명 미이행
- 적합성원칙 등 계약권유준칙 미이행
- 약관상 중요 내용에 대한 설명 불충분 및 설명의무 위반
- 고객의 계약 전 알릴 의무 방해 및 위반 유도
- 대리진단 유도 및 묵인
- 약관과 다른 내용의 보험안내자료 제작 및 사용
- 특별이익 제공 또는 제공을 약속
- 보험료, 보험금 등을 횡령 및 유용
- 개인신용정보관리 및 보호 관련 중요사항 위반
- 보험료 대납, 무자격자 모집 또는 경유계약

13 ④

㉠ 생명보험으로서 제3보험의 특성 : 피보험자의 동의 필요, 피보험이익 평가불가, 보험자 대위 금지, 15세 미만 계약 허용, 중과실 담보

㉡ 손해보험으로서의 제3보험의 특징 : 실손보상의 원칙, 보험사고 발생 불확정성

14 ②

① 보험사고가 급작스럽게 발생하여 결과의 발생을 피할 수 없을 정도로 급박한 상태에서 발생한 것을 의미한다.

③ 보험사고의 신체 상해의 발생 원인이 피보험자 신체에 내재되어 있는 내부 요인이 아니라 신체의 외부적 요인에 기인하는 것을 의미한다.

15 ④

④ 계약 전 알릴의무에 해당하는 질병으로 피보험자가 과거에 의료기관에서 진단 또는 치료를 받은 경우 부담보 조건의 계약을 인수하고 가입이후 해당 질병으로 보험금 지급사유가 발생하여도 보험금을 지급하지 않는다.

16 ④

④ 청약일로부터 30일이 초과한 계약은 청약철회가 불가하다.

17 ③

③ 임의해지 사유에 해당한다.

※ 보험계약의 실효 … 특정 원인이 발행하여 계약의 효력이 장래 소멸되는 것을 말한다. 취소의 경우 계약시점으로 소급되어 없어지는 데 반해 실효는 장래에 대해서만 효력을 가진다.

18 ④

④ 예상 심사기간 및 예상 지급일은 보험금 청구단계에서 설명하면 된다.

19 ③

직원의 보험모집 제한

ⓐ 신규임용일 또는 금융업무 미취급 관서(타부처 포함)에서 전입일 부터 3년 이하인 자(단, 금융업무 담당자는 제외)

ⓑ 휴직자, 수술 또는 입원치료 중인 자

ⓒ FC 조직관리 보상금을 지급 받는 자

ⓓ 관련 규정에 따라 보험모집 비희망을 신청한 자

ⓔ 관련 규정에 따른 우체국 FC 등록 제한자

ⓕ 전년도 보험 보수교육 의무이수시간 미달자

ⓖ 최근 1년간 보험모집 신계약 실적이 없는 자

20 ④

생명보험 계약관계자로는 보험자, 보험계약자, 피보험자, 보험수익자가 있다. 보험자는 위험을 인수한 보험회사이다.

① 보험계약자는 보험자와 보험계약을 체결하는 보험계약당사자이다.

② 피보험자는 보험계약에서 본인의 목숨이나 건강 등을 담보시킨 사람을 말한다.

③ 보험수익자는 보험자에게 보험사고에 대하여 보험금 지급을 청구수령 할 수 있는 권리를 가진 사람을 뜻한다.

▶▶▶ 04 **컴퓨터일반(기초영어 포함)**

☞ 제1회 모의고사 p.32

1	2	3	4	5	6	7	8	9	10
③	③	④	③	②	③	④	④	②	①
11	12	13	14	15	16	17	18	19	20
①	①	②	③	③	④	②	①	③	③

1 ③

③ 라우터 혼잡을 피하기 위해 혼잡제어를 수행한다.

※ TCP 특징 … 연결 지향적 프로토콜, 신뢰할 수 있는 데이터의 전송을 보장, 많은 오버헤드가 필요로 하며 느림

2 ③

• RTCP : RTP가 잘 동작하고 있는지를 지속적으로 관찰하는 컨트롤 프로토콜

• RTP : 실시간 멀티미디어 전송 프로토콜

3 ④

④ 시분할 시스템은 선점 스케줄링 방식으로 동작한다.

4 ③

③ 참조하는 페이지 집합은 바뀔 수 있다.

5 ②

② 디스패치(Dispatch) : 준비 상태에 있는 프로세스 중 하나를 선정하여 CPU를 할당하는 시점이다.

③ 프로세스 제어 블록(process control block) : 운영체제가 프로세스에 대한 주요 정보를 저장해 놓은 자료 구조이다.

6 ③

③ 기계 학습은 사람의 정보 입력 없이 이전의 결과 내용을 바탕으로 향후 전개될 시나리오를 성공적으로 예측하고 이에 대응하는 기술

④ 로그 수집기는 네트워크나 시스템 등에서 발생하는 로그 데이터를 수집하는 도구

7 ④

• 지도 학습(Supervised Learning)은 입력(Input, Feature)과 출력(Target)이 쌍으로 주어진 훈련 데이터(Training data)를 이용한 학습이다.

• 비지도 학습(Unsupervised Learning)은 출력값 없이 입력값만으로 학습하는 방식이다. 사람의 개입 없이 컴퓨터가 알아서 입력 데이터를 학습한 뒤, 패턴과 상관관계를 인식하기 시작한다.

8 ④

④ 블랙박스 테스트(Black Box Test) : 소프트웨어의 내부 구조나 작동 원리를 모르는 상태에서 소프트웨어의 동작을 검사하는 방법

③ 화이트박스 테스트(White Box Test) : 프로그램 내부로직(수행경로구조, 루프 등)을 보면서 테스트 실행하는 방법

※ 검사 종류

• 동등 분할 기법(Equivalence Partitioning), 경계값 분석 기법(Boundary Value Analy)

• 오류 예측 기법(Error Guessing), 원인 결과 그래프 기법(Cause Effect Graph)

• 의사결정 테이블 테스팅, 상태전이 테스팅

9 ②

• RAID 2는 비트 단위로 기록용 디스크와 데이터 복구용 디스크를 별도로 둔다.

• RAID 3은 데이터를 바이트 단위로 여러 디스크에 분할 저장하는 방식으로, 디스크 동기화가 필수적이다.

10 ①

인터프리터(interpreter)

• 인터프리터는 고급 언어로 작성된 프로그램을 한 줄 단위로 받아들여 번역하고, 번역과 동시에 프로그램을 한 줄 단위로 즉시 실행시키는 프로그램입니다.

• 줄 단위로 번역, 실행되기 때문에 시분할 시스템에 유용하며 원시 프로그램의 변화에 대한 반응이 빠릅니다.

11 ①

① 「개인정보 보호법」의 제3조 개인정보 보호 원칙 … 개인정보처리자는 제30조에 따른 개인정보 처리방침 등 개인정보의 처리에 관한 사항을 공개하여야 하며, 열람청구권 등 정보주체의 권리를 보장하여야 한다. 〈개정 2023. 3. 14.〉

12 ①

② 블루투스 : 단거리 라디오 전파 통신을 사용하여 저전력으로 여러 가지 다른 기기들을 연결시켜 주는 기술

③ RFID : 초단파나 장파를 이용하여 기록된 정보를 무선으로 인식하는 최첨단 기술

④ 센서 네트워크 : 센서에 의해 수집된 다양한 정보를 공유할 수 있게 하는 기술

13 ②

② 데코레이터 패턴(decorator pattern) : 객체에 동적으로 기능을 추가할 수 있도록 해주는 구조적인 디자인 패턴

① 메멘토 패턴(memento pattern) : 객체를 이전 상태로 되돌릴수 있는 기능을 제공하는 소프트웨어 디자인 패턴

③ 옵저버 패턴(observer pattern) : 한 객체의 상태가 변경되었을 때 의존 관계에 있는 다른 객체들에게 이를 자동으로 통지 하도록 하는 패턴

④ 싱글톤 패턴(Singleton) : 하나의 클래스 인스턴스를 전역에서 접근 가능하게 하면서 해당 인스턴스가 한 번만 생성되도록 보장하는 패턴

14 ③

① 능숙한 ② 효과적인 ④ 연속적인

「그 주의 중부, 동부, 그리고 남부는 풍부한 반면에, 북부와 서부는 숲이 <u>부족하다</u>.」

15 ③

exclusive 독점적인 specification 구체적인 사항
feature ~의 특징을 이루다
③ 문장과 문장을 연결하기 위해서는 연결사가 필요하며 접속사, 의문사, 관계사가 이에 해당된다. 해당 문장은 문장과 문장을 콤마(,)로 연결한 문장으로 연결사 없이 문장과 문장을 연결하였으므로 옳지 않다. 따라서 them을 목적격 관계대명사 which로 고치는 것이 옳다.
① 동사 works를 수식하는 부사이다.
② have access to ~에 접근할 수 있다.
④ 사역동사 have의 목적격보어로 목적어 their work가 '특징 지어지다'라는 수동의 의미이므로 p.p(과거분사)가 옳다.

「DroneBase 팀은 우리의 조종사 커뮤니티를 위해 새롭고 흥미로운 기회를 부지런히 개발하고 있다. 우리의 최신 동반관계는 가장 흥미로운 기회일 것이다. 우리는 Getty Images와의 독점적인 세계적 콘텐츠 동반관계를 발표하게 되어 매우 기쁘다. 지금까지, DroneBase 조종사는 고객이 요청한 임무와 파노라마라는 두 가지의 임무에 접근할 수 있었는데 두 가지 모두 고유의 촬영 사양이 필요하다. 오늘, 우리는 Getty Creative Mission을 우리의 조종사 커뮤니티를 위한 세 번째 기회로 소개하게 되어 기쁘다. 최초로, 드론 조종사는 그들의 작품을 Getty Images에서 판매할 수 있도록 전시할 기회를 위해 그들의 창의성을 발휘할 기회를 갖게 되었다.」

16 ④

① 저는 무엇을 해야할지 모르겠어요.
② 당신은 새 스웨터를 살 수 있어요.
③ 당신은 다른 스웨터를 요청하고 있어요.

「W : 안녕하세요. 이 스웨터를 반품하려고요.
M : 무슨 문제죠, 손님?
W : 지시사항에 따라 세탁했더니 구멍이 많이 생겼어요.
M : 이런. 이번 주에 두 번째 반품된 스웨터네요.
W : 흠, 품질이 안 좋아 정말 실망이네요.
M : 죄송합니다, 손님. <u>기꺼이 환불해 드릴게요</u>.」

17 ②

border 국경 proceed 나아가다, 전진하다
① 흥분 - 실망
② 긴장 - 안도
③ 행복함 - 슬픔
④ 엄숙함 - 불행

「작년에 나는 중국에서 베트남까지 여행을 하고 있었다. 나는 아침 약 7시에 중국의 국경 마을에 도착하였다. 그 국경은 이미 열려져 있었고, 나는 통과할 수 있었다. 첫 단계는 중국 여권 통제소였다. 그들은 내 여권을 가지고 매우 조심스럽게 조사를 하였다. 그들은 나를 계속 쳐다보면서 나의 모든 상세한 것을 체크했다. 나는 매우 긴장했었다. 비록 매우 이른 아침이고 잠이 덜 깬 상태였지만 미소를 지으려고 했고 친절히 대하려고 했다. 10분 후에, 나는 드디어 여권 통제소를 통과하도록 허락 되었다. 나는 그들이 단순히 호기심이 있었다는 것을 깨달았다. 나는 오랜 시간 동안 여행을 해왔고, 내 여권에는 호주, 일본 심지어 멕시코 같은 나라들의 도장도 있었다.」

18 ①

biodiversity 생물 다양성 potential 잠재력
yeast 효모 enhance 개선하다 waste 폐기물
eco-friendly 친환경적인 energy source 에너지원
② 세계 대부분 지역에서 기름이 고갈될 것이다.
③ 세계는 조류가 만들어 내는 오염 물질과 싸워야 할 것이다.
④ 비산유국에서 조류에 대한 수요가 급증할 것이다.

「생물의 다양성을 연구하는 연구원들의 새로운 논문은 조류가 우리에게 에너지를 공급하는 미래의 가능성을 탐구한다. 전문가들에 의하면 조류에는 연료로 채취할 수 있는 커다란 잠재력이 있다. 일반적으로 조류는 박테리아나 효모보다 낮은 밀집도로 자라지만, 성장률은 박테리아나 효모보다 훨씬 우수하다. 이러한 특징이 이 생물의 기름 생산 능력을 향상 시킨다. 더욱이 기름을 얻기 위한 일반적인 씨앗 작물보다 최소한 10배 이상의 기름을 조류에서 수확할 수 있다. 게다가 이산화탄소와 폐수와 같은 환경 폐기물을 먹으며 자랄 수 있다. 조류를 이용한 연료 생산 공정이 개발되면, <u>조류는 가장 널리 사용되는 친환경 에너지원이 될 것이다.</u>」

19 ③

fatally 치명적으로 surround 둘러싸다 suspect ~을 의심하다 regardless 그것과는 상관없이 violent 폭력적인 chaotic 혼돈의 decade 십년간
① 1960년대는 미국의 혼란기였다.
② 케네디는 머리에 총상을 입었다.
③ 케네디는 연설하는 동안 총상을 입었다.
④ 케네디의 죽음은 여전히 미스터리에 둘러싸여 있다.

「1960년 11월 22일 존 F. 케네디 대통령이 머리에 치명적으로 총상을 입었다. 리 하비 오스왈드라는 이름의 한 남자가 대통령 전용 리무진에 대통령이 타고 있을 때 그를 쏘았다. 케네디의 죽음은 여전히 미스터리에 둘러싸여 있다. 대통령을 쏘았을 때 오스왈드는 혼자서 행동했는가, 아니면 다른 사람들과 함께 행동했는가?
정확히 몇 발이 발사되었는가? 또한 대통령이 왜 살해되었는지 여전히 알려져 있지 않다. 그것과는 상관없이, 케네디의 암살은 나라에 충격을 주었고, 미국 역사상 가장 혼란스러운 수십년 중의 한 시기에 발생한 또 하나의 폭력사건으로 간주될 수 있다.」

20 ③

surname 성(=family name) come into existence 생기다, 성립되다 miller 제분업자 cooper 통 제조업자, 술장수 barrel (가운데가 불룩한) 통 blacksmith 대장장이 forge (철 등을) 벼려서 만들다 utensil 기구, 용구 weaver 베 짜는 사람, 직공 carpenter 목수 tailor 재단사
① 그들이 누구의 아들인지 언급한다.
② 그들이 살았던 곳을 이름에 덧붙인다.
④ 그들의 특색에 의한 별명을 그들에게 준다.

「성(姓)은 여러 가지 방식으로 유럽 도처에서 생기게 되었다. 사람을 확인하기 위한 한 가지 중요한 방식은 <u>그들의 일이나 직업의 종류를 사용하는 것이다.</u> 후에 Alfred Miller라고 불리게 된 제분업자 Alfred는 곡물에서 가루를 생산하여 생계를 꾸려나갔다. Michael Cooper는 처음에는 통 만드는 사람인 Michael이었다. Theodore Smith는 원래 용구나 말굽을 만드는 대장장이인 Theodore였다. Weaver, Carpenter와 Taylor라는 이름은 설명할 필요도 없다. 다른 언어에도 똑같은 성이 있었다. 예를 들어, 독일에서 Schneider는 "재단사"를 뜻하는 말이다.」

▶▶▶ 01 　 우편일반

☞ 제2회 모의고사 p.40

1	2	3	4	5	6	7	8	9	10
②	④	③	②	③	③	①	④	①	④
11	12	13	14	15	16	17	18	19	20
②	④	②	④	③	④	③	②	①	①

1 ②

우편사업은 제3차 산업에 속하며 노동집약적 성격이 강한 사업이다.

2 ④

④ 우편관서는 우편물 송달의 의무, 요금·수수료 징수권 등, 발송인은 송달요구권, 우편물 반환청구권 등, 수취인은 우편물 수취권, 수취거부권 등 권리와 의무관계를 가진다.

3 ③

③ 우편물 교부 시 외부에 파손의 흔적이 있거나 또는 중량에 차이가 있어야 손해배상을 청구할 수 있다. 외부파손의 흔적이 없거나 중량에 차이가 없을 때에는 손해가 없는 것으로 본다.

4 ②

손해배상의 범위 및 금액

구분		손실, 분실 (최고)	지연배달
통상	일반	없음	없음
	준등기	5만 원	
	등기 취급	10만 원	• D+5일　배달분부터 : 우편요금과 등기취급수수료
	국내특급 익일특급	10만 원	• D+3일　배달분부터 : 우편요금 및 국내특급수수료
소포	일반	없음	없음
	등기 취급	50만 원	• D+3일　배달분부터 : 우편요금 및 등기취급수수료
	안심소포	300만 원	

5 ③

발송인이 개봉을 거부할 때에는 접수를 거절할 수 있다.

6 ③

우편물 발송의 우선순위

㉠ 1순위 : EMS
㉡ 2순위 : 익일특급우편물, 등기소포우편물, 일반등기·선택등기우편물 및 준등기우 편물, 국제항공우편물
㉢ 3순위 : 일반소포우편물, 일반통상우편물, 국제선편우편물

7 ①

① 아시아 · 태평양우편연합(APPU)에 관한 설명이다.

※ 아시아 · 태평양우편연합(APPU ; Asian-Pacific Postal Union) … 한국과 필리핀이 공동 제의하여 1961년 1월 23일에 마닐라에서 창설대회를 개최하였고, 당시 우리나라, 태국, 대만, 필리핀의 4개국이 협약에 서명함으로써 창설되었다. 여기에서 서명한 아시아 · 태평양우편협약이 1962년 4월 1일부터 발효되었으며 지역 내 상호협력과 기술협조에 기여하여 오고 있다. 그 뒤 대만은 UN 및 UPU의 회원 자격이 중국으로 대체됨에 따라 1974년 이 연합에서도 자격이 상실되었고 대신 중국이 회원국으로 되었다. 사무국(Bureau)은 태국의 방콕(Bangkok)에 있으며 2013년 기준 회원국은 32개국이다.

8 ④

국제특급우편(EMS)으로 보낼 수 없는 물품
㉠ 동전 및 화폐(Coins, Bank notes)
㉡ 송금환(Money remittances)
㉢ 유가증권류(Negotiable articles)
㉣ 금융기관 간의 교환수표
㉤ UPU에서 정한 일반적인 우편 금제품(Prohibited articles)
  • 취급상 위험하거나 다른 우편물을 오염 또는 파손시킬 우려가 있는 것
  • 마약류 및 향정신성 물질
  • 폭발성 · 가연성 또는 위험한 물질
  • 외설적이거나 비도덕적인 물품 등
㉥ 가공 또는 비가공의 금, 은, 백금과 귀금속, 보석 등 귀중품
㉦ 상대국가에서 수입을 금하는 물품
㉧ 여권을 포함한 신분증

9 ①

소포우편물, 특급우편물, 통상우편물, 통관우체국장 또는 세관장이 특히 통관검사에 부칠 필요가 있다고 인정하는 그 밖의 통상우편물이 통관검사를 거치는 항목에 해당한다.

10 ④

④ 우편은 국민이 일상생활에서 평균적인 삶을 꾸릴 수 있도록 국가가 제공하는 기본적인 사회 서비스 가운데 하나로 우리나라뿐만 아니라 많은 나라에서 의무적으로 보편적 우편 서비스를 제공할 것을 법령에 규정하고 있다.

11 ②

① 우편이용자는 우편물 접수 시 우편물의 외부에 발송인 및 수취인의 주소, 성명과 우편번호, 우편요금의 납부표시를 표시하여 발송하여야 한다.
③ 우정사업본부장이 발행하는 우편엽서와 사제엽서 제조요건에 적합하게 제조한 사제엽서 및 전자우편물은 그 특성상 봉함하지 아니하고 발송할 수 있다.
④ 봉투에 넣어 봉함하기가 적절하지 않은 우편물은 우정사업본부장이 정하여 고시한 기준에 적합하도록 포장하여 발송할 수 있다.

12 ④

④ 각각 통화등기, 외화등기, 물품등기에 관한 설명이다.
※ 유가증권등기 : 현금과 교환할 수 있는 우편환증서나 수표 따위의 유가증권을 보험 등기봉투에 넣어 직접 수취인에게 송달하는 서비스이다. 망실하거나 훼손한 경우에는 봉투 표면에 기록된 금액을 배상하여 주는 보험취급제도의 일종이다.

13 ②

① 검증된 우수한 품질의 농 · 수 · 축산물을 전국 우편망을 이용해 생산자와 소비자를 연결해주는 서비스
③ 경쟁력을 갖춘 우수 중소기업의 공산품 판매 서비스
④ 창구에서 우체국쇼핑상품을 즉시 판매하는 서비스

※ 우체국 쇼핑 … 전국 각 지역에서 생산되는 특산품과 중소기업 우수 제품을 우편망을 이용해 주문자나 제삼자에게 직접 공급하여 주는 서비스

14 ④
우편요금 후납우편물의 대상우편물
㉠ 한 사람이 매월 100통 이상 발송하는 통상·소포 우편물
㉡ 모사전송(팩스)우편물, 전자우편
㉢ 우편요금표시기 사용 우편물
㉣ 우편요금 수취인부담 우편물
㉤ 반환우편물 중에서 요금후납으로 발송한 등기우편물
㉥ 발송우체국장이 정한 조건에 맞는 국가 또는 지방자치단체 우편물
㉦ 우체통에서 발견된 습득물 중 우편물에서 이탈된 것으로 인정되지 않는 주민등록증

15 ③
③ 상품안내서(카탈로그)우편물 1통의 무게는 1,200g을 초과할 수 없으며, 추가 동봉물은 상품안내서(카탈로그)의 무게를 초과하지 못한다.

16 ④
④ 부가취급을 하지 아니한 경우의 그 부가취급수수료, 또는 우편관서에서 우편물의 부가취급의 수수료를 받은 후 우편관서의 잘못으로 부가취급을 하지 아니한 경우의 그 부가취급수수료 – 해당 우편요금 등을 납부한 날부터 60일

17 ③
① 통상 국내특급(익일특급)의 손해배상 최고 금액은 10만 원이다.

② 손해배상 청구권은 우편물을 발송한 날부터 1년이다. 다만, 손해배상 결정서를 받은 청구인은 우편물을 받은 날부터 5년 안에 배상액을 청구할 수 있다.
④ 등기 취급하지 않은 우편물은 손해배상하지 않는다.

18 ②
② 손해배상에 해당한다.

19 ①
① 이용자 실비지급제도의 범위와 지급액

구분	지급 사유	실비 지급액
모든 우편	우체국 직원의 잘못이나 불친절한 응대 등으로 2회 이상 우체국을 방문하였다고 신고한 경우	1만 원 상당의 문화상품권 등 지급
EMS	종·추적조사나 손해배상을 청구한 때 3일 이상 지연 응대한 경우	무료발송권 (1회 3만 원권)
	한 발송인에게 월 2회 이상 손실이나 망실이 생긴 때	무료발송권(1회 10kg까지) ※ 보험가입여부와 관계없이 월 2회 이상 손실·분실이 생긴 때

20 ①
① 사서함에 배달된 우편물을 정당한 사유 없이 30일 이상 수령하지 않을 경우

▶▶▶ 02   **예금일반**

☞ 제2회 모의고사 p.47

1	2	3	4	5	6	7	8	9	10
③	②	②	②	②	④	③	③	④	③
11	12	13	14	15	16	17	18	19	20
④	②	②	③	③	①	③	③	③	③

1 ③

금융시장은 금융거래의 만기에 따라 단기금융시장과 장기금융시장, 금융수단의 성격에 따라 채무증서시장과 주식시장, 금융거래의 단계에 따라 발행시장과 유통시장, 금융거래의 장소에 따라 거래소시장과 장외시장 등으로 구분할 수 있다.

2 ②

㉠ 정기적금
㉡ 상호부금
㉢ 정기예금

3 ②

② 전자금융을 활용하면 고객은 시간과 공간의 제약을 받지 않으면서 편리하고 빠르게 금융 거래를 이용할 수 있으며, 창구거래보다 이용 수수료도 저렴하다.

4 ②

① 요물계약은 당사자 합의와 함께 물건의 인도, 기타의 급부를 하여야만 성립하는 계약을 말한다.
③ 상인인 금융기관과 체결한 예금계약은 상사임치계약이다.
④ 부합계약은 일방이 미리 작성해 놓고 정형화시킨 일반거래약관에 따라 체결되는 계약이다.

5 ②

② 개인들이 돈을 맡기거나 빌리는 금융거래를 금융회사에 요청하면 금융회사가 필요한 금융서비스를 제공해 주므로 비용과 시간 등 거래비용을 획기적으로 줄여준다.

6 ④

④ 표면금리는 겉으로 나타난 금리를 말하며 실효금리는 실제로 지급받거나 부담하게 되는 금리를 뜻한다. 표면금리가 동일한 예금이자라도 복리·단리 등의 이자계산 방법이나 이자에 대한 세금의 부과 여부 등에 따라 실효금리는 달라진다. 대출의 경우에도 이자 계산방법 등에 따라 실효금리는 달라진다.

7 ③

㉠ 일반은행 : 시중은행, 지방은행, 인터넷전문은행, 외국은행 국내지점
㉡ 특수은행 : 한국산업은행, 한국수출입은행, 중소기업은행, 농협은행, 수협은행

8 ③

MMDA : 시장금리부 수시입출금식예금, MMF : 단기금융상품펀드, CMA : 어음관리계좌
① MMDA 시장실세금리에 의한 고금리가 적용된다.
② MMF는 예금자를 보호하지 않는다.
④ MMF는 실적배당이다.

9 ④

④ 매월 2만 원 이상 50만 원 이내에서 10원 단위로 자유롭게 불입할 수 있다.

10 ③

① 가입시 선취판매수수료가 부과되며 환매가능성이 있지만 장기투자에 적합

② 일정기간 내에 환매시 후취수수료가 부과, 판매 가능성이 낮은 장기투자에 적합

④ 선취, 후취 판매 수수료가 모두 부과되는 펀드

11 ④

④ 선물계약은 선도계약 중 거래가 표준화되고 거래소를 통해 이루어지는 보다 좁은 범위의 계약을 지칭한다.

12 ②

① 외화예금은 외국통화로 가입할 수 있는 예금으로 USD, JPY, EUR 등 10여개 통화로 예치 가능하다.

③ 약정기간이 길수록 확정이자가 보장되므로 여유자금을 장기간 안정적으로 운용하기에 좋다.

④ 외화적립식예금은 은행별로 차이는 있으나 계약기간을 1개월에서 24개월까지 자유롭게 선정할 수 있다.

13 ②

② 분산투자를 한다고 해서 모든 위험의 크기가 줄어드는 것은 아니다. 분산투자를 통해서 위험을 줄일 수 있는 부분은 분산가능 위험 또는 비체계적 위험이라 하고, 분산투자로도 그 크기를 줄일 수 없는 부분은 분산불가능 위험 또는 체계적 위험이라고 한다.

14 ③

① 신의성실 원칙에 따라 공정하게 금융업을 수행해야 함

② 투자자의 특성(투자목적·재산상태 등)을 면담·질문 등을 통하여 파악한 후 서면 등으로 확인받아야 함

④ 투자권유 시 금융상품의 내용·위험에 대하여 설명하고 이해했음을 서면 등으로 확인받도록 함, 설명의무 미이행으로 손해발생 시 금융투자회사에서 배상책임을 부과하고 원본손실액을 배상액으로 추정

15 ③

① 자익권과 공익권 등 일반적인 성격을 갖는 주식을 보통주라고 하며 각 주식은 평등한 권리내용을 가진다.

② 배당이나 잔여재산분배에 있어서 사채권자보다는 우선순위가 낮으나 보통주 주주보다는 우선권이 있는 주식을 말한다.

④ 경제의 활동수준에 따라 기업의 영업실적이나 수익의 변화가 심한 주식을 말한다.

16 ①

② 정부가 발행하는 국채로 원금 및 이자지급액을 물가에 연동시켜 물가상승에 따른 실질구매력을 보장하는 채권이다.

③ 금융회사가 보유 중인 자산을 표준화하고 특정 조건별로 집합(Pooling)하여 이를 바탕으로 증권을 발행한 후 유동화자산으로부터 발생하는 현금흐름으로 원리금을 상환하는 증권이다.

④ 지급이자율이 대표성을 갖는 시장금리에 연동하여 매 이자지급 기간마다 재조정되는 채권이다.

17 ③

③ 우체국 마미든든 적금은 일하는 기혼 여성 및 다자녀 가정 등 워킹맘을 우대하고, 다문화·한부모 가정 등 목돈마련 지원과 금융거래 실적 해당 시 우대혜택이 커지는 적립식 예금이다.

18 ③

자본시장(capital market)은 만기 1년 이상의 채권이나 만기가 없는 주식이 거래되는 시장을 의미한다.

19 ③

전자금융의 가장 큰 장점은 금융기관의 영업시간에 구애받지 않고 24시간 연중무휴로 이용이 가능하다는 점과 영업점 창구 대신 집, 사무실, 이동하는 도중에도 대부분의 금융거래가 가능하다는 점, 창구거래보다 수수료가 저렴하다는 점 등이다.

20 ③

① 모바일뱅킹 고객이 우체국을 방문하지 않고 스마트폰을 이용하여 우체국예금·보험 및 각종 모바일 금융서비스를 제공받을 수 있는 전자금융서비스를 말한다.
② IC칩 방식(2016년 7월 서비스 종료)과 VM방식(2015년 12월 서비스 종료)은 서비스가 종료되었다. 현재 우체국예금은 어플리케이션을 기반으로 스마트뱅킹과 포스트페이 두 가지 모바일뱅킹 서비스를 제공하고 있다.
④ 우체국 인터넷뱅킹을 해지하면 스마트뱅킹은 자동 해지되나 스마트뱅킹을 해지하더라도 인터넷뱅킹 이용 자격은 계속 유지된다.

☞ 제2회 모의고사　p.53

1	2	3	4	5	6	7	8	9	10
②	④	②	③	④	③	④	②	②	①
11	12	13	14	15	16	17	18	19	20
②	②	③	④	①	②	②	④	②	③

1 ②

예정사망률이 <u>낮아지면</u> 사망보험(사망 시 보험금이 지급되는 보험)의 보험료는 <u>내려가고</u> 생존보험(일정 시점까지 피보험자 생존 시에만 보험금이 지급되는 보험)의 보험료는 <u>올라간다</u>. 반대로 예정사망률이 높아지면 사망보험 보험료는 올라가고 생존보험 보험료는 내려간다.

2 ④

① 특약은 독립성에 따라 독립특약과 종속특약으로 구분된다.
② 독립특약은 별도의 독립된 상품으로 개발되어 어떤 상품에든지 부가될 수 있는 특약이다.
③ 필수가입여부에 따라 고정부가특약과 선택부가특약으로 구분된다.

3 ②

㉠ 피보험자의 상속인
㉡ 보험계약자
㉢ 피보험자

4 ③

계약적부확인은 언더라이터가 3단계 선택 과정에서 보험금액이 과도하게 크거나 피보험자의 잠재적 위험이 높은 것으로 의심되는 경우 또는 계약 성립 이후라도 역선택 가능성이 높다고 의심되거나 사후분쟁의 여지가 있는 계약에 대해 보험회사 직원이나 계약적부확인 전문회사 직원이 피보험자의 체질 및 환경 등 계약선택상 필요한 모든 사항을 직접 면담·확인하는 것을 말한다.

5 ④

글은 우체국 예금·보험에 관한 법률 제1조 목적에 해당한다.

6 ③

① 보험사고가 발생할 경우 보험자가 지급하는 금액을 보험금이라 한다.
② 보험자의 보험금 지급에 대한 반대급부로서 보험계약자가 보험자에게 내는 금액을 보험료라 한다.
④ 계약자의 귀책사유로 보험료 납입 및 승인이 불가한 경우에는 보험계약자로부터 최초의 보험료를 받은 때로부터 시작하지 아니한다.

7 ④

계약자 선택과 무관하게 주계약에 고정시켜 판매되는 특약은 고정부가특약이다.
※ 특약의 구분
　㉠ 독립성에 따른 구분
　　• 독립특약 : 별도의 독립된 상품으로 개발되어 어떤 상품에든지 부가될 수 있는 특약
　　• 종속특약 : 특정상품에만 부가할 목적으로 개발되어 다른 상품에는 부가하지 못하는 특약
　㉡ 필수가입여부에 따른 구분
　　• 고정부가특약 : 계약자 선택과 무관하게 주계약에 고정시켜 판매되는 특약
　　• 선택부가특약 : 계약자가 선택하는 경우에만 부가되는 특약

8 ②

② 보험자가 고지의무 위반사실을 안 날로부터 1개월 이상 지났거나 보장개시일부터 보험금 지급사유

가 발생하지 않고 2년이 지났을 때는 고지의무위반에 대해 해지할 수 없다.
※ 고지의무 위반 시 해지(또는 보장제한) 불가사유
　㉠ 체신관서가 계약 당시에 그 사실을 알았거나 과실로 인하여 알지 못하였을 때
　㉡ 체신관서가 그 사실을 안 날부터 1개월 이상 지났거나 또는 보장개시일부터 보험금 지급사유가 발생하지 않고 2년이 지났을 때
　㉢ 계약을 체결한 날부터 3년이 지났을 때

9 ②

② 「보험업법」상 준수사항이다.
※ 「생명보험 공정경쟁질서 유지에 관한 협정」에서 정한 준수사항
　㉠ 무자격자 모집 금지
　㉡ 특별이익제공 금지
　㉢ 작성계약 금지
　㉣ 경유계약 금지
　㉤ 허위사실 유포 금지

10 ①

② 보험계약은 보험계약자의 청약과 보험자의 승낙으로 성립된다.
③ 보험자는 청약일로부터 30일 이내에 계약을 승낙 또는 거절하여야 한다. 만일 30일 이내에 승낙 또는 거절의 통지를 하지 않으면 계약은 승낙된 것으로 본다.
④ 인보험계약의 피보험자가 신체검사를 받아야 하는 경우에는 그 기간은 신체검사를 받은 날로부터 기산한다.

11 ②

② 우체국보험은 국가가 운영함에 따라 정부예산회계 관계법령의 적용을 받고 있으며 「우체국보험건전성 기준 제34조」에 따라 외부 회계법인의 검사를 받고 있다.

12 ②

② 타인계약(계약자와 피보험자가 다른 경우 또는 피보험자와 수익자가 다른 경우), 미성년자 계약 등은 전자청약이 불가하다.

13 ③

③ 우체국보험의 계약체결 대상자는 국내에 거주하는 자를 원칙으로 하므로, 내국인이라도 외국에 거주하는 자는 가입할 수 없다.

14 ④

㉣ 보험금 과다청구
㉠㉡㉢ 보험사고 위장 또는 허위사고
※ 보험범죄의 유형 … 사기적 보험계약 체결, 보험사고 위장 또는 허위사고, 보험금 과다청구, 고의적인 보험사고 유발

15 ①

계약 선택의 기준이 되는 세 가지 위험 … 신체적 위험, 환경적 위험, 도덕적 위험(재정적 위험)

16 ②

② 무배당 내가만든희망보험은 20세부터 60세(30년 만기는 50세)까지 가입 가능한 건강보험이다.

17 ②

① 상법 제735조
② 연금보험에서의 생명보험계약의 보험자는 피보험자의 생명에 관한 보험사고가 생긴 때에 약정에 따라 보험금액을 연금으로 분할하여 지급할 수 있다〈상법 제735조의2〉.
③④ 상법 제735조의3

18 ④

수지상등의 원칙 … 계약자 등의 입장에서 개별적으로 보면 수입과 지출이 안 맞는 것처럼 보이지만 전체적으로 본다면 생명보험은 보험가입자가 납입하는 보험료 총액과 보험회사가 지급하는 보험금 및 경비(사업비)의 총액이 동일하도록 되어 있다는 원칙을 말한다.
즉, 보험료 총액 = (보험금 + 사업비)의 총액이다.

19 ②

② 보험계약에서 보험계약자가 계속보험료의 지급을 어떤 사유로든 지체하고 있는 경우 보험자는 계약을 해지하거나 실효처리하게 된다. 그렇게 되면 보험계약자는 새로운 계약을 체결하여야 하는데 이러한 경우에는 다양한 불이익이 발생할 수 있다.

20 ③

③ 스스로의 필요에 의해 자발적으로 가입하기도 하지만, 대부분의 경우 보험판매자의 권유와 설득에 의해 가입하게 되는 비자발적인 상품이다.

☞ 제2회 모의고사 p.61

1	2	3	4	5	6	7	8	9	10
②	③	③	④	②	①	④	③	③	③
11	12	13	14	15	16	17	18	19	20
②	④	①	①	③	④	④	②	①	①

1 ②

② SRAM(Static RAM, 정적램)은 RAM의 한 종류로, DRAM보다 빠르며 전원이 공급되는 한 그 내용이 계속 보존되며 RAM의 특성상 전원이 꺼지면 저장된 자료는 지워진다.
※ SSD(Solid-State Drive) … 기존의 HDD와 달리 집적 회로 어셈블리를 사용하여 데이터를 저장하는 저장장치이다.

2 ③

• 1계층 리피터(Repeater) : 물리계층 상에서 세그먼트를 단순 연결 신호 연장, 증폭 장치
• 2계층 브리지(Bridge) : 리피터의 기능을 포함하며, 신호 증폭뿐만 아니라 네트워크 분할 을 통해 트래픽을 감소, 물리적으로 다른 네트워크를 연결
• 3계층 라우터(Router) : 경로 설정 데이터의 흐름 제어
• 4~7계층 게이트웨이(Gateway) : 프로토콜이 다른 네트워크를 연결, 프로토콜 변환 응용계층을 연결하여 데이터 형식의 변환

3 ③

트랜잭션의 특성(ACID)
• 원자성(Automicity) : 트랜잭션에 포함된 오퍼레이션(작업)들은 모두 수행되거나, 아니 면 전혀 수행되지 않아야 한다.
• 일관성(Consistency) : 트랜잭션이 성공적으로 완료되면, 일관성 있는 상태로 있어야 한다.

• 고립성(Isolation) : 각 트랜잭션은 독립적으로 수행되고, 실행 중 다른 트랜잭션이 끼어들지 않아야 한다.
• 지속성(Durability) : 성공적으로 수행된 트랜잭션의 결과는 계속 해서 유지되어야 한다.

4 ④

공개키 암호 방식
• 공개키와 비밀키 존재
• 공개키는 누구나 알 수 있지만, 비밀키는 키의 소유자만 알 수 있어야 함
• 전자서명, 공개키 인증, 키 분배, 키 공유, 암호화에 사용
• 비밀키 암호 방식보다 느리다.

5 ②

• DDL(Data Definition Language) : 객체의 생성, 변경, 삭제 명령어(CREATE, ALTER, DROP, RENAME 등)
• DML(Data Manipulation Language) : 레코드 조회, 수정, 삭제 명령어(SELECT, INSERT, UPDATE, DELETE)
• DCL(Data Control Language) : 객체 권한 부여, 회수 명령어(COMMIT, ROLLVACK, GRANT, REVOKE)

6 ①

① 정규화 데이터베이스는 중복을 최소화하도록 설계된 데이터베이스
※ 정규화의 장점
• DB 변경시 이상현상(Anomaly) 제거
• 저장 공간의 최소화 (용량 감소)
• 데이터 구조의 안정성 및 무결성 유지
• 데이터 삽입, 삭제 및 수정 시 테이블의 재구성 필요성 감소

7 ④

- 캐시메모리 : CPU의 처리속도와 주기억장치의 접근 속도차이를 줄이기 위해 사용하는 고속 버퍼 메모리
- 연관 메모리 : 기억장치에서 자료를 찾을 때 주소에 의해 접근하지 않고, 기억된 내용의 일부를 이용하여 접근할수 있는 기억장치

8 ③

대칭키 암호화 기법 특징

- 암호화, 복호화에 사용하는 키(비밀키)가 동일
- 장점 : 비대칭키에 비해 암호화 속도가 빠름
- 단점 : 사람이 증가할수록 키 관리가 어려움, 제3자가 키(비밀키)를 교환할 때 탈취하는 것을 고려

9 ③

① 기계학습 : 컴퓨터 시스템이 패턴과 추론에 의존하여 명시적 지시 없이 태스크를 수행하는 데 사용하는 알고리즘과 통계 모델을 개발하는 과학
② 인공지능 : 인간의 학습능력, 추론능력, 지각능력을 인공적으로 구현시키는 컴퓨터과학의 한 분야
④ 구글 바드 : 머신 러닝(ML), 자연어 처리(NLP), 생성형AI를 사용하여 사용자 프롬프트를 이해하고 텍스트 응답을 제공하는 대화형 AI 챗봇

10 ③

- 허브 : 다수의 PC와 장치들을 묶어서 LAN을 구성할 때, 각각의 PC에 연결된 케이블을 하나로 모으는 역할을 해주는 장비
- 스위치 : 네트워크 회선과 서버 컴퓨터를 연결하는 네트워크 장비
- 리피터 : 네트워크 선로를 통해 전달되는 신호를 증폭하여 연결된 네트워크로 전송 하는 장치

11 ②

IP의 특징

- 기본 데이터 단위는 데이터 그램이다.
- 비신뢰성이다 : IP데이터 그램이 목적지에 성공적으로 도달한다는 것을 보장하지 않는다.
- 비연결형이다 : 전달되는 데이터 그램에 대해 상태 정보를 유지하지 않는다.
- 주소를 지정한다 : 각 네트워크상에 접속해 있는 노드의 주소를 지정해서 데이터를 전송할 목적지를 지정한다.
- 경로를 설정한다 : 목적지의 주소를 가지고 패킷을 전송하기 위하여 최적의 경로를 설정해 주는 역할을 한다.

12 ④

GIF(Graphics Interchange Format)

- 비트맵 이미지 그래픽 파일 포맷
- 특별한 플러그인을 요구하지 않고 여러 환경에서 쉽게 사용할 수 있는 장점

13 ①

	A	B	C	D
1	학번	학생이름	동아리	생년월일
2	2401	김서원	댄스	1990-12-07
3	2402	이서원	봉사	1991-03-05
4	2403	최서원	IT	1990-10-15
5	2404	장서원	댄스	1991-05-15
6	2405	한서원	체육	1991-06-25
7				
8		결과		
9	1번	IT		
10	2번	봉사		
11	3번	봉사		
12	4번	봉사		

14 ①

② substitute 대리인 ③ budget 예산 ④ burden 부담, 짐

「저희 보험 계약 조건에는 특정 사고 유형이나 행위에 대한 제한이나 <u>예외</u> 사항이 있습니다. 해당 청구 사례는 보상 적용 대상이 아니거나, <u>예외</u> 사항에 해당되는 것으로 판단 되었습니다.」

15 ③

automated 자동화의 scale 저울 destination 목적지 zip code 우편번호 priority 특급 payment 지불, 결제 postage 우표 attach 붙이다

① 집 앞 배송 서비스를 제공한다.
② 영업시간에만 운영된다.
③ 뉴욕에서 이용 가능하다.
④ 무료이다.

「뉴욕 우체국은 새로운 자동화 배송 서비스를 발표하게 되어 기쁩니다. 이 서비스는 영업시간에 우체국에 올 수 없는 바쁜 뉴요커들에게 적합합니다. 그냥 소포를 저울에 달고 목적지의 우편 번호만 기재하시면 됩니다. 특급, 보통, 항공 우편을 선택하실 수 있고, 신용 카드나 현금으로 결제하실 수 있습니다. 결제 후, 우표를 출력하여 소포에 붙인 다음, 다음 수거를 위해 상자에 넣어 주세요.

Q. 공지에 따르면 자동 배송 서비스와 일치하는 것은?」

16 ④

① 통행이 금지된 길로 운전하기
② 문제에 대해 섣불리 행동하기
③ 뒷좌석에 앉아 운전자에게 잔소리하기
④ 대안을 제시하려고 노력하기

「M : 오늘 고속도로가 많이 막히네.
W : 음, 록 콘서트 때문일 수 있어.
M : 그럼 다음 출구에서 지름길로 가자.
W : 그렇게 해서 속도 위반 딱지 떼는 사람이 엄청 많은데.
M : 너한테 더 좋은 생각이 있으면 좋겠다. 난 모르겠어.
W : 여기서 나갈 방법이 분명히 있을 거야.
Q. 남자의 주된 행동은?」

17 ④

maiden name (여자의) 결혼하기전 성 surname 성 herewith 여기 첨부하여 enclose 동봉하다 certificate 자격증 amend 수정하다 detail 정보

① 반면에
② 다행히
③ 의심의 여지없이
④ <u>유감스럽게도</u>

「담당자께
8월에 자동차 보험과 관련하여 250달러짜리 수표를 보내셨습니다. 수표는 저의 결혼 전 성인 스미스로 발급되었습니다. 그러나 올해 6월 저는 결혼해 성을 존스로 바꾸었습니다. 유감스럽게도 이것은 은행에서 당신의 수표를 수리하지 않을 것임을 의미합니다. 제 계좌는 현재 결혼 후의 성으로 되어 있습니다. 여기 수표를 돌려드리며 사라 존스라는 이름으로 재발급해 주시기를 부탁드립니다. 기록에 제 이름을 수정할 수 있도록 결혼 증명서 사본 한 통을 동봉합니다. 제 주소는 동일합니다. 도와주셔서 감사합니다.
사라 존스」

18 ②

negotiate 협상하다 adversarial 적대적인 one-off 일회성의 transaction 거래 spouse 배우자 colleague 동료 interdependent 상호의존적인

「우리가 그것을 알든지 모르든지 간에, 우리 모두는 매일 협상한다. 하지만 이제까지 '어떻게' 협상하는지를 배운 사람은 거의 없다. (협상 방식을) 배우는 사람들은 대개 양측에 유리한 합의를 도출할 가능성이 있는 접근법보다는 전통적인, 한쪽에만 유리한 협상 방식을 배운다. 이 구식의 적대적인 접근법은 아마도 여러분이 그 사람을 다시 상대하지 않을 일회성 협상에서 유용할지도 모른다. 그러나, 우리 대부분은 배우자와 자녀, 친구와 동료, 고객과 의뢰인같이 동일한 사람들을 반복적으로 상대하기 때문에, 이러한 거래는 점점 더 드물어지고 있다. 이러한 관점에서, 우리 자신을 위해 성공적인 결과를 얻어내는 동시에 협상 파트너들과 건전한 관계를 유지하는 것이 중요하다. 오늘날 비즈니스 파트너십과 장기적 관계의 상호 의존적인 세계에서, 양측에 유리한 성과는 '유일하게' 받아들일 수 있는 결과가 빠르게 되어가고 있다.」

19 ①

pull up (말·차를)멈추다

「나의 어머니는 4년간의 전쟁 동안 아버지를 보지 못했다. 내 생각에 아버지는 검은 피부에 키가 크고 잘생긴 분이셨고 나는 그 분의 사랑을 몹시 받고 싶었다. 아버지에게 학교 일과 성적에 대해 시시콜콜 얘기할 생각을 하면서, 나는 조바심치며 기다렸다. 마침내 차가 멈추었고 턱수염을 기른 덩치 큰 사람이 뛰어 내렸다. 현관문에 이르기도 전에 어머니와 나는 소리를 지르며 달려나갔다. 그녀는 그의 목을 얼싸안았고, 그분은 나를 안아서 땅에서 번쩍 들어올렸다.」

20 ①

tribe 부족, 종족 reservation 보류, 예약, (인디언을 위한) 정부지정보류지, 자연보호구역, 제한, 조건 ranch 농장, 목장 alternative 대안, 양자택일의

서두에 on the other hand라는 앞문장과 상반되는 접속사가 있으므로, 인디언들의 개혁에 대해 상반되는 내용으로 인디언 전통문화의 답습이 와야 한다.

「다른 한편, 어떤 인디언 부족들은 인디언보호구역을 현대화하기를 바란다. 그들은 가축을 사육하는 목장을 세웠고, 작은 사업을 시작했다. 교육의 가치를 깨달았고, 이 부족의 많은 인디언들이 그들의 주에 있는 대학에서 교사나 의사 및 기술자로서 졸업학위를 받았다. 많은 변화가 있는 이러한 대안들은 대부분의 인디언들이 선택한 것이다.」

▶▶▶ 01   우편일반

☞ 제3회 모의고사 p.68

1	2	3	4	5	6	7	8	9	10
②	②	②	④	④	④	①	④	②	④
11	12	13	14	15	16	17	18	19	20
③	①	④	②	④	③	②	①	④	④

1 ②

② 우편은 격지자 간의 의사를 전달하는 서신의 송달은 물론 소포 등의 물건을 송달하는 업무를 병행하고 있는 것이 일반적이다.

2 ②

선납 라벨 서비스란 등기번호 및 발행번호가 부여된 선납 라벨을 우체국 창구 등에서 구매하여 첨부하면 창구 외(우체통, 무인접수기)에서도 등기우편물을 접수할 수 있도록 하는 서비스이다.

① 선납 등기 라벨, 선납 선택등기 라벨, 선납 준등기 라벨, 선납 일반통상 라벨의 네 가지로 구분된다.

③ 선납 일반통상 라벨 서비스의 대상은 일반통상 우편물로, 우표와 동일하게 사용하므로 등기우편물에도 부착이 가능하다.

④ 선납 라벨은 구입 후 1년 이내에 사용해야 한다.

3 ②

익일특급 우편의 경우 손·분실 시 최고 10만 원의 손해금액을 배상하여야 한다.

4 ④

④ 무게는 30kg 이내이어야 한다.

5 ④

④ 한 사람이 하루에 20매를 초과 구입 요구 시 별도의 신청서 필요

6 ④

「관공서의 공휴일에 관한 규정」에 의한 공휴일 기타 다른 법령에 의한 유급 휴일, 토요일 및 우정사업본부장이 배달하지 아니하기로 정한 날은 이를 우편 송달기준일에 산입하지 아니한다.

7 ①

① 보관우편물의 보관기간은 우편물이 도착한 다음 날부터 기산하여 10일로 한다.

8 ④

④ 사전에 수취인이 무인우편물보관함에 배달해 달라고 신청한 경우에는 수취인을 방문하지 않고 배달할 수 있음

9 ②

① 내용증명 : 등기취급을 전제로 우체국창구 또는 정보통신망을 통하여 발송인이 수취인에게 어떤 내용의 문서를 언제 발송하였다는 사실을 우체국이 증명하는 특수취급제도

③ 특별송달 : 등기취급을 전제로 송달하는 우편물로서 배달우체국에서 배달결과를 발송인에게 통지하는 특수취급제도

④ 모사전송우편 : 접수우체국에서 서신·서류·도화 등의 통신문을 접수받아 수취인의 모사전송기에 전송하거나 접수우체국 또는 발송인이 통신문을 도착우체국의 모사전송기에 전송하고 도착우체국은 이를 수취인에게 교부하는 제도

10 ④

④ 2킬로그램 이하의 통상우편물과 20킬로그램 이하의 소포우편물에 대한 등기취급을 보편적 우편서비스로 정함

11 ③

③ 우편법은 사실상의 우편에 관한 기본법으로서 우편사업 경영 형태·우편 특권·우편 서비스의 종류·이용 조건·손해 배상·벌칙 등 기본적인 사항을 규정하고 있다.

12 ①

① 우정사업본부에서 발행하는 우편엽서는 최소 2g, 최대 5g의 제한이 있으며, 최소 3g, 최대50g의 제한은 봉투에 넣어 봉함하거나 포장하여 발송하는 우편물에 적용된다.

13 ④

④ 통상우편물 및 소포우편물의 제한 무게는 30kg, 당일특급 소포우편물의 제한 무게는 20kg이다.

14 ②

② 고객맞춤형 엽서의 경우, 고객이 교환을 요청한 때에는 훼손엽서로 규정하여 교환금액(현행 10원)을 수납한 후 액면금액에 해당하는 우표, 엽서, 항공서간으로 교환해 준다.

15 ④

요금후납 계약국 변경 신청 제도 ⋯ 계약자가 다른 우체국으로 계약국을 변경하는 제도로, 모든 우편요금후납 계약이 그 대상이 된다.
④ 인수국은 계약 사항을 우편물류시스템에 입력한 후 해당 계약 업무를 시작한다.

16 ③

배달의 우선순위
㉠ 제1순위 : 기록취급우편물, 국제항공우편물
㉡ 제2순위 : 일반통상우편물(국제선편통상우편물 중 서장 및 엽서 포함)
㉢ 제3순위 : 제1순위, 제2순위 이외의 우편물
㉣ 제1순위부터 제3순위까지 우편물 중 한 번에 배달하지 못하고 잔량이 있을 때에는 다음 편에 우선 배달한다.

17 ②

② 수취인이 2명 이상인 경우에는 그 중 1인에게 배달한다.

18 ①

① 우체국 축하카드 및 온라인환은 익일특급과 같이 처리한다.

19 ④

만국우편연합(UPU : Universal Postal Union)
㉠ 1868년 북부독일연방의 우정청장인 하인리히 본 스테판이 문명국가 사이에 우편연합(Postal Union of civilized Countries)의 구성을 제안했다.

ⓛ 1874년 스위스 베른에서 독일·미국·러시아 등 22개국의 전권대표들이 회합을 하여 스테판이 기초한 조약안을 검토하여 같은 해 10월 9일에 서명함으로써 국제우편 서비스를 관장하는 최초의 국제협약인 '1874 베른 조약(1874 Treaty of Bern)'이 채택되었다.

ⓒ 이에 따라 일반우편연합(General Postal Union)이 창설되었으며 1875년 7월 1일에 이 조약이 발효되었고, 1878년의 제2차 파리총회에서 만국우편연합(Universal Postal Union)이라 개명되었다.

20 ④

· 국제특급우편(EMS)의 경우, 행방조사 결과 우체국의 잘못으로 송달예정기간보다 48시간 이상 늦어진 것으로 판정된 경우 납부한 우편 요금을 환불한다.

· 국제소포우편물에서 소포는 무게 5kg까지 우편 요금이 면제된다.

☞ 제3회 모의고사 p.75

▶▶▶ 02   예금일반

1	2	3	4	5	6	7	8	9	10
④	④	②	②	②	②	①	②	①	③
11	12	13	14	15	16	17	18	19	20
①	④	③	④	②	③	③	②	④	①

1 ④

금융활동의 주체는 가계, 기업, 정부 및 금융회사의 네 부문으로 볼 수 있다.

2 ④

채권수익률은 채권 가격의 변동과 반비례한다. 채권 가격이 오르면 채권수익률은 떨어지고, 채권 가격이 떨어지면 채권수익률은 올라가게 된다.

3 ②

ⓛ e-Postbank예금은 별도의 통장 발행 없이 전자금융 채널(인터넷뱅킹, 스마트뱅킹, 폰뱅킹, 자동화기기)을 통해 거래하는 입출금이 자유로운 예금

ⓒ 직불형 기업카드는 신용공여기능이 없다.

4 ②

MMDA는 언제 필요할지 모르는 자금이나 통상 500만 원 이상의 목돈을 1개월 이내의 초단기로 운용할 때 유리하며, 각종 공과금, 신용카드대금 등의 자동이체용 결제통장으로도 활용할 수 있는 예금이다.

5 ②

※ 종합소득세 기본세율

과세표준(2021년이후~)	세율	누진공제액
1,200만 원 이하	6%	–
1,200만 원 초과~ 4,600만 원 이하	15%	108만 원
4,600만 원 초과~ 8,800만 원 이하	24%	522만 원
8,800만 원 초과~ 1억 5천만 원 이하	35%	1,490만 원
1억 5천만 원 초과~ 3억 원 이하	38%	1,940만 원
3억 원 초과~5억 원 이하	40%	2,540만 원
5억 원 초과~10억 원 이하	42%	3,540만 원
10억 초과	45%	6,540만 원

6 ②

② 추가불입여부에 따라 단위형펀드와 추가형펀드로, 자금모집방법에 따라 공모형펀드와 사모형펀드로 나뉜다.

7 ①

① 부재자 – 법원의 선임심판서

8 ②

② 선의란 채권의 준점유자에게 변제수령의 권한이 없음을 알지 못한다는 것만으로는 부족하며, 적극적으로 채권의 준점유자에게 수령권한이 있다고 믿었어야 한다.

9 ①

예금주가 사망한 경우 혈족 상속인의 상속순위

㉠ 제1순위 : 피상속인의 직계비속 및 피상속인의 배우자

㉡ 제2순위 : 피상속인의 직계존속 및 피상속인의 배우자

㉢ 제3순위 : 피상속인의 형제자매

㉣ 제4순위 : 피상속인의 4촌 이내의 방계혈족

10 ③

③ 입금 의뢰액보다 실제 확인된 금액이 적은 경우에 입금 의뢰액대로 예금계약이 성립함을 주장하기 위해서는 입금자가 그 입금 의뢰액을 입증할 책임을 부담한다.

11 ①

② 쇼핑부터 음식점, 커피, 문화, 통신료, 주유까지 다양한 혜택을 하나의 카드로 받을 수 있는 체크카드

③ 병·의원, 약국, 학원, 마트, 문화 10% 캐시백, 우편서비스 12% 할인 등 의료 및 의료혜택 중심의 카드

④ 쇼핑, 레저/스포츠, 반려동물 업종 국내 주요 가맹점 10% 캐시백 혜택을 제공하는 카드

12 ④

은행의 선의란 채권의 준점유자에게 변제수령의 권한이 없음을 알지 못한다는 것만으로는 부족하다. 적극적으로 채권의 준점유자에게 수령권한이 있다고 믿어야 하며 무과실이란 선의이면서 과실이 없음을 뜻한다.

13 ③

① 발행주체별 – 국채, 지방채, 특수채, 금융채, 회사채

② 만기유형별 – 단기채, 중기채, 장기채

④ 발행유형별 – 보증채, 무보증채, 담보부채권, 무담보부채권, 후순위채권

14 ④

실업률이 낮고 물가가 안정되어 경제상황이 좋을 때 주식시장이 장기적으로 호황을 보이는 시장을 Bull Market 또는 강세장이라고 한다. 반면 주식시장이 침체되어 주가가 하락 추세를 보이는 경우에는 Bear Market 또는 약세장이라고 한다.

15 ②

① 스프레드 : 신용도에 따라 기준금리에 덧붙이는 금리

③ 제2차 증권 : 금융중개기관이 자신에 대해서 발행하는 청구권

④ 금리옵션 : 국채, 회사채, CD 등 금리변동과 연계되는 금융상품이 기초자산이 되는 옵션

16 ③

㉠ 주가지수선물 : 매수, 매도자 모두 계약이행의 권리와 의무를 지님

㉡ 주가지수옵션 : 매수자는 권리만 가지고, 매도자는 계약이행의 의무를 지님

17 ③

① 신용카드는 신용등급 7등급 이하 및 미성년자는 원칙적으로 발급이 금지된다.

② 선불카드는 카드사 또는 카드사를 겸영하는 은행에서 발급받을 수 있다.

④ 현금IC카드는 결제 익일에 가맹점에 입금된다.

18 ②

유동성은 금융자 간의 환금성을 말하는 것으로 금융시장이 발달하면 금융자산의 환금성이 높아지고 유동성프리미엄(liquidity premium)은 낮아지게 된다.

19 ④

금융기관은 보통 은행, 비은행 예금취급기관, 보험회사, 증권관련기관, 기타 금융기관, 금융보조기관 6개 그룹으로 구분한다.

20 ①

보통예금은 가입대상. 예치금액, 예치기간 등에 아무런 제한이 없고 자유롭게 입·출금할 수 있다.

☞ 제3회 모의고사　p.81

1	2	3	4	5	6	7	8	9	10
④	②	②	③	②	③	①	③	④	③
11	12	13	14	15	16	17	18	19	20
①	③	②	④	②	④	③	③	③	②

1　④

독립성에 따라 독립특약과 종속특약으로 구분되며, 필수가입여부에 따라 고정부가특약과 선택부가특약으로 구분된다.

2　②

② 보험기간과 보험료 납입기간이 일치하는 경우를 전기납이라 한다.

3　②

저축성 보험은 목돈 마련에 유리한 고수익 상품이다.

4　③

③실손보상의 원리란 보험으로 보상을 받기 위해서는 손실을 화폐가치로 환산할 수 있어야 함을 의미하기 때문에 정서적 가치 훼손, 정신적 괴로움과 같은 경우 대체적으로 보험을 통해 보호받을 수 없다.

5　②

② 책임보험 : 피보험자가 보험기간 중의 사고로 인하여 제 3 자에게 배상할 책임을 질 경우 에 보험자가 이로 인한 손해를 보상할 것을 목적으로 하는 보험

6　③

③ 사망보험금, 장해급여금 등 보험사고 발생시 보험금 지급 재원이 되는 보험료로 순보험료에 해당한다.

※ 영업보험료(총보험료) … 보험계약자가 실제로 보험회사에 납입하는 보험료를 뜻하며, 순보험료와 부가보험료로 구성된다.

7　①

기본공제대상자 요건

보험료 납입인	피 보험자	소득금 액 요건	연령 요건	세액공 제여부
본인	부모	연간 100만 원 이하	만 60세 이상	가능
본인	배우자		특정 요건 없음	
본인	자녀		만 20세 이하	
본인	형제 자매		만 20세 이하 또는 만 60세 이상	

8　③

③ 보험계약자 또는 피보험자가 직접적으로 보험 제도를 악용 · 남용하는 행위에 의해 야기되는 내적 도덕적 해이와 피보험자와 관계있는 의사, 병원, 변호사 등이 간접적으로 보험을 악용 · 남용하는 행위에 의해 위험을 야기하는 외적 도덕적 해이로 구분할 수 있다.

① 연성사기(Soft fraud) : 우연히 발생한 보험사고의 피해를 부풀려 실제 발생한 손해 이상의 과다한 보험금을 청구하는 행위

② 경성사기(Hard fraud) : 보험계약에서 담보하는 재해, 상해, 도난, 방화, 기타의 손실을 의도적으로 각색 또는 조작하는 행위

④ 역선택 : 보험계약에 있어 역선택이란 특정군의 특성에 기초하여 계산된 위험보다 높은 위험을 가진 집단이 동일 위험군으로 분류되어 보험계약을 체결함으로써 그 동일 위험군의 사고발생률을 증가시키는 현상

9 ④

「보험업법」상 보험을 모집할 수 있는 자격
- ㉠ 보험설계사 : 보험회사, 보험대리점 또는 보험중개사에 소속되어 보험계약 체결을 중개하는 자
- ㉡ 보험대리점 : 보험회사를 위하여 보험계약의 체결을 대리하는 자
- ㉢ 보험중개사 : 독립적으로 보험계약의 체결을 중개하는 자
- ㉣ 보험회사의 임직원(대표이사, 사외이사, 감사 및 감사위원은 제외)

10 ③

③ 연금보험 중 「소득세법 시행령 제40조의2 제2항 제1호」에 따른 연금저축계좌에 해당하는 보험의 보험료 납입금액은 피보험자 1인당 연간 900만 원 이하로 한다.

11 ①

뚜렷한 사기의사에 의하여 계약이 성립되었음을 체신관서가 증명하는 경우에는 보장개시일부터 5년 이내(사기사실을 안 날부터는 1개월 이내)에 계약을 취소할 수 있다.
※ 무효와 취소
- ㉠ 보험계약의 무효 : 외형상 계약은 성립되어 있으나 법률상 그 효력이 처음부터 발생하지 않은 것
- ㉡ 보험계약의 취소 : 계약은 성립되었으나 후에 취소권자의 취소의 의사표시로 그 법률효과가 소급되어 없어지는 것

12 ③

80세 계약해당일에 생존 시 건강관리자금을 지급한다. 단, 중증치매가 발생하지 않은 상황이어야 한다.

13 ②

① TM : Tele Marketing의 약자, 우체국 TMFC를 통해 전화 등 통신수단을 활용하여 보험을 모집하는 영업활동
③ 언더라이팅 : 계약심사, 보험회사 입장에서 보험가입을 원하는 피보험자의 위험을 각 위험집단으로 분류하여 보험 가입 여부를 결정하는 일련의 과정
④ 스마트청약서비스 : 고객상담을 통해 가입 설계한 내용을 기초로 모집자의 태블릿PC를 통해 필수정보를 입력하고, 제 1회보험료 입금까지 One-Stop으로 편리하게 보험계약을 체결할 수 있는 서비스

14 ④

우체국보험은 변액보험, 퇴직연금, 손해보험을 취급할 수 없는 반면, 민영보험은 제한이 없다.

15 ②

① 순수위험 : 조기사망, 화재, 자연재해, 교통사고 등과 같이 사건의 발생 결과 손실만 발생하는 위험
③ 정태적 위험 : 시간에 따른 사회·경제적 변화와 관계없이 발생할 수 있는 위험
④ 동태적 위험 : 시간경과에 따른 사회·경제적 변화와 관계가 있는 위험

16 ④

④ 예정사망률이 높아지면 사망보험의 보험료는 올라가고 생존보험의 보험료는 내려간다.

17 ③

신고대상 행위는 아래와 같다.
- ㉠ 횡령, 배임, 공갈, 절도, 뇌물수수 등 범죄 혐의가 있는 행위

ⓛ 업무와 관련하여 금품 , 향응 등을 요구하거나 수수하는 행위

ⓒ 업무와 관련된 상사의 위법 또는 부당한 지시행위

ⓔ 기타 위법 또는 부당한 업무처리로 판단되는 일체의 행위

18 ③

① 자녀의 교육자금을 종합적으로 마련할 수 있도록 설계된 보험으로, 부모 생존시뿐만 아니 라 사망시에도 양육자금을 지급해주는 특징이 있다. 즉, 교육보험은 일정시점에서 계약자 와 피보험자가 동시에 생존했을 때 생존급여금을 지급하고, 계약자가 사망하고 피보험자 가 생존하였을 때 유자녀 학자금을 지급하는 형태를 가진다.

② 생명보험 고유의 기능인 위험보장보다는 생존시에 보험금이 지급되는 저축 기능을 강화한 보험으로 목돈 마련에 유리한 고수익 상품이다.

④ 피보험자가 보험기간 중 사망하였을 때 보험금이 지급되는 보험이다. 사망보험은 정기·종신보험으로 구분된다.

19 ③

③ 질천적인 질병, 정신질환, 알코올중독 및 마약 등의 질병은 면책 질병으로 분류되며 질병 보험의 책임개시일은 보험계약일로 하나, 일부 질병담보(예시 : 암 90일)의 경우 보험계약 일(당일 포함)로부터 일정기간의 면책기간을 둔다.

20 ②

① 보험계약자는 보험가입증서(보험증권)을 받은 날부터 15일 이내에 청약을 철회할 수 있다.

③ 청약일로부터 30일이 초과한 계약도 청약철회가 불가하다.

④ 1일 보험가입증서를 받은 경우 16일까지 청약철회가 가능하다.

☞ 제3회 모의고사 p.87

1	2	3	4	5	6	7	8	9	10
②	②	④	③	①	③	④	②	④	②
11	12	13	14	15	16	17	18	19	20
①	③	①	④	①	②	④	②	③	①

1 ②

비동기식전송

• 송수신 간에 동기를 맞추지 않고 비트/문자 등 단위로 전송하는 방식

• 시작 비트와 정지 비트를 사용하여 정보를 구분함

• 정보가 연속적이지 않게 발생하는 경우에 주로 사용

• 휴지시간(idle time)이 있으며, 그 간격을 데이터 전송에 다시 활용할 수 있음

2 ②

#는 유효 숫자만 표시(유효 숫자가 아닌 0은 표시하지 않음), 0은 유효 숫자가 아니어도 이 자리에 무조건 0을 표시한다.

3 ④

• UML Diagram : 산출물의 명세화, 시각화, 문서화 할 때 사용하는 모델링 언어

• 구조 다이어그램(정적)

－시스템의 정적 구조와 다양한 추상화 및 구현 수준에서 시스템의 구성요소, 구성요소들 간의 관계를 보여줌

-클래스, 객체, 복합체, 배치, 컴포넌트, 패키지 다이어그램

• 행위 다이어그램(동적)

-시스템 내의 객체들의 동적인 행위를 보여주며, 시간의 변화에 따른 시스템의 연속된 변경을 설명

-활동, 상태, 유스케이스, 상호작용 다이어그램

4 ③

• 스트림 암호 ; 블록 단위로 암호화가 아닌 이진화된 평문 스트림과 이진 키스트림 수열의 XOR 연산으로 암호문을 생성하는 방식

• 블록 암호 알고리즘 : 고정된 크기의 블록 단위로 암복호화 연산을 수행하며 각 블록의 연산에는 동일한 키를 사용

• 블록 암호의 특징

-특정 비트수의 집합을 한번에 처리

-평문을 일정한 크기의 블록 단위로 잘라 암호화 알고리즘을 처리

-소프트웨어적 구현이 쉬움

-ROUND를 반복적으로 사용해서 암호화 강도를 높일 수 있음

5 ①

• 워터마킹 ; 원래 종이를 만들 때 빛을 비추거나 특정 각도로 볼 때만 나타나는 숨은 그림을 삽입하여 문서의 위변조를 막을 수 있게 하는 기술

• 워터마킹 특성

-지각적 비가시성(perceptual invisibility)

-강인성(robustness)

-명확성(unambiguity)

-원본 없이 추출(blindness)

• 부인방지(Non-repudiation) : 행위나 이벤트의 발생을 증명하여 나중에 그런 행위나 이벤트를 부인할 수 없도록 하는 것

6 ③

교착상태 발생조건

• 상호배제(Mutual Exclusion) : 프로세스들이 필요로 하는 자원에 대해 배타적인 통제권을 요구

• 점유와 대기(Hold And Wait) : 프로세스가 할당된 자원을 가진 상태에서 다른 자원을 기다림

• 비선점(Non Preemptive) : 프로세스가 어떤 자원의 사용을 끝날 때까지 그 자원을 뺏을 수 없음

• 환형대기(Circle wait) : 각 프로세스는 순환적으로 다음 프로세스가 요구하는 자원을 가지고 있음

7 ④

① 단위 테스트 : 구현 단계에서 프로그램 개발자에 의해 수행

② 통합 테스트 : 모듈을 결합, 하나의 시스템으로 구성하여 테스트

③ 시스템 테스트 : 통합 모듈에 대한 시스템적(비기능적) 테스트

④ 인수 테스트 : 사용자의 만족 여부를 테스트하는 품질 테스트

8 ②

② 랜섬웨어 : 컴퓨터 시스템을 감염시켜 접근을 제한하고 일종의 몸값을 요구하는 악성 소프트웨어의 한 종류

① 스파이웨어 : 사용자의 동의 없이 또는 사용자를 속이고 설치되어 광고나 마케팅용 정보를 수집하거나 중요한 개인 정보를 빼내는 악의적 프로그램

③ 피싱 : Private data(개인 정보)와 fishing(낚는다)의 합성어이다. 불특정 다수에게 메일을 발송해 위장된 홈페이지로 접속하도록 한 뒤 인터넷 이용자들의 금융정보와 같은 개인정보를 빼내는 사기기법

④ 스미싱 : SMS(문자 메시지)와 Phishing의 약자이다. Phishing은 Private Data(개인 정보)와 Fishing(낚시)의 약자로 공격자가 문자 메시지에 URL을 보내고, 사용자가 이를 클릭하면 해킹 툴이 스마트폰에 설치되어 개인정보가 탈취

9 ④

디자인 패턴은 크게 생성(Creational), 구조(Structural), 행위(Behavioral) 패턴으로 분류

- 행위 패턴(11개) : 템플릿 메소드, 인터프리터, 반복자, 커맨드, 책임연쇄, 상태, 전략, 중재자, 메멘토, 방문자, 옵저버
- 구조 패턴(7개) : 어댑터, 브릿지, 컴포지트, 데코레이터, 퍼싸드, 플라이 웨이트, 프록시
- 생성 패턴(5개) : 팩토리 메서드, 싱글톤, 추상팩토리, 빌더, 프로토타입

10 ②

- 외부인터럽트
- 전원 이상 인터럽트(Power fail interrupt)
- 기계 착오 인터럽트(Machine check interrupt)
- 외부 신호 인터럽트(External interrupt) : 타이머에 의한 인터럽트, 키보드로 인터럽트 키를 누른 경우, 외부장치로부터 인터럽트 요청이 있는 경우
- 입출력 인터럽트(I/O Interrupt) : 입출력장치가 데이터 전송을 요구하거나 전송이 끝나 다음 동작이 수행되어야 할 경우, 입출력 데이터에 이상이 있는 경우
- 내부 인터럽트
- 프로그램 검사 인터럽트(Program check interrupt)
- Division by zero, Overflow/Underflow, 기타 Exception

11 ①

URL 구성요소 … 프로토콜 ,호스트주소, 포트번호, 경로, 쿼리

12 ③

CISC (Complex Instruction Set Computer)	RISC (Reduced Instruction Set Computer)
• 복잡한 명령어 집합을 가진 CPU 아키텍쳐 • 복잡한 하드웨어 회로 • 많은 수의 명령어와 주소모드가 존재하나 실제로 쓰이는 명령어는 한정 • 실행 성능 개선(파이프라인 등.) 방법 적용이 어려움 • 대부분의 명령어는 직접 메모리 접근이 가능 • 풍부한 어드레싱 기능 → 명령의 직교성이 뛰어남	• CPU 명령어 개수를 줄여 간단한 하드웨어 회로 • SPARC, MIPS 등의 아키텍처에서 사용 복잡한 연산 → 단순한 여러 개의 명령어로 처리 가능 • 프로세서 레지스터 뱅크 & 캐시 존재 → 시스템 수행속도 향상 • 메모리와 CPU 사이 데이터 전송 시 LOAD와 STORE 명령만으로 한정 • 명령어 형식은 모두 같은 길이 • 어드레싱 모드의 수는 제한

13 ①

스레드(thread) … 어떠한 프로그램 내에서, 특히 프로세스 내에서 실행되는 흐름의 단위

※ 프로세스와 스레드의 차이점

- 프로세스는 여러 개의 스레드를 가질 수 있다.
- 스레드는 하나의 프로세스에 bound 된다.
- 프로세스는 스레드 실행의 틀이다. →PID, address space, user and group ID, open file descriptors, current working directory, etc.
- 스레드는 스케줄링의 최소 단위이다.
- 프로세스는 정적이지만 스레드는 동적이다.

14 ④

① guarantee 보증

② substance 물질

③ denomination 종류, 부류

「오늘날 불확실한 경제 상황에서 개인들은 점점 더 자신의 재정 미래를 위해 안전하고 신뢰할 수 있는 방법을 찾고 있다. 그 수단 중 한 가지로 인기를 끌고 있는 것이 연금이다. 연금은 특정 기간 또는 여생 동안 규칙적인 수입을 제공하는 금융 상품이다.」

15 ①

remotely 멀리 떨어져서 virtual 가상의 margin 여백 instantaneously 즉각적으로 compose 작성하다 collaborator 공저자

(A) 분사구문이 필요한 문장으로 생략된 주어 one과의 관계가 능동이므로 -ing(현재분사)를 사용하는 것이 옳다.

(B) 대명사 those를 수식하는 수식어 자리로 뒤의 'by + 행위자'로 보아 대명사 those와의 관계가 수동이므로 p.p.(과거분사)를 사용하는 것이 옳다.

「가상의 행간과 여백에 의견을 달고, 즉각적으로 서로의 의견을 읽으며, 자신의 공저자에 의해 지금 막 쓰여진 것에 어휘나 문장을 추가하고 실시간으로 함께 문서를 작성하면서, 우리는 멀리 떨어져서도 다른 사람들과 함께 읽을 수 있다.」

16 ②

① 꽤 운이 좋은 사람이었다.

② 자신의 자금을 지킬 수 있었다.

③ 주식 시장에 그가 원한 주식이 조금 있었다.

④ 이런 상황 때문에 그는 집을 잃었다.

「W: 그건 오늘 주식 시장에 안 좋은 소식이었어.
M: 그러게. 난 간신히 제때 돈을 다 뺄 수 있었어.
W: 유감스럽게도 난 그렇게 운이 좋지 못했어.
M: 걱정 마. 시장이 회복될 거고 손실을 만회할 테니까.
W: 그랬으면 좋겠다. 집을 잃을 수는 없어.
M: 사람들이 하는 말을 기억해. 쌀 때 사서 비쌀 때 파는 거라고
Q. 남자에 관한 내용으로 옳은 것은?」

17 ④

complementary 보완적인 alongside 함께, 나란히 stream 흐름 status 상태 lightbulb 전구

「보완재는 종종 다른 제품과 함께 소비되는 제품이다. 예를 들어, 팝콘은 영화에 대한 보완재인 한편, 여행 베개는 긴 비행기 여행에 대한 보완재이다. 한 제품의 인기가 높아지면 그것의 보완재 판매량도 늘어난다. 여러분은 이미 인기가 있는 (또는 곧 있을) 다른 제품을 보완하는 제품을 생산함으로써 여러분의 제품에 대한 꾸준한 수요 흐름을 보장할 수 있다. 일부 제품들은 완벽한 보완적 상태를 누리고 있고, 그것들은 램프와 전구와 같이 함께 소비되어야 한다. 그러나 고객들이 그 제품에 완전히 고정되어 있지 않을 수 있으므로, 어떤 제품이 완벽하게 보완적이라고 가정하지 마라. 예를 들어, 비록 운전자들이 자신의 차를 운전하기 위해 휘발유를 구매할 필요가 있는 것처럼 보일지라도, 그들은 전기 자동차로 바꿀 수 있다.」

18 ②

appropriate 적절한 revenue 수익 make up 차지하다 proceeds 수익금 reasoning 논리 obesity 비만 diabetes 당뇨병 preserve 지키다, 보호하다 priority 우선 사항 infringe 침해하다 be subject to ~의 대상이다 levy 부과하다 correlate 상관관계가 있다

① 캐나다에서는 해로운 제품이 추가 세금의 대상이다.

② 정부에 의해 결정된 세금이 설탕이 든 음료에 부과되었다.

③ 설탕이 든 탄산음료의 소비는 특정 질병과 상관관계가 있다.

④ 특정 캐나다 정부 수입은 의료 서비스에 사용된다.

「많은 사람들이 건강에 해로운 제품에 부과되는 정부 세금이 정부가 시민으로부터 수익을 모으는 적절한 방법인지 의문을 제기한다. 예를 들어, 캐나다에서는 세금이 담배 제품과 같은 특정 상품의 총 가격의 거의 70퍼센트를 차지한다. 담배가 들어 있는 제품의 경우, 그것들의 판매로 인한 수익금은 흡연과 관련된 질병이 있는 사람들을 위한 공공 보건 치료비용을 부담하는 데 사용된다. 비슷한 논리를 사용하여, 일부 국가는 설탕이 든 청량음료에 대한 세금 부과를 제안하고 있다. 이것은 더 많은 설탕 섭취량이 더 높은 비만율 및 당뇨병 발병률과 연관되어 있기 때문이다. 틀림없이, 음료에 세금을 부과하는 것이 생활 방식과 연관된 질병을 예방하는 데 효과적일 수도 있다. 하지만 많은

사람들은 개인적인 선택의 자유를 지키는 것이 가장 중요한 우선 사항이며 이러한 세금은 이 자유를 침해한다고 주장하고 있다.」

19 ③

myth 오해   stabilize 안정화시키다
cardiovascular 심장의

③번 다음의 문장은 Hunger라는 새로운 오해에 관한 해명이다. 이 문장에서 Actually라는 부사는 앞에 나온 내용을 역접할 때 이용되는 부사이므로, 근육에 대한 오해 이외의 다른 종류의 운동과 식욕에 대한 오해를 다루고 있는 주어진 문장은 ③에 위치함이 적절하다.

「사람들의 운동에 관한 몇 가지 속설이 있다. ① 첫 번째는 여자가 웨이트트레이닝을 한다면 남자처럼 큰 근육이 생긴다는 것이다. ② 그러나 남성 호르몬이 없으면 여자는 남자처럼 큰 근육을 만들 수 없다. ③ 실제로는 규칙적인 운동은 혈당량을 안정시켜주어 배고픔을 방지해 준다. ④ 또한 어떤 사람들은 하루 중 몇 분이나 한주에 한번 운동하는 것으로 충분하다고 생각한다. 그러나 근육과 심장혈관의 건강을 위해서는 적어도 주 3회 이상 강도 높은 운동이 필요하다.」

20 ①

demanding 요구가 많고 까다로운

제시문에서 작은 도서관들은 예산이 부족하다고 하였으므로, 구체적으로 이와 관련된 자료를 제시해 준다면 더욱 설득력이 있을 것이다.

「인터넷이 점점 더 정보 검색의 중심을 차지함에 따라 학생들과 학자들은 더 많은 도서관의 자료들이 디지털화되고 웹상에서 이용할 수 있기를 요구하고 있다. 도서관 관리자들 역시 이러한 보존방법이 적은 돈으로 더욱 좋은 서비스를 제공할 수 있는 완벽한 방법이라 생각하고 있다. 그러나 사서들은 디지털화하여 보관하는 방법이 단점이 없는 것은 아니라고 경고한다. 대다수의 소규모 도서관은 그러한 프로젝트를 수행하는 데 필요한 장비나 인력을 제공할 예산이 부족하다. 그러나, 더욱 중요한 것은 기술이 너무 빠르게 발전하여 오늘날 하나의 포맷으로 보관된 파일들을 미래의 포맷으로는 사용할 수 없을 것이라는 점이다. 만일 문서가 스캔되고 버려진다면 우리의 유산은 디지털의 시류를 타고 어딘가에서 영원히 사라져버릴 것이다.」

▶▶▶ 01   우편일반

☞ 제4회 모의고사 p.94

1	2	3	4	5	6	7	8	9	10
④	③	④	②	①	④	①	③	③	④
11	12	13	14	15	16	17	18	19	20
①	①	②	①	④	④	③	②	②	③

1   ④

① 서신독점권
② 우편물의 우선검역권
③ 무능력자의 행위에 대한 의제(擬制)
④ 우편전용물건의 압류금지 : 우편을 위한 용도로만 사용되는 물건과 우편을 위한 용도로 사용 중인 물건은 압류할 수 없다〈우편법 제7조 제1항〉.

2   ③

우편이용관계의 법적 성질은 사법상의 계약관계이다 (통설). 다만, 우편사업의 경영주체가 국가이며, 우편사업의 성격이 공익성을 띄고 있으므로 이용관계에 있어서 권력적 경제적인 면이 있기는 하나 본질적으로는 우편이용자와 우편관서 상호간의 우편물 송달 계약을 내용으로 하는 사법관계이다.

3   ④

손해배상금 청구기한 … 국내우편물 손해배상금은 손해 배상금결정서가 청구권자에게 도달한 때로부터 기산하여 5년간 청구하지 아니할 때에는 시효로 인하여 소멸된다.

4   ②

우편물 배달기한

구분	배달기한	비고
통상우편물(등기 포함), 일반소포	접수한 다음날부터 3일 이내	
익일특급	접수한 다음날	※ 제주선편 :D+2일
등기소포		

※ 'D'는 우편물을 접수한 날을 말하며, 공휴일과 우정사업본부장이 배달하지 않기로 정한 날은 배달기한에서 제외한다.

5   ①

② 등기취급을 전제로 우체국장과 발송인과의 별도의 계약에 따라 접수한 통상우편물을 배달하고 그 배달결과를 발송인에게 전자적 방법 등으로 통지하는 특수취급제도
③ 등기취급을 전제로 우체국창구 또는 정보통신망을 통하여 발송인이 수취인에게 어떤 내용의 문서를 언제 발송하였다는 사실을 우체국이 증명하는 특수취급제도
④ 등기취급을 전제로 우편물을 수취인 본인에게만 배달하여 주는 특수취급제도

6   ④

① 2인 이상을 수취인으로 하는 경우는 그중 1인에게 배달한다.
② 우편사서함 번호를 기재하지 아니한 우편물이라도 우편사서함 사용자에게 가는 우편물이 확실할 때에는 우편사서함에 투입할 수 있다. 다만 특급우편, 특별송달, 모사전송우편물, 등기소포우편물은 사서함에 투입하지 아니하고 주소지에 배달한다.

③ 사서함번호와 주소가 함께 기재된 우편물이나 사서함번호를 적지 않았더라도 사서함 이용이 확실한 우편물에 대해서는 일반우편물을 사서함에 넣어두고 당일특급, 익일오전특급, 특별송달, 보험등기, 맞춤형 계약등기 우편물을 주소지에 배달한다.

7 ①

국제통상우편물의 종류

통상 우편물	취급 속도에 따른 구분		우선취급(Priority) 우편물
			비우선취급(Non-priority) 우편물
	내용물에 따른 구분	L/C	서장(Letters)
			우편엽서(Postcard)
			항공서간 (Aerogramme)
		A/O	인쇄물 (Printed papers)
			소형포장물 (Small packet)
			시각장애인용 우편물 (Items for the blind)
			우편자루배달인쇄물 (M bag)

8 ③

서장 및 소형포장물의 중량한계는 2kg이다.

9 ③

③ 중국의 전자상거래용 우편서비스 명칭은 e-Packet이다. e-small packet은 일본의 전자상거래용 우편서비스 명칭이다.

10 ④

④ 국내특급의 최대무게는 30kg이다.

11 ①

등기소포와 일반소포

구분	등기소포	일반소포
취급방법	접수에서 배달까지의 송달과정에 대해 기록	기록하지 않음
요금납부 방법	현금, 우표첩부, 우표납부, 신용카드 결제 등	현금, 우표첩부, 신용카드 결제 등
손해배상	망실·훼손, 지연배달 시 손해배상청구 가능	없음
반송료	반송시 반송수수료 (등기통상취급수수료) 징수	없음
부가취급 서비스	가능	불가능

12 ①

② 안심소포의 가액은 10만 원 이상 300만 원 이하의 물건에 한정하여 취급하며 10원 미만의 단수를 붙일 수 없다.
③ 신고가액은 발송인이 정하는 가격으로 하며 취급 담당자는 상품가액의 판단에 관여할 필요가 없다.
④ 부패하기 쉬운 냉동·냉장 물품은 이튿날까지 도착이 가능한 지역이어야 한다.

13 ②

① 후납우편물은 우편물을 자주 발송하는 공공기관, 은행, 회사 등이 요금납부를 위한 회계절차상의 번잡함을 줄이고 동시에 우체국은 우표의 소인절차를 생략할 수 있는 편리한 제도이다.

③ 요금후납 계약을 위한 담보금은 1개월분의 우편요
금 등을 개략적으로 추산한 금액의 2배 이상이다.
④ 최초 후납계약일부터 체납하지 않고 4년간 성실
히 납부한 사람은 요금후납 담보금이 면제된다.

14 ①

② 사서함번호와 주소가 함께 기록된 우편물은 우편
물을 사서함에 넣을 수 있으며, 당일특급, 특별
송달, 보험취급, 맞춤형 계약등기 우편물은 주소
지에 배달한다.
③ 우편사서함 번호를 기록하지 않은 우편물이라도
우편사서함 사용자에게 가는 우편물이 확실할 때
에는 우편사서함에 투입 가능하다.
④ 수취인이 부재하여 무인우편물 보관함에 배달할
때에는 수취인의 동의를 받은 후 배달해야 한다.

15 ④

④ K-Packet은 2kg 이하 소형물품의 해외배송에
적합한 우편서비스로 우체국과의 계약을 통해 이용
하는 전자상거래용 국제우편서비스이다.

16 ④

④ 시각장애인용 점자우편물의 수취인 주소가 있는
면에 이용자가 아래의 상징이 그려진 흰색 표지
를 부착해야 한다.

흰색 바탕

검정색과 흰색 상징

(크기 : 52×65mm)

① 항공부가요금을 제외한 모든 요금을 면제한다.
따라서 선편 접수는 무료로 취급하며, 항공 등기
는 등기 요금은 무료, 항공부가요금만 징수한다.

17 ③

국제특급우편으로 보낼 수 없는 물품
㉠ 동전, 화폐(Coins, Bank notes)
㉡ 송금환(Money remittances)
㉢ 유가증권류(Negotiable articles)
㉣ 금융기관 간 교환 수표(Check clearance)
㉤ UPU일반우편금지물품(Prohibited articles)
  • 취급상 위험하거나 다른 우편물을 더럽히거나 깨
    뜨릴 우려가 있는 것
  • 마약류 및 향정신성 물질
  • 폭발성・가연성 또는 위험한 물질
  • 외설적이거나 비도덕적인 물품 등
㉥ 가공 또는 비가공의 금, 은, 백금과 귀금속, 보석
  등 귀중품
㉦ 상대국가에서 수입을 금하는 물품
㉧ 여권을 포함한 신분증

18 ②

② 우편요금과 별도로 통관절차대행수수료 4,000원
을 징수한다.

19 ②

① 우편물을 항공운송수단을 이용하여 운송하는 등
송달과정에서 우선적 취급을 하는 제도
③ 우편물 접수시 발송인의 청구에 따라 우편물을
수취인에게 배달하고 수취인으로부터 수령 확인
을 받아 발송인에게 통지하여 주는 제도
④ 은행권, 수표 등의 유가증권, 금전적 가치가 있
는 서류나 귀중품 등이 들어있는 서장우편물을
발송인이 신고한 가액에 따라 보험 취급

20 ③

③ "서신"이란 의사전달을 위하여 특정인이나 특정
주소로 송부하는 것으로서 문자 기호 부호 또는
그림 등으로 표시한 유형의 문서 또는 전단을 말한
다. 다만, 신문, 정기간행물, 서적, 상품안내서 등
대통령령으로 정하는 것은 제외한다.

☞ 제4회 모의고사 p.100

1	2	3	4	5	6	7	8	9	10
②	①	②	②	④	②	③	④	④	②
11	12	13	14	15	16	17	18	19	20
③	④	①	①	①	④	④	③	②	④

1 ②

수익률은 이자금액 / 채권가격이다. 따라서 100만 원짜리 채권을 지금 산 뒤 1년 후 원금 100만 원과 이자금액 10만 원을 받는다면 수익률은 10%이다.

2 ①

① 자유적금은 가입자가 여유가 있을 때나 금액이나 입금 횟수에 제한 없이 입금할 수 있는 적립식 상품이다. 이는 목돈마련을 위한 적립식 상품이다.
※ 입출금이 자유로운 상품
　　㉠ 보통예금
　　㉡ 저축예금
　　㉢ 가계당좌예금
　　㉣ 시장금리부 수시입출금식예금(MMDA)
　　㉤ 단기금융상품펀드(MMF)
　　㉥ 어음관리계좌(CMA)

3 ②

① 신용카드는 신용공여에 기반한 후불결제방식을, 직불카드는 예금계좌를 기반으로 한 즉시결제방식을 이용한다.
③ 기명식 선불카드의 경우 최고 500만 원까지 충전할 수 있다.
④ 만 12세 이상이면 누구나 체크카드를 발급받을 수 있다.

4 ②

② 명의인의 서면요구나 동의를 받지 않는 한 타인에게 금융거래정보나 자료 등에 대해 누구든지 이를 요구할 수는 없다.

5 ④

① 예금보험공사는 예금보험 가입 금융회사가 취급하는 '예금' 등 만을 보호하는데, 모든 금융상품이 보호대상 '예금' 등에 해당하지는 않는다.
② 원금과 소정이자를 합하여 1인당 5천만 원까지만 보호되며 초과금액은 보호되지 않는다.
③ 보호받을 수 있는 예금자는 개인뿐만 아니라 법인도 대상이 된다.

6 ②

양도성예금증서(CD)와 같은 유가증권은 증권의 점유자에게 지급하기만 하면 그 소지인이 정당한 권리자인지 여부에 관계없이 금융기관은 면책된다.

7 ③

금융투자업자의 투자자 보호장치 … 신의성실의무, 투자자의 구분, 고객알기제도, 적합성원칙, 적정성원칙, 설명의무, 부당권유 규제, 약관 규제, 광고 규제

8 ④

㉠ 지정가주문 : 원하는 매수나 매도 가격을 지정하여 주문
㉡ 시장가주문 : 가격을 지정하지 않고 주문시점에서 가장 유리한 가격에 우선적으로 거래될 수 있도록 주문
㉢ 대부분의 주식거래는 지정가 주문에 의해 이루어지고 시장가 주문은 거래량이 갑자기 증가하면서 주가가 급등하는 종목을 매수하고자 할 때 종종 이용된다.

9 ④

⊙ 우체국 체크카드는 회원이 가입신청서를 작성하여 카드 발급을 요청하면 우체국에서 이를 심사하여 금융단말기에 등록하고, 카드를 교부함으로써 효력이 발생한다.

ⓒ 위탁업체를 통하여 발급 받은 경우에는 카드 수령 후 회원 본인이 ARS, 우체국 스마트 뱅킹 또는 우체국을 방문하여 등록하여야 효력이 발생한다.

10 ②

우체국 포스트페이 주요 서비스 … 비대면 계좌개설, 간편결제, 간편송금(계좌번호 송금, 전화번호 송금, 경조 송금, 더치페이), 체크카드 및 모바일카드 신청 및 발급, 보유카드 조회 등

11 ③

리스크는 불확실성 정도에 따른 보상이 존재하고, 위험은 적절한 보상이 주어지지 않는다.

12 ④

금융경제 분야에서 위험은 경제현상이나 투자결과 등이 기대와 달라지는 정도를 말하며 불확실성 또는 변동성이라고도 한다. 금융은 그런 불확실성이나 위험을 적절히 분산 시키거나 해소할 수 있는 수단을 제공한다.

13 ①

② 코스닥 시장에 상장되어 있는 종목을 대상으로 산출되는 종합지수로 코스닥시장의 대표지수이며, 1996년 7월 1일을 기준시점으로 이날의 주가지수를 1,000 포인트로 하여 산출하였으며, 코스피지수와 동일한 시가총액방식으로 산출된다.

③ 유가증권시장에 상장된 주식 중 시장대표성, 업종대표성, 유동성 등을 감안하여 선정되는 200개 종목을 대상으로 최대주주지분, 자기주식, 정부지분 등을 제외한 유동주식만의 시가총액을 합산하여 계산한다.

④ 유가증권시장과 코스닥시장의 우량종목을 고루 편입한 통합주가지수로서 유가증권시장 90개, 코스닥시장 10개 등 총 100개 종목으로 구성된다.

14 ①

② 통상 1,000만 원 이상의 목돈 을 3개월 내지 6개월 정도 운용하는데 적합한 단기상품이다.

③ 중도해지가 불가능하다.

④ 예금자보호 대상에서 제외된다.

15 ①

② 외화를 매월 일정액 또는 자유롭게 적립하여 예치기간별로 금리를 적용받는 상품이다. 은행별로 차이는 있으나 계약기간을 1개월에서 24개월까지 자유롭게 선정할 수 있다. 정기적금과 비슷하나 정기적금보다는 적립일, 적립 횟수에 제한이 없는 등 자유롭게 운영된다.

④ 보통예금처럼 예치금액, 예치기간 등에 제한이 없고 입출금이 자유로운 외화예금이다. 외 화 여유자금을 초단기로 예치하거나 입출금이 빈번한 자금을 운용하기에 적합하며 주로 해외송금을 자주 하는 기업이나 개인들이 이용하고 원화로 외화를 매입하여 예치할 수도 있다. 향후 예치통화의 환율이 오르내릴 경우 환차익이나 환차손이 발생할 수도 있다.

16 ④

① 회사 청산 시 채권은 주식에 우선하여 청산 받을 권리가 있다.

② 우선주는 채권과 주식의 특성을 모두 가진 증권이다.

③ 주주는 채권 소유자와 달리 주주총회에서 의사결정에 참여할 수 있다.

17 ④

④ 모든 예금거래를 예금주 본인과 할 수는 없다. 따라서 예금주의 대리인 또는 예금주의 심부름을 하는 자와 예금거래를 하는 것은 불가피하다. 대리란 타인이 본인의 이름으로 법률행위를 하거나 의사표시를 수령함으로써 그 법률효과가 직접 본인에 관하여 생기는 제도이다.

18 ③

③ 거치식 예금이다.

① 개인고객을 대상으로 예치 금액별로 차등 금리를 적용하는 개인 MMDA 상품으로 입출금이 자유로운 예금

② 가입대상은 법인, 고유번호증을 부여받은 단체, 사업자등록증을 가진 개인사업자 등을 대상으로 예치금액 별로 차등 금리를 적용하는 기업 MMDA 상품으로 입출금이 자유로운 예금

④ 가입대상은 실명의 개인으로 인터넷뱅킹, 스마트뱅킹 또는 우체국 창구를 통해 가입하고 별도의 통장 발행 없이 전자금융 채널(인터넷뱅킹, 스마트뱅킹, 폰뱅킹, 자동화기기)을 통해 거래하는 입출금이 자유로운 예금

19 ②

② 우체국은 총 12종의 예금상품을 통해 금융소외계층의 기초생활 보장을 위한 수급금 압류방지 통장과 서민·소상공인 등 금융소외계층의 자산형성을 지원하기 위한 특별 우대이율을 제공 중에 있다.

20 ④

우체국은 아래와 같은 상황에 해당하는 경우 전자금융서비스의 전부 또는 일부를 제한할 수 있다.

① 계좌 비밀번호, 보안카드 비밀번호, 폰뱅킹 이체 비밀번호, 모바일 인증서에 등록한 PIN, 패턴, 생체인증 정보, OTP(디지털 OTP 포함) 인증번호 등을 연속 5회 이상 잘못 입력한 경우

② OTP는 전 금융기관을 통합하여 연속 10회 이상 잘못 입력한 경우

③ 기타 예금거래 기본약관 등에서 정한 거래 제한 사유가 발생한 경우

☞ 제4회 모의고사 p.107

1	2	3	4	5	6	7	8	9	10
②	①	④	③	③	③	②	①	③	④
11	12	13	14	15	16	17	18	19	20
④	①	①	②	④	③	②	①	③	①

1 ②

① 영업보험료는 순보험료와 부가보험료로 구성되어 있으며, 순보험료는 위험보험료와 저축보험료로 구성되어 있다.

③ 배당금은 현금지급 · 납입할 보험료와 상계 · 보험금 또는 제환급금 지급 시 가산방법 중 계약자가 선택하는 방법에 따라 지급하여야 한다.

④ 예정이율이 낮아지면 보험료가 올라가고, 예정사업비율이 낮아지면 보험료는 올라간다.

2 ①

② 중대한 질병이며 치료비가 고액인 암, 심근경색, 뇌출혈 등에 대한 급부를 중점적으로 보장하여 주는 보험으로 생존시 고액의 치료비, 장해에 따른 간병비, 사망시 유족들에게 사망보험금 등을 지급해주는 상품이다.

③ 소득의 일부를 일정기간 적립했다가 노후에 연금을 수령하여 일정수준의 소득을 계속 유지함으로써 노후의 생활능력을 보호하기 위한 보험이다. 연금은 가입자가 원할 경우 지급기간을 확정하여 받거나 종신토록 받을 수 있다.

④ 생명보험 고유의 기능인 위험보장보다는 생존시에 보험금이 지급되는 저축기능을 강화한 보험으로 단기간 목돈 마련에 유리한 고수익 상품이다.

3 ④

① 보험계약은 사익조정성(영리성), 단체성, 기술성, 사회성과 공공성, 상대적 강행법성을 띤다. 보험사업은 다른 상거래와는 달리 공공성과 사회성이 특히 강조되는데 다수의 가입자로부터 거둔 보험료를 기초로 하여 가입자의 경제적 안정을 도모함을 목적으로 하기 때문이다.

② 보험계약법은 법적으로나 경제적으로 보험자에 비하여 열세를 보이는 약자인 보험계약자를 보호하도록 상대적 강행법규가 많이 정해져 있다.

③ 보험계약은 국가가 경제적 약자를 지원하는 사회보장적 성격을 지니는 사회보험보다는 사보험관계에 적용되는 보험으로 영리성(사익조정성)을 띤다.

4 ③

① 입원 최대 5천만 원, 통원 최대 20만 원을 보장한다.

② 근로소득자의 납입 보험료(연간 100만 원 한도) 12%에 대해 세액공제 혜택을 제공한다.

④ 갱신 또는 재가입 직전 보험기간 2년 동안 보험금 지급 실적이 없는 경우, 갱신일 또는 재가입일부터 차기 보험기간 1년 동안 보험료의 10%를 할인해 준다.

5 ③

보험계약자는 부활이 가능한 일정 기간 내에 연체된 보험료에 약정이자를 붙여 보험자에게 납부해야 하고 보험계약의 부활을 청구하여야 하며 보험자의 승낙이 있어야 한다.

6 ③

보험사고별 종류와 보험수익자

㉠ 사망보험금 : 피보험자의 상속인

㉡ 생존보험금 : 보험계약자

㉢ 장해 · 입원 · 수술 · 통원급부금 등 : 피보험자

7 ②

배당금의 지급

  ㉠ 현금지급 : 배당금 발생 시 계약자에게 현금으로 지급

  ㉡ 보험료 상계 : 계약자가 납입해야 하는 보험료를 배당금으로 대납(상계)

  ㉢ 보험금 또는 제환급금 지급 시 가산 : 계약이 소멸할 때까지 혹은 보험계약자의 청구가 있을 때까지 발생한 배당금을 보험회사가 적립하여 보험금 또는 각종 환급금 지급 시 가산

8 ①

① 대수의 법칙 – 측정대상의 숫자 또는 측정횟수가 많으면 많을수록 예상치가 실제치에 근접한다는 원칙을 말한다.

9 ③

③ 고령자, 장애인 등에 대한 복지강화와 생활안정 지원 등을 위해 한시적으로 운용되는 상품으로, 2025년 12월 31일까지 가입이 가능하다.

10 ④

④ 보험회사는 1년 이상 유지된 계약에 대해 보험계약관리내용을 연 1회 이상 보험소비자에게 제공해야 하며, 변액보험에 대해서는 분기별 1회 이상 제공해야 한다.

11 ④

④ 보장성보험은 만기 시 환급되는 금액이 없거나 기 납입 보험료보다 적거나 같다.

12 ①

② 위험보장을 목적으로 우연한 사건으로 발생하는 손해에 관하여 금전 및 그 밖의 급여를 지급할 것을 약속하고 대가를 수수하는 계약으로서 대통령령으로 정하는 계약

③ 위험보장을 목적으로 사람의 생존 또는 사망에 관하여 약정한 금전 및 그 밖의 급여를 지급할 것을 약속하고 대가를 수수하는 계약으로서 대통령령으로 정하는 계약

13 ①

② 보험기간 중 피보험자가 암 보장개시일 이후에 암으로 진단 확정되었을 때 보험금을 지급한다..

③ 피보험자가 암 보장개시일 이후에 암으로 진단 확정되고, 직접적인 치료를 목적으로 하여 통원하였을 경우 통원 1회당 약정 보험금을 지급한다.

④ 피보험자가 보험기간 중 암 보장개시일 이후 암으로 진단 확정되고, 치료를 목적으로 항암방사선치료나 항암약물치료를 받는 경우에는 약정 보험금을 지급한다.

14 ②

② 보험계약자가 보험계약의 청약시에 보험료 상당액을 납부한 때에는 보험자는 다른 약정이 없는 한 30일 내에 승낙의 통지를 발송해야 한다.

15 ④

① 보험계약자는 보험가입증서(보험증권)를 받은 날부터 15일 이내에 청약을 철회할 수 있다.

② 진단계약, 보험기간이 1년 미만인 계약 또는 전문보험계약자가 체결한 계약은 청약을 철회할 수 없다.

③ 일자 계산은 초일 불산입을 적용한다(따라서 1일 보험가입증서를 받은 경우 16일까지 청약철회가 가능하다).

16 ③

보험의 대상이 되는 불확실성(위험)의 조건
- ㉠ 다수의 동질적 위험단위
- ㉡ 우연적이고 고의성 없는 위험
- ㉢ 한정적 측정가능 손실
- ㉣ 측정 가능한 손실확률
- ㉤ 비재난적 손실
- ㉥ 경제적으로 부담 가능한 보험료 수준

17 ②

② 자연보험료는 나이가 들수록 사망률(위험률)이 높아짐에 따라 보험금지급이 증가하므로 보험료가 매년 높아지게 된다.

18 ①

② 경우에 따라서 보험범죄로 규정하기는 어려우나, 보험사고의 발생가능성을 높이거나 손해를 증대시킬 수 있는 보험계약자 또는 피보험자의 고의 또는 불성실에 의한 행동으로 보험계약자 또는 피보험자가 직접적으로 보험제도를 악용·남용하는 행위에 의해 야기되는 내적 도덕적 해이와 피보험자와 관계있는 의사, 병원, 변호사 등이 간접적으로 보험을 악용·남용하는 행위에 의해 위험을 야기하는 외적 도덕적 해이로 구분할 수 있다.

③ 우연히 발생한 보험사고의 피해를 부풀려 실제 발생한 손해 이상의 과다한 보험금을 청구 하는 행위이며 그 유형으로는 경미한 질병·상해에도 장기간 입원하는 행위, 보험료 절감 을 위해 보험가입 시 보험회사에 허위 정보를 제공(고지의무 위반)하는 행위 등이 있다.

④ 보험계약에서 담보하는 재해, 상해, 도난, 방화, 기타의 손실을 의도적으로 각색 또는 조작하는 행위를 말하며 그 유형으로는 피보험자의 신체에 상해를 입히거나 방화·살인 등 피보험자를 해치는 행위 또는 생존자를 사망한 것으로 위장함으로써 보험금을 받으려는 행위가 이에 속한다.

19 ③

제3보험업의 보험계약

보험계약(종목)	구분기준
상해보험(계약)	사람의 신체에 입은 상해에 대하여 치료에 소요되는 비용 및 상해의 결과에 따른 사망 등의 위험에 관하여 금전 및 그 밖의 급여를 지급할 것을 약속하고 대가를 수수하는 보험(계약)
질병보험(계약)	사람의 질병 또는 질병으로 인한 입원·수술 등의 위험(질병으로 인한 사망을 제외한다)에 관하여 금전 및 그 밖의 급여를 지급할 것을 약속하고 대가를 수수하는 보험(계약)
간병보험(계약)	치매 또는 일상생활장해 등 타인의 간병을 필요로 하는 상태 및 이로 인한 치료 등의 위험에 관하여 금전 및 그 밖의 급여를 지급할 것을 약속하고 대가를 수수하는 보험(계약)

20 ①

② 피보험자가 보험기간 중 암 보장개시일 이후에 암으로 진단 확정되고, 해당 암으로 인 하여 사망하였을 경우 암 사망 약정 보험금을 지급하게 된다.

③ 피보험자가 암 보장개시일 이후에 암으로 진단 확정되고, 직접적인 치료를 목적으로 하여 통원하였을 경우 통원 1회당 약정 보험금을 지급하게 된다.

④ 보험기간 중 피보험자가 암 보장개시일 이후에 암으로 진단 확정되었을 때 보험금을 지급하게 된다. 암보험 상품에 따라서 특정 암에 대해서 추가 약정금액을 지급하기도 한다.

☞ 제4회 모의고사 p.114

1	2	3	4	5	6	7	8	9	10
④	②	④	②	①	④	③	①	④	②
11	12	13	14	15	16	17	18	19	20
②	③	③	②	②	①	③	②	④	①

1 ④

- DMA(Direct Memory Access) : 메모리 버퍼, 포인터, 카운터를 사용하여 장치 제어기가 CPU이 도움 없이 DMA 컨트롤러를 이용하여 데이터를 직접 메모리로 전송하는 입출력 방식
- 스풀링(Spooling) : 보조기억장치(디스크)를 임시 저장공간으로 사용

2 ②

UPDATE [테이블] SET [열] = '변경할값' WHERE [조건]

※ SQL 문법
- IN : 여러 개의 OR 집합
- BETWEEN : 최솟값 ~ 최댓값 사이의 해당하는 데이터를 출력
- LIKE : 일부 문자열이 포함된 데이터를 조회할 때 사용
- _ : 어떤 값이든 상관없이 한 개의 문제 데이터 의미
- % : 길이와 상관없이 모든 문제 데이터를 의미

3 ④

- 게이트웨이(Gateway) : 종류가 다른 두 개 이상의 네트워크를 상호 접속하여 정보를 주고받는 장치
- 스위치(Switch) : 네트워크 회선과 서버컴퓨터를 연결하는 네트워크 장비

4 ②

② 결과값이 바뀌지 않도록 ($B$3:$B$8) 범위에 절대참조를 지정해 준다.

5 ①

결합도의 유형은 내용 > 공통 > 외부 > 제어 > 스탬프 > 자료 결합도 순으로 결합도가 낮아진다.

6 ④

정보보호 3요소
- 기밀성(Confidentiality)
- 데이터 자원을 숨기는 원칙
- 대표적으로 encrypt와 인증키 발급 등이 있다.
- 그밖에도 자산분류, 식별, 인증, 권한보호, 모니터링, 교육 및 훈련 등
- 위협요소 : 도청, 사회공학적 해킹 등

- 무결성(Integrity)
- 허가되지 않은 방법으로 데이터가 변경되는 것을 보호
- 대표적으로 백신, 전자서명 등
- 위협요소 : 트로이 목마, 바이러스, 해킹 등
- 가용성(Availability)
- 허락된 사용자에겐 서비스를 제공할 수 있어야 함.
- 대표적으로 백업, 불량 패킷 탐지 등
- 위협요소 : DOS, DDOS 공격 등

7 ③

③ 레지스터(Register) : 처리 중인 데이터나 처리 결과를 임시적으로 보관하는 CPU 안의 기억장치
① 캐시 메모리(cache memory) : 속도가 빠른 장치와 느린 장치 사이에서 속도 차에 따른 병목 현상을 줄이기 위한 범용 메모리
② 플래시 메모리(Flash Memory) : 전기적으로 데이터를 지우고 다시 기록할 수 있는 비휘발성 컴퓨터 기억 장치
④ 가상메모리(Virtual Memory) : 메모리가 실제 메모리보다 많아 보이게 하는 기술

8 ①

② 구조적 개발 방법론 : 전체 시스템을 기능에 따라 나누어 개발하고, 이를 통합하는 분할과 정복 접근 방식의 방법론
③ 객체지향 개발 방법론 : '객체'라는 기본 단위로 시스템을 분석 및 설계하는 방법론
④ 컴포넌트 기반 개발 방법론 : 소프트웨어를 구성하는 컴포넌트를 조립해서 하나의 새로운 응용 프로그램을 작성하는 방법론

9 ④

④ $A + A \cdot B = A$

※ 불대수(Boolean Algebra)
- 1854년 영국 수학자 George Boole이 창안한 논리식을 표현하고 간소화하는 수학
- AND, OR, NOT으로 표현

10 ②

멀티 포인트(Multipoint) 방식 : 여러 대의 단말 장치들이 하나의 회선(공유회선)에 연결된 방식

11 ②

- 퍼셉트론(Perceptron) : 이진 분류(Binary Classification) 모델을 학습하기 위한 지도학습(Supervised Learning) 기반의 알고리즘
- 딥페이크(Deepfake) : 딥러닝 기술을 이용해 악의적으로 조작된 음성, 영상, 이미지 등을 만들어 내는 방법

12 ③

뷰(View)
- 사용자에게 접근이 허용된 자료만을 제한적으로 보여주기 위해 하나 이상의 기본 테이블로부터 유도된 이름을 가지는 가상 테이블이다.
- 뷰의 특징
- 뷰는 기본 테이블로부터 유도된 테이블이기 때문에 기본 테이블과 같은 형태의 구조를 사용하며, 조직도 기본 테이블과 거의 같다.
- 하나의 뷰를 삭제하면 그 뷰를 기초로 정의된 다른 뷰도 자동으로 삭제된다.
- 뷰의 장점
- 논리적 데이터 독립성을 제공한다.
- 동일 데이터에 대해 동시에 여러 사용자의 상이한 응용이나 요구를 지원해준다.
- 사용자의 데이터 관리를 간단하게 해준다.
- 접근 제어를 통한 자동 보안이 제공된다.

13 ③

- 2계층 : 데이터 링크 계층(Data Link Layer)
- –물리적인 링크를 통해 '노드 대 노드' 두장치 간의 신뢰성 있는 정보 전송을 담당한다.
- –물리 계층의 전기신호와 네트워크 계층의 통신채널로 알맞게 변환한다.
- –흐름제어, 동기화, 오류제어, 순서 제어 기능을 수행한다.
- –MAC 주소 할당
- 3계층 : 네트워크 계층(Network Layer)
- –목적지 호스트로 가변길이의 패킷을 전송하는 역할을 담당한다.
- –다른 네트워크망의 서버가 가동 중인지 확인한다. (여기서 트래픽 발생)
- –2계층의 데이터를 패킷으로 분할한다.(4계층에서 순서제어가 필요한 이유)
- –패킷에 IP 주소를 설정한다.
- –라우터의 라우팅 프로토콜로 패킷이 도달할 목적지까지의 경로를 설정한다.

14 ②

① notification 통지
③ overdraft 초과인출
④ installment 할부

「인터넷 뱅킹(온라인 뱅킹이라고도 함) 설비를 갖춘 고객은 인터넷을 통해 지불 및 기타 거래를 수행하기 위해 은행 또는 주택금융조합의 웹사이트를 이용할 수 있다. 이러한 형태의 뱅킹은 업무 시간 외에 인터넷 연결이 가능한 곳이면 어디에서나 할 수 있다.」

15 ②

expenditure 지출
① parameter 요인, 매개변수
③ barrier 장벽
④ incentive 격려, 동기, 자극

「해외 원조 지출을 감시함으로써, 우리는 그것의 남용을 막을 수 있고, 가난한 나라에 지원을 제공할 것을 목표로 할 수 있으며, 결과적으로 그들이 궁극적으로 경제적 권한을 달성하고, 차례로 다른 나라들에게 돈을 기부할 수 있게 된다.」

16 ①

② 물론이지요. 빛이 많으시네요.
③ 그런 출금은 지점장의 승인이 필요합니다.
④ 좋아요. 어떤 종류의 계좌를 개설하실 건가요?

「M : 자동차 구입을 위해 대출을 받고 싶은데요.
W : 지금 신분증 있으신가요?」

17 ③

host population 현지주민 spillover 파급 excessive 과도한 diversity 다양성 tolerant 관용적인 perceive 인식하다 unattractive 매력적이지 않은 distortion 왜곡 national identity 국가 정체성 discriminate 차별하다 import 들여오다
① 민족 집단에서 문화의 역할
② 국가 정체성에 관한 부정적 관점
③ 문화적 다양성에 관한 대조적인 측면
④ 나라들 사이의 생산성 차이의 요소들

「다른 문화적 배경으로부터의 노동자들과 현지 주민의 상호작용은 지식 파급과 같은 긍정적인 외부 효과로 인해 생산성을 증가시킬 수 있다. 이것은 어느 정도까지만 장점이다. 배경의 다양성이 너무 클 경우, 분열은 의사소통에 대한 과도한 거래 비용을 초래하는데, 이는 생산성을 저하시킬 수 있다. 다양성은 노동 시장에 영향을 줄 뿐만 아니라 한 지역의 삶의 질에도 영향을 미칠 수 있다. 관용적인 원주민은 이용 가능한 재화와 용역 범위의 증가로 인해 다문화 도시나 지역을 가치 있게 여길 수 있다. 반면에, 원주민들이 다양성을 그들의 국가 정체성이라고 생각하는 것에 대한 왜곡으로 인식한다면 다양성은 매력적이지 않은 특징으로 인식될 수 있다. 그들은 심지어 다른 민족 집단을 차별할 수도 있고 그들은 다른 외국 국적들 간의 사회적 갈등이 그들 인근으로 유입되는 것을 두려워할 수도 있다.」

18 ②

first impression 첫인상 ensure 보증하다 interrupt 막다, 방해하다 distract 주의를 딴 데로 돌리다 stare 응시하다, 주시하다 fixedly 꼼짝 않고, 뚫어지게 favorable 좋은, 호의적인

「첫인상을 좋게 만드는 것은 사랑과 직업 모두에 있어서 훌륭한 관계를 이끌어 낼 수 있다. 여기 당신이 확실하게 좋은 첫인상을 만드는 것을 보장해 줄 몇 가지 방법이 있다. 먼저, 상황에 맞게 옷을 입어라. 예를 들어, 취직을 위한 면접 시험을 보러 갈 때 집에서 입는 옷을 입고 가는 것은 면접하는 사람이 당신을 고용하는 것에 확신을 갖지 못하게 할 것이다. 다음으로는, 잘 듣는 사람이 되어라. 이것은 대화를 방해하지 않는 것을 의미한다. 그리고 잘 듣는 사람은 자주 상대방의 눈을 바라본다는 점을 명심하라. 이것은 당신이 상대방에게 관심을 가지고 있으며 지루해 하거나 마음이 다른 곳에 가 있지 않다는 것을 보여 준다. 하지만, 아무 표정 없이 다른 사람을 응시하면, 당신이 무례하거나 화가 난 것으로 보일 수 있으므로 미소를 띠는 것이 중요하다. 당신의 웃는 얼굴은 그들에게 좋은 인상을 줄 것이다.」

19 ④

ordinarily 보통(은), 대개, 대체로 pay out 갚다, 지불하다 rely on 믿다, 의지하다, 신뢰하다 at the same time 동시에 pay off 전액을 지불하다, 모두 갚다 depositor 예금자, 예금주, 기탁자 fear 두려움, 공포, 걱정, 근심 fund 자금, 기금 withdraw 빼다, 철수시키다, (돈을) 인출하다, 회수하다 year after year 해마다, 해를 거듭하여 compel 무리하게 ~시키다, 강요하다 teller (금전)출납계원 private 개인적인, 비밀의, 은밀한

① 만약 그들이 몰래 그들의 계좌에서 돈을 인출한다면
② 만약 그들이 해마다 점점 더 적게 예금한다면
③ 만약 그들이 금전출납원에게 사적인 목적으로 그들의 자금을 사용하지 말라고 강요한다면
④ 만약 그들이 모두 동시에 나타나지 않는다면

「은행들은 대개 모든 예금액을 갚기 위해서 준비하지 않는다. 그들은 그들의 예금주들이 동시에 모든 예금의 지불을 요구하지는 않을 것이라고 신뢰한다. 만약 예금주들이 은행이 건실하지 못하여 예금주들에게 전액을 모두 지불할 수 없다는 걱정이 일어난다면, 그 때에는 그 걱정이 모든 예금주들을 같은 날에 나타나도록 하는 원인이 될지도 모른다. 만약 그들이 그렇게 한다면, 은행은 모든 예금액을 지불할 수 없다. 하지만 그들이 모두 동시에 나타나지 않는다면, 그 때에는 그들이 원하는 때에 그들의 돈을 원하는 사람에게 지불할 자금이 항상 있을 것이다.」

20 ①

naturally 본디, 당연히 tend to ~하는 경향이 있다 take the line of least resistance 최소저항선을 취하다, 가장 편한 방법을 취하다 ordinary 평범한 consist of ~을 구성하다 questioning 의심스러운, 수상한 be attached to 좋아하다, 애착을 갖다 instinctively 본능적으로 hostile 적대적인, 적의있는 established order 기존 질서 inconsistent with ~에 상반되는, 불일치하는 rearrange 재배열하다 laborious 어려운, 힘든, 부지런한, 근면한 painful 고통스러운 expense 손실, 희생, 지출, 비용 fellow 친구, 동료, 상대 disagreeable 불쾌한, 싫은 desirable 바람직한 alter 바꾸다, 변하다

「보통 두뇌는 본디 게으르고 최소저항선을 택하는(가장 편한 방법을 취하는) 경향이 있다. 평범한 사람의 정신세계는 의심 없이 받아들이고 고수하고 있는 것들에 대한 신념으로 이루어져 있다. 말하자면, 평범한 사람은 익숙한 세계의 기존 질서를 깨는 어떤 것에도 본능적으로 적대감을 가지고 있다. 자기가 갖고 있는 어떤 신념과 불일치하는 새로운 생각은 정신(세계)을 재조정할 필요성을 의미한다. 이러한 과정은 고통스런 뇌에너지의 소모를 필요로 하는 어려운 것이다. 거의 대다수인 평범한 사람과 그 동료들에게는 기존의 신념과 제도(관습)에 의심을 갖게 되는 새로운 생각과 선택은 단지 그것들이 싫기 때문에 유해한 것처럼 보인다. 이런 태도는 사회발전을 위해 바꾸는 것이 바람직하다.」

▶▶▶ 01   우편일반

☞ 제5회 모의고사 p.123

1	2	3	4	5	6	7	8	9	10
④	④	①	④	①	④	①	④	④	④
11	12	13	14	15	16	17	18	19	20
②	④	②	①	③	④	④	③	④	④

1 ④

④ 우편이용계약에서 방문접수와 집배원 접수의 경우에는 영수증을 교부한 때 성립한다.

2 ④

④ 창문봉투의 경우 종이가 아닌 다른 소재로 투명하게 창문 제작

3 ①

조력자에 대한 보수 및 손실보상을 청구할 때에는 청구인의 주소, 성명, 청구사유 및 청구금액을 기재한 청구서를 운송원 등이 소속하고 있는 우체국장을 거쳐 관할지방우정청장에게 제출하여야 한다.

4 ④

④ 통상우편물 및 소포우편물의 제한 무게는 30kg까지 이다.

5 ①

② 민원우편의 송달에 필요한 왕복우편요금과 민원우편 부가취급수수료를 접수(발송)할 때 미리 받는다.

③ 우정사업본부 발행 민원우편 취급용봉투(발송용, 회송용)를 사용해야 한다.

④ 민원우편의 송달은 익일특급에 따라 신속히 송달한다.

6 ④

④ 착불소포는 우편물 수취인에게 우편요금(수수료 포함)을 수납하여 세입 처리한다.

7 ①

② 우편사업을 국가에서 경영하는 이유는 우편사업의 성격상 요청되는 취급의 안전성, 신속성, 정확성, 통일성, 공정성과 가격의 저렴성 및 시설의 보급성을 확보할 수 있기 때문이다.

③ 우편지급업무 약정은 국제 법규에 속한다.

④ 통신비밀보호법에 관한 설명이다. 우편법은 우편에 관한 기본법으로서 우편사업의 경영형태, 우편특권, 우편역무의 종류, 이용조건, 손해배상 및 벌칙 등 우편이용에 관한 기본적인 사항을 규정하고 있다.

8 ④

수취인 장기부재 시 우편물 배달

㉠ 수취인 주소지에 동거인이 있는 경우에는 그 동거인에게 배달할 수 있다.

㉡ 수취인이 장기부재신고서에 돌아올 날짜를 미리 신고한 경우
- 15일 이내 : 돌아올 날짜의 다음날에 배달
- 15일 이후 : "수취인장기부재" 표시하여 반송

9 ④

④ 세계 각국의 우편금지물품은 자국 실정에 따라 정해진다.

10 ④

④ e-Shipping으로 수출우편물 정보 또는 수출신고 번호를 제공한 경우 – 2%p 추가 감액

11 ②

등기취급 우편물의 종류별 배달방법

우편물 종류	배달방법
특별송달	3회 배달 후 보관 없이 반환
맞춤형 계약등기	3회 배달, 2일 보관 후 반송
외화 맞춤형 계약등기	2회 배달, 보관 없이 반환
내용증명, 보험취급(외화제외), 선거우편, 등기소포	2회 배달, 2일 보관 후 반환
선택등기우편물	2회 배달, 수취인 폐문부재 시 우편수취함 배달
그 밖의 특별한 사유로 우정사업본부장이 정하는 경우	
그 밖의 특별한 사유로 관할지방우정청장이 정하는 경우	

12 ④

④ CD, 비디오테이프, OCR, 포장박스, 봉인한 서류는 인쇄물로 접수할 수 없다.

13 ②

㉠ 「국제우편규정」에 따라 과학기술정보통신부장관이 고시한 전자상거래용 국제우편서비스이다.
㉢ 최대길이는 60cm이다.

14 ①

② 아시아지역은 접수한 날부터 2일 이내 배달을 보장한다.
③ 배달예정일보다 늦게 배달되면 지연사실 확인 즉시 우편요금을 배상해 주는 서비스이다.
④ 미국, 호주, 유럽은 접수 + 3일 이내 배달을 보장한다.

15 ③

③ 행방조사청구제도의 청구기한은 우편물을 발송한 다음날부터 계산하여 6개월이다(다만, 국제특급우편물의 경우에는 4개월 이내).

16 ④

㉠ 송달요구권은 발송인의 권리이다. 우편관서는 우편물 송달의 의무와 요금·수수료 징수의 권리를 가진다.

17 ④

④ 운송 곤란 지역의 배달기한을 계산할 때, 접수·배달 우편물의 운송이 모두 어려운 곳은 각각의 필요 일수를 배달기한에 합하여 계산한다.

18 ③

① 손해배상 청구는 우편물을 발송한 날로부터 1년 내에 해야 한다.
② 수취인이 우편물을 정당하게 받았을 경우는 손해배상 제한사유에 해당한다.
④ 손해배상 결정서를 받은 청구인은 우편물을 받은 날부터 5년 안에 배상액을 청구할 수 있고, 그 이후에는 시효로 인해 권리가 소멸된다.

19 ④

• 앞면 : 오른쪽 끝에서 140mm × 밑면에서 17mm, 우편
번호 오른쪽 끝에서 20mm
• 뒷면 : 왼쪽 끝에서 140mm × 밑면에서 17mm
따라서 140 + 17 + 20 + 140 + 17 = 334

20 ④

① 크기는 세로 최대 120mm, 가로 최대 170mm이며,
허용 오차는 ±5mm이다.
② 우편번호 기재 여백규격은 상·하·좌·우에 4mm
이상이다.
③ 직사각형 형태의 별도 봉투로 봉함하지 않은 형
태이다.

▶▶▶ 02　　　예금일반

☞ 제5회 모의고사　p.130

1	2	3	4	5	6	7	8	9	10
④	②	②	③	④	③	④	②	④	③
11	12	13	14	15	16	17	18	19	20
①	①	③	④	①	③	②	①	③	②

1 ④

금융이란 자금이 부족한 경제주체에게 자금의 여유,
창출할 수 있는 경제주체가 자금을 융통해 주는 행
위를 말한다. 금융활동의 주체는 가계, 기업, 정부,
금융회사로 구분할 수 있고 이 중 금융회사는 최종
자금수요자, 자금공급자가 되는 것이 아니라 다른
주체 간의 금융의 중개기능을 수행한다.

2 ②

특수은행에는 한국수출입은행, 한국산업은행, 중소
기업은행, 농협은행, 수협은행 등이 있다.

3 ②

이용매체가 없어도 CD/ATM 이용이 가능하다. 통장
이나 카드 없이 금융거래가 가능한 무매체 거래는
고객이 사전에 금융기관에 신청하여 무매체 거래용
고유승인번호를 부여받은 뒤 CD/ATM에서 주민등록
번호, 계좌번호, 계좌비밀번호, 고유승인번호를 입력
하여 각종 금융서비스를 이용할 수 있다.

4 ③

법정대리의 경우 대리관계의 확인방법

구분	대리인	확인서류
미성년자의 경우	친권자, 후견인	가족관계등록부
피성년후견인 및 피한정후견인의 경우	후견인	후견등기부
부재자의 경우	부재자 재산관리인	법원의 선임심판서
사망한 경우	유언집행자, 상속재산관리인	사망자의 유언, 법원의 선임심판서

5 ④

금융소득 종합과세제도는 금융실명제 실시에 따른 후속조치로 1996년부터 실시되었으며 1998년부터 일시적으로 유보되었다가 2001년부터 다시 실시되고 있다.

6 ③

③ 수출이 늘어나거나 외국인 관광객이 증가하는 등 경상수지 흑자가 늘어나면 외화의 공급이 증가하므로 환율은 하락하게 된다.

7 ④

① 금융거래의 만기에 따라
② 금융수단의 성격에 따라
③ 금융거래의 단계에 따라

8 ②

① 정기예금에 양도성을 부여한 특수한 형태의 금융상품으로 은행이 무기명 할인식으로 발행하여 거액의 부동자금을 운용하는 수단으로 자주 활용된다.

③ 은행의 정기예금과 유사한 상품으로 상호금융, 새마을금고, 신용협동조합 등 신용협동기구들이 취급하고 있는 상품이다.
④ 원금을 안전한 자산에 운용하여 만기 시 원금은 보장되고 장래에 지급할 이자의 일부 또는 전부를 주가지수의 움직임에 연동한 파생상품에 투자하여 고수익을 추구하는 상품이다.

9 ④

투자대상에 따른 펀드의 유형
㉠ 채권형(채권에 60% 이상 투자) 펀드 : 하이일드펀드, 회사채펀드, 국공채펀드, MMF펀드
㉡ 주식형(주식에 60% 이상 투자) 펀드 : 성장형펀드, 가치주형펀드, 배당주형펀드, 섹터형펀드, 인덱스펀드
㉢ 혼합형 : 주식과 채권에 각각 60% 미만으로 투자한 펀드

10 ③

③ ETF의 투자비용은 액티브펀드보다 낮은 비용이 발생하며 ETF거래를 위해 거래세 및 수수료 지불한다.

11 ①

② 파생결합증권의 일종으로 개별 주식의 가격이나 주가지수, 섹터지수 등의 기초자산과 연계되어 미리 정해진 방법으로 투자수익이 결정되는 증권이다.
③ 금전 및 금전 외 재산을 하나의 계약으로 포괄적으로 설정하는 신탁이다.
④ 금전으로 신탁을 설정하고 신탁 종료시 금전 또는 운용재산을 수익자에게 그대로 교부하는 신탁이다.

12 ①

② 기존주주 대신 관계회사나 채권은행 등 제3자가 신주인수를 하도록 하는 방식

③ 기존주주와 우리사주조합에게 신주를 배정하고 실권주 발생 시 이사회 결의에 따라 처리방법 결정

④ 기존주주에게 신주인수권리를 주지 않고 일반투자자를 대상으로 청약을 받는 방식

13 ③

① 각종 금융거래에 수반하여 발생하는 미정리예금·미결제예금·기타 다른 예금종목으로 처리가 곤란한 일시적인 보관금 등을 처리하는 예금계정이다.

② 어음·수표의 지급 사무처리의 위임을 목적으로 하는 위임계약과 금전소비임치계약이 혼합된 계약이다.

④ 예치기간이 약정된 금전소비임치계약이다.

14 ④

④ 환매조건부채권매도 등을 통한 차입부채는 있을 수 있다.

15 ①

할인율 = 할인금액÷채권가격
= 100,000÷1,000,000 = 10.0(%)

16 ③

상호금융
㉠ 신용협동조합
㉡ 농업협동조합
㉢ 수산업협동조합
㉣ 산림조합
㉤ 새마을금고

17 ②

② 102m^2 이하–기타 광역시 400만 원

18 ①

72÷금리 = 원금이 두 배가 되는 시기(년)
72÷5=14.4(년)

19 ③

③ 우체국보험은 동법에 따라 계약 보험금 한도액이 보험종류별로 피 보험자 1인당 4천만 원으로 제한되어 있다.

20 ②

② 예금보험공사 홈페이지 내 착오송금 반환지원 사이트 접속 온라인 신청 또는 예금보험공사 본사 상담센터 방문 신청할 수 있다.

☞ 제5회 모의고사　p.136

1	2	3	4	5	6	7	8	9	10
③	②	③	②	①	④	④	②	③	②
11	12	13	14	15	16	17	18	19	20
②	③	②	②	③	①	②	③	②	②

1　③

① 최대 75세까지 가입이 가능한 실버 전용 보험이다.
② 의료비 전문 보험으로 상해 및 질병 최고 1억 원까지 보장된다.
④ 보험기간 만료일 15일 전까지 계약자의 별도 의사표시가 없으면 최대 2회까지 자동갱신이 가능하다.

2　②

② 보험자는 계약자의 청약에 대해 피보험자가 계약에 적합하지 않을 경우 계약을 거절할 수 있으며, 계약을 거절한 때에는 보험료를 받은 기간에 대하여 일정 이자를 보험료에 더하여 돌려준다.

3　③

장해·입원·수술 등의 사고에 보험금을 받는 자를 지정하지 않은 경우 보험수익자는 피보험자이다.

4　②

일반적인 상해보험 보장내용
㉠ 상해입원급부금 : 보험기간 중 상해로 인해 직접치료를 목적으로 입원하였을 경우
㉡ 상해수술급부금 : 보험기간 중 상해로 인해 직접치료를 목적으로 수술을 받았을 때
㉢ 상해장해급부금 : 보험기간 중 상해로 인해 장해분류표에서 정한 각 장해지급률에 해당하는 장해상태가 되었을 경우
㉣ 상해사망보험금 : 보험기간 중에 상해의 직접적인 원인으로 사망하였을 경우
㉤ 만기환급금 : 보험기간이 끝날 때까지 피보험자가 살아있는 경우

5　①

① 10년 만기 생존 시마다 건강관리자금을 지급한다.

6　④

④ 특약 선택시 일상생활 재해 및 암, 뇌출혈, 급성심근경색증 추가 보장이 가능하다.

7　④

④ 책임보험 : 피보험자가 보험기간 중의 사고로 인하여 제 3 자에게 배상할 책임을 질 경우 에 보험자가 이로 인한 손해를 보상할 것을 목적으로 하는 보험

8　②

기본공제대상자 요건

보험료 납입인	피보험자	소득금액요건	연령요건	세액공제 여부
본인	부모	연간100만 원 이하	만 60세 이상	가능
본인	배우자	연간 100만 원 이하	특정 요건 없음	가능
본인	자녀	연간 100만 원 이하	만 20세 이하	가능
본인	형제 자매	연간 100만 원 이하	만 20세 이하 또는 만 60세 이상	가능

9 ③

③ 보호대상은 예금자로, 개인 및 법인 포함한다.

10 ②

② 제3보험업에 대해서는 겸영을 허용하고 있다.

11 ②

② "장기요양상태"라 함은 거동이 불편하여 장기요양이 필요하다고 판단되었을 경우 「노인장기요양보험법」에 따라 국민건강보험공단의 장기요양등급 판정위원회에서 장기요양 1등급 또는 장기요양 2등급 등으로 판정받은 경우를 말한다.

12 ③

③ 보험계약의 취소 사유에 해당한다.

13 ②

② 해지권 행사의 사유에 해당한다.

14 ②

② 국가가 경영하고 과학기술정보통신부 장관이 관장한다.

15 ③

③ 우정사업본부장은 우체국보험의 지급여력비율이 100% 미만인 경우로서 보험계약자에게 보험금을 지급하지 못할 우려가 있다고 판단되는 경우에는 경영개선계획을 수립·시행하여야 한다.

16 ①

① 피보험자가 청약일 이전에 암 또는 인간면역결핍바이러스(HIV) 감염의 진단 확정을 받은 후 계약자 또는 피보험자가 이를 숨기고 가입하는 등의 뚜렷한 사기의사에 의하여 계약이 성립되었음을 체신관서가 증명하는 경우에는 보장개시일부 터 5년 이내(사기 사실을 안 날부터는 1개월 이내)에 계약을 취소할 수 있다.

17 ②

② 진단이 확정되었을 때 – 진단확정일

18 ③

③ 보장성 보험에 해당한다.

※ 저축성 보험
  ㉠ 무배당 청소년꿈보험 2109
  ㉡ 무배당 그린보너스저축보험플러스2203
  ㉢ 무배당 파워적립보험2109
  ㉣ 무배당 우체국온라인저축보험2109
  ㉤ 무배당 알찬전환특약2109

19 ②

① 각종 질병, 사고 및 주요성인질환 종합 보장한다.
③ 주계약 사망보험금을 통한 유족보장과 특약 가입을 통한 건강, 상해, 중대질병·수술, 3대질병 보장한다.
④ 각종 특약설계로 보장범위를 경증질환까지 폭넓게 확대하여 사망부터 생존까지 종합적으로 보장한다.

20 ②

② 통원(외래 및 처방 합산) 회당 20만 원까지 보장한다.

☞ 제5회 모의고사 p.142

1	2	3	4	5	6	7	8	9	10
①	①	①	④	③	③	④	②	④	④

11	12	13	14	15	16	17	18	19	20
①	③	②	②	①	④	③	②	④	②

1 ①
② 트리형은 중앙 컴퓨터와 일정 지역의 단말장치까지는 하나의 통신 회선으로 연결시키고, 이웃하는 단말장치는 일정 지역 내에 설치된 중간 단말장치로부터 다시 연결시키는 형태
③ 버스형은 한 개의 통신 회선에 여러 대의 단말장치가 연결되어 있는 형태
④ 성형은 중앙에 중앙 컴퓨터가 있고, 이를 중심으로 단말장치들이 연결되는 중앙 집중식 네트워크

2 ①
기억장치 접근 속도 … CPU(레지스터) > 연관 메모리 > 캐시 메모리 > 주기억장치 (RAM) > 보조기억장치

3 ①
• 서비스 거부(DoS) 공격 : 시스템을 악의적으로 공격해 해당 시스템의 자원을 부족하게 하여 원래 의도된 용도로 사용하지 못하게 하는 공격
• 서비스 거부(DoS) 공격의 종류
−취약점 공격형 : 보잉크 공격(Boink Attack), 봉크 공격(Bonk Attack), 티어드롭 공격(TearDrop Attack), 랜드 공격 (Land Attack)
−자원 고갈 공격형 : Ping of Death Attack, SYN Flooding Attack, HTTP GET Flooding Attack, HTTP Cache Control 공격, Dynamic HTTP Request Flooding Attack, 슬로 HTTP Header DoS Attack, 슬로 HTTP POST Attack, 스머프 공격)

• 분산 서비스 거부 공격(DDoS) : 특정 서버(컴퓨터)나 네트워크 장비를 대상으로 많은 데이터를 발생시켜 장애를 일으키는 대표적인 서비스 거부 공격
• 분산 서비스 거부 공격(DDoS) 종류
−TCP SYN Flooding 공격 : TCP 패킷의 SYN 비트를 이용한 공격방법
−ICMP Flooding 공격 : IP특정과 ICMP패킷을 이용한 공격 방법

4 ④
직렬(Serial) 우선순위 부여 방식 = 데이지체인(Daisy-chain)
• 인터럽트가 발행하는 모든 장치를 한 개의 회선에 직렬로 연결
• 우선순위가 높은 장치를 선두에 위치시키고 나머지를 우선순위에 따라 차례로 연결
• 호스트에 가까운 쪽에 높은 우선권을 두는 경우가 많음

5 ③
TCP(Transmission Control Protocol)의 주요 특징
• 연결 지향적 프로토콜
• 데이터 전송 중 오류 감지 및 복구
• 데이터의 신뢰성을 보장하며 순서를 지킴
• 주로 웹 브라우징, 이메일, 파일 전송 등에서 사용
• 흐름 제어와 혼잡 제어를 지원하여 네트워크 혼잡을 방지

6 ③
임계구역의 문제를 해결하기 위한 3가지 조건
• 상호배제(Mutual exclusion) : 특정 프로세스가 임계영역 내에서 실행중일 때, 다른 프로세스는 임계영역에 들어갈 수 없다.

- 진행(progress) : 임계영역를 진행 중인 프로세스가 없을 경우에, 임계영역에 진입을 요구할 경우 유한한 시간 내에 진입해야 한다. 정당한 진입 프로세스를 막으면 안 된다.
- 한정된 대기(bounded waiting) : 임계영역에 대한 진입의 요청을 했을 경우, 무한히 기다리지 않고 유한한 시간 내에 진입해야 한다.

7 ④

보안 취약점 종류
- 시스템 보안 취약점
- 사용자의 계정이나 디렉토리, 파일 등의 관리에 대한 취약점
- 접근 권한이 없는 사용자가 특정 파일을 열람 가능하다면 심각한 보안 취약점
- 네트워크 보안 취약점
- 시스템의 상태를 확인하기 위한 취약점
- 크래킹의 첫 단계로 네트워크 취약점을 파악하고 접근방법을 검토
- 웹 보안 취약점
- 웹 브라우저의 문제나 웹 프로그래밍 언어의 오류, 버그로 인한 보안 취약점
- 사용자 인증 절차 없거나 우회하여 접속, 접근 권한을 초과한 정보 열람

8 ②

블랙박스 테스트(Black Box Test) … 소프트웨어의 내부 구조나 작동 원리를 모르는 상태에서 소프트웨어의 동작을 검사하는 방법.
※ 블랙박스 테스트(Black Box Test) 종류
- 동등 분할 기법(Equivalence Partitioning)
- 경계값 분석 기법(Boundary Value Analy
- 오류 예측 기법(Error Guessing)
- 원인 결과 그래프 기법(Cause Effect Graph)
- 의사결정 테이블 테스팅
- 상태전이 테스팅

9 ④

유스케이스 다이어그램 구성 요소 … 유스케이스 다이어그램은 시스템(System), 액터(Actor), 유스케이스(Usecase), 관계(Relation)로 구성되어 있다.

10 ④

- 서브넷 마스크(Subnet Mask)
- 서브넷 마스크(Subnet Mask)는 IP 주소의 네트워크 부분과 호스트 부분을 구분하는 데 사용되는 비트 패턴입니다.
- 서브넷 마스크는 IP 주소와 함께 사용되어 네트워크 주소와 호스트 주소를 식별하고, IP 패킷을 올바른 네트워크로 라우팅 하기 위해 필요합니다.
- 서브넷 마스크는 주로 이진수로 표현되며, IP 주소와 동일한 길이를 갖습니다.
- 서브넷 마스크를 사용하여 IP 주소를 서브넷에 할당하면 네트워크를 세분화하여 더 작은 네트워크로 분할할 수 있습니다.
- 이를 통해 IP 주소 공간을 효율적으로 사용하고, 라우팅 및 네트워크 관리를 용이하게 할 수 있습니다.
- 서브네팅(Subnetting) : 서브네팅은 IP 주소 범위를 더 작은 서브넷으로 나누는 프로세스

11 ①

① DELETE FROM table_name
  [WHERE condition];
- DELETE : DELETE 문은 테이블에서 하나 이상의 레코드를 삭제하는 명령문이다. 삭제될 집합은 조건문을 통해서 정의될 수 있으며, 혹은 테이블 자체를 모두 삭제할 수 있다.

12 ③

공개 키 기반 구조(public-key infrastructure) … 공개 키를 효과적으로 운용하기 위해 정해진 많은 규격이나 선택 사양

※ PKI 구성 요소
- 이용자 : PKI를 이용하는 사람
- 인증기관 : 인증서를 발행하는 사람
- 저장소 : 인증서를 보관하고 있는 데이터베이스

13 ②

- 폭포수 모형(Waterfall Model) : 선형순차모델, 고전적 소프트웨어 프로세스 모델
- 나선형 모형(Spiral) : 반복진화형 모델의 확장된 형태로 위험관리를 지원하는 소프트웨어 프로세스 모델

14 ②

① claim 주장하다, 청구하다
③ declare 신고하다
④ ensure 보증하다
「우리 고객은 전 세계 100만 개 이상의 현금 인출기에서 인출할 수 있으며, 계좌 개설 후 며칠 내로 수표책과 직불카드를 받게 됩니다.」

15 ①

① and는 등위접속사로 'A, B, and C'의 구조를 사용할 수 있으며 A, B, C는 같은 품사 또는 형태를 가진다. 해당 문장은 'A, B, and C'가 쓰인 문장으로 A(Pick)와 C(make)는 동사원형을 사용하였으나 B(giving)는 −ing(동명사/현재분사)를 사용하였으므로 옳지 않다. 따라서 giving을 give로 고치는 것이 옳다.
② an amount of는 양을 나타내는 수량형용사로 불가산명사를 수식한다.
③ −ing(동명사)는 주어로 사용할 수 있다.
④ 해당 문장에서 let은 사역동사로 목적격 보어로 동사원형을 사용할 수 있다.

「결정을 내리고 그대로 진행하라. 지금 시도하라. 그동안 미뤄왔던 결정을 선택하고, 스스로에게 3분을 주고 결정을 내려라. 만일 당신이 너무나 많은 결정들에 압도된다면, 종이 한 장을 꺼내 그 결정들의 목록을 써 내려 가라. 그리고 일정한 시간을 갖고 하나씩 확인하며 당신이 그 순간에 할 수 있는 최선의 결정을 내려라. 어떠한 결정이든 결정을 내리는 것이 당신의 걱정거리를 해소하고 당신이 앞으로 한 발 더 전진하도록 만들 것이다. 압박감에 대한 가장 좋은 해결책은 앞을 향해 나아갈 수 있는 원동력이다.」

16 ④

① 누군가 너한테 줄 때까지 기다려야 해.
② 그렇게 한다면 파산할 위험이 있어.
③ 그렇게 하는 것이 굉장히 수익성이 있지.
「M : 소득세 신고서 제출 때문에 정말 스트레스 받아.
W : 그러게. 나는 작년에 돈을 더 내야 했어.
M : 올해 돈을 내야 하면 난 대출 받아야 할지도 몰라.
W : 재정 지원을 요청하면 언제나 도움이 되지.」

17 ③

manufacture 제조, 제조업   competition 시합, 경쟁
「한 라디오 프로그램 중에 한 비스켓 제조 회사가 청취자들에게 비스켓을 구워서 그들의 공장으로 보내 달라고 요청했다. 그들은 청취자가 구운 가장 큰 비스켓에 대해 파운드 당 2달러를 지불하겠다고 제안했다. 이 시합에 대한 반응은 엄청났다. (C) 머지않아 갖가지 모양과 크기의 비스켓이 그 공장에 도착하기 시작했다. 그곳에 보내진 모든 비스켓은 꼼꼼하게 무게가 재어졌다. 가장 큰 것은 713파운드였다. 이것이 상을 받을 것이 확실해 보였다. (A) 그러나 그 시합이 끝나기 전에 2,400파운드의 무게가 나가는 정말 큰 비스켓을 실은 트럭이 공장에 도착했다. 이것은 한 대학생이 구운 것이었다. (B) 그것은 너무 무거워서 트럭에서 끌어내리기 위해 크레인이 사용되어야 했다. 그 회사는 그 학생에게 4,800달러를 지불하고 그 비스켓을 샀기 때문에 자신들이 기대했던 것보다 훨씬 많은 돈을 지불해야 했다.」

18 ②

debt 빚 contest 대회, 시합 log 통나무 smooth 부드러운 personality 성격

②의 his는 Figure의 주인을 가리키고 나머지는 모두 Figure를 가리킨다.

「manufacture 제조, 제조업 competition 시합, 경쟁Justin Morgan이라는 말은 1790년경에 Massachusetts 주의 한 농장에서 태어났다. 그 말의 원래 이름은 Figure였다. Figure의 주인은 그 말을 대단하게 여기지 않았다. 그래서 그는 빚을 갚기 위해 그 말을 그의 사촌 Justin Morgan에게 주었다. Morgan은 그 말을 자신의 집이 있는 Vermont 농장으로 데리고 갔다. 나중에 그 말은 그 주인의 이름으로 알려지게 되었다. Figure는 작았지만 강인했다! Morgan은 Figure를 끌기 대회에 참가시켰다. 그 말은 무거운 통나무를 끌고 많은 상을 받았다. 나중에 Figure는 경주마가 되었다. 그 말은 참가한 모든 경주에서 우승을 했다. Figure는 강하고 빨랐을 뿐만 아니라 다정하고 잘 생겼다. 그 말은 부드럽고 빛나는 외피와 점잖은 성격을 가졌다. 곧 Figure는 Vermont와 Massachusetts 전역에서 유명해졌다.」

19 ④

détente 긴장완화 regime 정부

제시문은 간접적인 문화교류가 아닌 직접적인 대립을 지지하는 태도를 보이고 있다.

① 찬성하는
② 무관심한
③ 논쟁적인
④ 회의적인

「뉴욕 필하모닉의 북한 방문이 북한과 문명화된 세계 사이의 관계에 지속적인 영향을 미칠 수 있을 것인지에 대한 논란이 있어 주목해볼 만하다. 이것은 과거의 새로운 역사를 펼친 Bard의 교훈을 떠오르게 한다. 40여 년 전에, 미국의 탁구팀이 베이징에서 경기를 했고, 닉슨 대통령은 소련과 경쟁관계에서 중국이라는 카드를 뽑아들고 개방한 것이며, 그것이 화해의 시대를 이끈 것은 불과 20년 정도이다. 전체주의 제도가 무너지는 효과적인 유일한 방법은 직접적인 대립이다. 옛 소련은 로널드 레이건, 마거릿 대처, 교황 폴 바오로 2세와 같은 세계적인 지도자가 나라와 그 이념에 정면 대항하였기 때문에 무너진 것이다.」

20 ②

coward 겁쟁이 cowardice 겁

제시문은 필자의 강한 다짐이 담겨 있는 글이다.

① 실망한
② 결단력 있는
③ 고무적인
④ 놀라서 멍한

「나는 겁쟁이였다. 내가 세상에서 제일 무서워하는 것은 싸움에서 깨지고 겁에 질려 마음이 꺾이는 것이다. 나는 어떠한 상황에서도 굳은 마음을 갖겠다고 다짐했다. 나는 이러한 타락이 용서받기를 목이 메이도록 열심히 기도했다.」

☞ 제6회 모의고사 p.149

▶▶▶ 01　우편일반

1	2	3	4	5	6	7	8	9	10
①	④	③	④	①	④	②	①	④	③
11	12	13	14	15	16	17	18	19	20
②	④	②	③	③	②	②	②	②	①

1　①

아시아 · 태평양우편연합(APPU) 조약 … 아시아 및 태평양 지역에 있는 우정청간에 광범위한 협력관계를 설정하고 이를 발전시킬 것을 목적으로 1962년 4월 1일 창설된 APPU(아시아 · 태평양 우편연합, 종전 아시아 · 대양주우편연합의 개칭) 회원국 간의 조약으로 회원국 상호간의 우편물의 원활한 교환과 우편사업 발전을 위한 협력증진을 목적으로 하고 있다.

2　④

④ 제한능력자라 함은 민법상의 제한능력자를 말하며, 행위제한능력자(미성년자, 피한정후견인, 피성년후견인)와 의사제한능력자(만취자, 광인 등)를 모두 포함한다.

3　③

③ 설 · 추석 등 특수한 기간에 우편물이 대량으로 늘어나 늦게 배달되는 경우는 지연배달로 보지 않음

4　④

EMS의 종 · 추적조사 및 손해배상 청구 응대 시 3일 이상을 지연하였을 때에는 1회 3만 원 상당의 무료 발송권을 지급하여야 한다.

5　①

등기소포와 일반소포와의 차이

구분	등기소포	일반소포
취급방법	접수에서 배달까지의 송달과정에 대해 기록	기록하지 않음
요금납부 방법	현금, 우표첩부, 우표납부, 신용카드 결제 등	현금, 우표첩부, 신용카드 결제 등
손해배상	망실 · 훼손, 지연배달 시 손해배상청구 가능	없음
반송료	반송 시 반송수수료(등기통상 취급수수료) 징수	없음
부가취급 서비스	가능	불가능

6　④

④ 현금으로 반환할 때에는 지출관이 반환금 등에서 반환 후 청구인에게서 영수증을 받음

7　②

청구기한은 우편물을 발송한 다음 날부터 계산하여 6개월이며 다만, 국제특급우편물의 경우에는 4개월 이내이다.

8　①

EMS 배달보장 서비스(EMS Guarantee Service)
㉠ 우리나라와 EMS 서비스 품질 향상을 위하여 특별협정을 체결한 10개 우정청(일본, 미국, 중국, 호주, 홍콩, 영국, 스페인, 프랑스, 태국, 캐나다) 간에 운영되며, 별도 취급 수수료는 없음
㉡ 우편취급국을 포함한 모든 우체국에서 위 국가로 발송하는 EMS 우편물에 대하여 배달보장일 제공 가능

9 ④

① 원칙적으로 수취인에게 배달되기 전까지는 발송인이 되며, 배달된 후에는 수취인에게 청구 권한이 있다.

② 손해배상의 요건이 성립하기 위해서는 우편물에 실질적인 손해가 발생해야 하며, 우편관서의 과실이 있어야 하고 행방조사청구가 기한 내에 이루어져야 한다.

③ 화재, 천재지변 등 불가항력에 의해 발생한 경우 손해배상의 면책 사유에 해당된다.

10 ③

① 무게는 10g 단위로 기록한다.

② 보내는 사람뿐만 아니라 받는 사람의 전화번호까지 기록 권장한다.

④ 신속한 통관과 정확한 배달을 위하여 필요하므로 반드시 기록해야 한다.

11 ②

① 등기우편물 – 분실, 전부 도난 또는 전부 훼손된 경우 – 52,500원 범위내의 실손해액과 납부한 우편요금(등기료 제외)

③ 등기우편낭 배달 인쇄물 – 일부 도난 또는 일부 훼손된 경우 – 262,350원 범위내의 실손해액

④ 보통소포우편물 – 분실, 전부 도난 또는 전부 훼손된 경우 – 70,000원에 1Kg당 7,870원을 합산한 금액범위내의 실손해액과 납부한 우편요금

12 ④

① 우편사업은 「정부기업예산법」에 따라 정부기업으로 정해져 있다. 구성원이 국가공무원일 뿐만 아니라 사업의 전반을 법령으로 정하고 있기 때문에 경영상 제약이 많지만, 적자가 났을 때에는 다른 회계에서 지원을 받을 수 있다.

② 우편사업은 콜린 클라크(Colin Clark)의 산업분류에 의하면 노동집약적 성격이 강한 3차 산업에 속한다.

③ 우편사업은 정부기업으로서의 공익성과 회계상의 기업성을 다 가지고 있으므로 이 두 가지 면의 조화가 과제이다.

13 ②

② 우편 이용자와 우편관서 간의 우편물 송달 계약을 내용으로 하는 사법(私法)상의 계약 관계(통설)이다.

14 ③

① 우편관서는 철도, 궤도, 자동차, 선박, 항공기 등의 경영자에게 운송요구권을 가진다.

② 서신이라 함은 의사전달을 위하여 특정인이나 특정 주소로 송부하는 것으로서 문자·기호·부호 또는 그림 등으로 표시한 유형의 문서 또는 전단을 말한다.

④ 우편업무를 위해서만 사용하는 물건과 우편업무를 위해 사용 중인 물건은 압류할 수 없다.

15 ③

㉠ 준등기취급, ㉡ 배달증명, ㉢ 특별송달에 대한 설명이다.

16 ②

우편물 배달기한

구분	배달기한	비고
통상우편물 (등기 포함) 일반소포	접수한 다음 날부터 3일 이내	
익일특급	접수한 다음 날	※ 제주선편 : D+2일(D : 우편물 접수한 날)
등기소포		

17 ②

제시된 내용은 계약등기 우편제도의 부가취급 서비스 중 본인지정배달에 대한 설명이다. 본인지정배달의 부가취급수수료는 1,000원이다.

18 ②

집배코드는 우편물의 구분·운송·배달에 필요한 구분정보를 가독성이 높은 단순한 문자와 숫자로 표기한 것이다. 집배코드는 총 9자리로 도착집중국 2자리, 배달국 3자리, 집배팀 2자리, 집배구 2자리로 구성된다.

19 ②

① 폭발물·인화물질·마약류 등의 우편금지물품의 포함 여부 외에 다른 우편물을 훼손시키거나 침습을 초래할 가능성 여부에 대해 문의할 수 있다.
③ 의심우편물에 대하여 발송인이 개봉을 거부할 때에는 접수를 거절할 수 있다.
④ 내용품의 성질, 모양, 용적, 중량 및 송달 거리 등에 따라 송달 중에 파손되지 않고 다른 우편물에 손상을 주지 않으며 질긴 종이 등으로 튼튼하게 포장하였는지를 확인해야 한다.

20 ①

보험취급 우편물의 종류
㉠ 보험통상 : 통화등기, 물품등기, 유가증권등기, 외화등기
㉡ 보험소포 : 안심소포

▶▶▶ 02   예금일반

☞ 제6회 모의고사 p.156

1	2	3	4	5	6	7	8	9	10
④	②	④	③	④	③	④	②	①	②
11	12	13	14	15	16	17	18	19	20
②	④	①	②	①	④	④	②	②	③

1 ④

④ 금리는 돈을 빌리려는 수요가 공급보다 많으면 올라가게 되고, 돈을 빌려주려는 공급보다 수요가 적으면 떨어지게 된다.

2 ②

② 행위무능력자는 의사능력이 있는 한 법정대리인의 동의를 얻어 직접 법률행위를 하거나 법정대리인이 행위무능력자를 대리하여 그 행위를 할 수 있으나, 피한정후견인의 경우에는 심신상실의 상태에 있으므로 직접 법률행위를 하는 것은 허용되지 아니하고, 법정대리인이 대리하여서만 법률행위를 할 수 있다.

3 ④

④ 텔레뱅킹 서비스는 대부분 24시간 연중무휴 이용이 가능하지만, 일부 서비스의 경우 통상적으로 00:00부터 07:00 사이에 제한이 있다.

4 ③

① '금융실명거래 및 비밀보장에 관한 긴급재정경제명령'은 1993년 제정되었다.
② '금융실명거래 및 비밀보장에 관한 법률'은 1997년 입법하여 제정되었다.
④ 실명이 확인된 계좌에 의한 거래와 공과금 수납 및 100만 원 이하의 송금 등은 실명을 확인하지 않을 수 있다.

5 ④

금융은 여유자금을 가진 사람에게는 투자의 수단을 제공하고 자금이 필요한 사람에게는 자금을 공급해 주며 자금의 효율적인 배분을 주도한다.

6 ③

③ 미국의 뉴욕증권거래소(NYSE ; New York Stock Exchange)는 거래량이나 거래금액 면에서 세계에서 가장 큰 주식시장이며, 처음과 달리 지금은 다수의 외국 기업들도 상장되어 있다.

7 ④

①②③ 특수은행에 해당한다.

※ 비은행금융회사

	상호저축은행	
비은행 금융회사	여신전문금융회사	신용카드사
		리스사
		할부금융사
		신기술사업금융사
	대부업자	
	상호금융	신용협동조합
		농업협동조합
		수산업협동조합
		산림조합
		새마을금고

8 ②

② 중소기업은행은 담보여력이 없거나 신용도가 낮은 중소기업을 지원하기 위하여 설립된 은행이다.

9 ①

① 소액으로 분산투자가 가능하다. 분산투자를 통해 리스크를 최소화할 수 있는데 소액으로는 대규모 자금이 소요되는 포트폴리오를 적절하게 구성하기 어렵지만 다수 투자자의 자금을 모아(pooling) 운용되는 펀드를 통해 분산투자를 할 수 있다.

10 ②

주식과 채권의 비교

구분	주식	채권
발행자	주식회사	정부, 지자체, 특수법인, 주식회사
자본조달 방법	자기자본	타인자본
증권소유자의 지위	주주	채권자
소유로부터의 권리	결산 시 사업이익금에 따른 배당을 받을 권리	확정이자 수령 권리
증권 존속기간	발행회사와 존속을 같이하는 영구증권	기한부증권 (영구채권 제외)
원금상환	없음	만기 시 상환
가격변동 위험	크다	작다

11 ②

② 만 14세 이상 개인의 일 최대 한도는 5천만 원이다.

12 ④

① 「근로자퇴직급여보장법」에서 정한 자산관리업무
를 수행하는 퇴직연금사업자를 위한 전용 정기예
금

② 인터넷뱅킹, 스마트뱅킹으로 가입이 가능한 온라
인 전용상품으로 온라인 예·적금 가입, 자동이
체 약정, 체크카드 이용실적에 따라 우대금리를
제공하는 정기예금

③ 가입기간(연, 월, 일 단위 가입) 및 이자지급방식
(만기일시지급식, 월이자지급식)을 자유롭게 선택
할 수 있는 고객맞춤형 정기예금

13 ①

② 유럽지역 우체국 금융기관이 주체가 되어 설립한
Eurogiro社의 네트워크를 사용하는 EDI(전자문
서교환)방식의 국제금융 송금서비스이다.

③ 미국 댈러스에 소재하고 있는 머니그램社와 제휴
한 Agent 간 네트워크 상 정보에 의해 자금을 송
금, 수취하는 무계좌 거래로 송금번호(REF.NO)
만으로 송금 후 약 10분 만에 수취가 가능한 특
급해외송금 서비스이다.

④ 우편환법에 따라 우편 또는 전자적 수단으로 전
달되는 환증서를 통한 송금수단으로 금융기관의
온라인망이 설치되어 있지 않은 지역에 대한 송
금을 위해 이용된다.

14 ②

언더라이팅 대상 분류

15 ①

② 만기가 1년을 초과하는 금리
③ 물가상승에 따른 구매력의 변화를 감안하지 않은
금리
④ 명목금리에서 물가상승률을 뺀 금리

16 ④

① 투자매매업 : 금융회사가 자기자금으로 금융투자상
품을 매도·매수하거나 증권을 발행·인수 또는
권유·청약·승낙하는 것

② 집합투자업 : 2인 이상에게 투자를 권유하여 모은
금전 등을 투자자 등으로부터 일상적인 운영지시
를 받지 않으면서 운용하고 그 결과를 투자자에
게 배분하여 귀속시키는 것을 영업으로 하는 것

③ 투자자문업 : 금융투자상품의 가치 또는 투자판단
에 관하여 자문을 하는 것을 영업으로 하는 것

17 ④

④ 대규모로 투자·운용되는 펀드는 규모의 경제로
인해 거래비용과 정보취득비용이 절감될 수 있고,
명시적인 비용 외에도 각 개인이 각자의 자금을 투
자하고 관리하는데 소요되는 시간과 노력으로 인한
기회비용을 줄이는 역할도 하게 된다.

18 ②

㉠ 주식분할 ㉡ 주식병합 ㉢ 주식배당

19 ②

ⓛ 금융회사와 체결한 예금계약은 상사임치계약이다.

ⓔ 합의이외에 물건의 인도 기타의 급부를 하여야만 성립하는 계약을 요물계약이라고 한다.

20 ③

① 일정금액 이상의 현금 거래를 KoFIU에 보고토록 한 제도이다.

② 금융회사가 고객과 거래 시 고객의 실지명의(성명, 실명번호) 이외에 주소, 연락처, 실제 소유자 등을 확인하고, 자금세탁행위 등의 우려가 있는 경우 금융거래 목적 및 자금의 원천 등을 추가로 확인하는 제도이다.

④ 금융기관으로부터 자금세탁 관련 의심거래 보고 등 금융정보를 수집·분석하여, 이를 법집행기관에 제공하는 중앙 국가 기관으로 각 국가별로 FIU를 두고 있다.

▶▶▶ 03   **보험일반**

☞ 제6회 모의고사 p.163

1	2	3	4	5	6	7	8	9	10
③	③	①	④	①	①	③	③	④	④
11	12	13	14	15	16	17	18	19	20
②	④	④	④	④	②	④	④	④	③

1 ③

③ 예정사업비율이 낮아지면 보험료는 싸지고, 예정사업비율이 높아지면 보험료는 비싸진다.

2 ③

기본공제대상자

㉠ 근로자 본인

㉡ 배우자(연간 소득금액이 100만 원 이하인 자)

㉢ 부양가족(본인 또는 배우자와 생계를 같이하는 연간 소득금액 100만 원 이하)

• 만 60세 이상인 직계존속

• 만 20세 이하인 직계비속 또는 동거입양자

• 만 20세 이하 또는 만 60세 이상인 형제자매

※ 기본공제대상자가 장애인일 경우 연령에 상관없이 소득금액 요건만 충족 시 세액공제가 가능

3 ①

① 보험계약은 낙성계약, 불요식계약, 쌍무계약, 부합계약성, 상행위성, 사행계약성, 최대선의성과 윤리성, 계속계약성의 법적성질을 띠며, 불요식 계약으로서 보험계약에 대해 특별한 방식을 요구하지 않는다. 따라서 보험계약은 서면으로 체결되지 아니하여도 효력이 있다. 그러나 실제의 보험실무에서는 정형화된 보험계약 청약서가 이용되고 있다.

4 ④

　④ 보험료 납입기간 중 피보험자가 동일한 재해로 여러 신체부위의 합산 장해지급률이 50% 이상인 장해상태가 되었을 때 장해연금이 지급된다.

5 ①

　설명하는 내용은 사익조정성을 말하며 영리성이라고도 한다.
　② 보험사업자와 계약을 체결하는 많은 보험가입자들은 경제적인 면에 있어서는 서로 연결이 되어 있고 이들은 하나의 위험단체 혹은 보험단체를 구성하게 된다.
　③ 보험사업자는 대수의 법칙과 수지상등의 원칙에 따라 보험사업을 영위하여야 하고 이를 뒷받침하기 위해 보험계약법은 기술적인 성격을 가지게 된다.
　④ 보험제도는 다수의 가입자로부터 거둔 보험료를 기초로 하여 가입자의 경제적 안정을 도모함을 목적으로 하기 때문에 보험사업은 다른 상거래와는 달리 공공성과 사회성이 특히 강조된다.

6 ①

　① 어린이와 고령자도 가입 가능하다.

7 ③

　계약자와 보험자간의 계약 체결을 위해 중간에서 도와주는 보조자가 있다. 보험설계사, 보험대리점, 보험중개사 등이 보험계약의 체결을 지원하는 모집 보조자이다.

구분	내용
보험설계사	보험회사, 대리점, 중개사에 소속되어 보험계약 체결을 중개하는 자
보험대리점	보험자를 위해 보험계약 체결을 대리하는 자 • 계약체결권, 고지 수령권, 보험료 수령권의 권한을 가지고 있음
보험중개사	독립적으로 보험계약 체결을 중개하는 자 • 보험대리점과 달리 계약체결권, 고지수령권, 보험료 수령권에 대한 권한이 없음

8 ③

　발생한 이자소득은 전액 비과세이다.

9 ④

④ 부당행위에 해당한다.

※ 현장에서의 민원 주요 유형

주요유형	세부유형
불완전판매	• 약관 및 청약서 부본 미교부 • 고객불만 야기 및 부적절한 고객불만 처리 • 고객의 니즈에 부합하지 않는 상품을 변칙 판매
부당행위	• 자필서명 미이행 • 적합성원칙 등 계약권유준칙 미이행 • 약관상 중요 내용에 대한 설명 불충분 및 설명의무 위반 • 고객의 계약 전 알릴 의무 방해 및 위반 유도 • 대리진단 유도 및 묵인 • 약관과 다른 내용의 보험안내자료 제작 및 사용 • 특별이익 제공 또는 제공을 약속 • 보험료, 보험금 등을 횡령 및 유용 • 개인신용정보관리 및 보호 관련 중요사항 위반 • 보험료 대납, 무자격자 모집 또는 경유계약
보험금지급	• 보험금 지급처리 지연 • 보험금 부지급 또는 지급 처리과정에서의 불친절 • 최초 안내(기대)된 보험금 대비 적은 금액을 지급
계약인수	• 계약인수 과정에서 조건부 가입에 대한 불만 • 계약적부심사 이후 계약해지 처리 불만 • 장애인 계약 인수과정에서 차별로 오인함에 따른 불만 • 계약 전 알릴 의무 위반사항과 인과관계 여부에 대한 불만

10 ④

① 피보험자가 보험사고의 핵심적인 요건으로 원인 또는 결과의 발생이 예견할 수 없는 상태를 말한다.
② 보험사고가 급작스럽게 발생하여 결과의 발생을 피할 수 없을 정도로 급박한 상태에서 발생한 것을 의미한다. 이는 단순히 시간이 흐른 것을 의미하는 것이 아니기 때문에 질병 등의 경우에는 상해보험의 보험사고에 충족할 수 없다.
③ 보험사고의 신체 상해의 발생 원인이 피보험자 신체에 내재되어 있는 내부 요인이 아니라 신체의 외부적 요인에 기인하는 것을 의미한다. 따라서 피보험자가 의도하거나 예상할 수 있었던 자살, 싸움 등의 원인에 의한 사고는 상해보험의 보험사고가 아니다.

11 ②

① 보험계약은 보험계약자의 청약과 동시에 최초보험료를 미리 납부하는 것이 보험거래의 관행이므로 보험계약은 요물계약처럼 운용되고 있다. 그러나 보험계약은 본질적으로 낙성 계약이므로, 보험료의 선납이 없어도 보험계약은 유효하게 성립된다. 다만 최초보험료의 납부 없이는 보험자의 책임이 개시하지 않는다.
③ 보험계약은 보험자와 보험계약자 사이에 이루어지는 채권계약으로, 계약이 성립하면 보험 계약자는 보험료 납부의무를 가지게 되며 보험자는 보험사고의 발생을 조건으로 보험금 지급의무를 부담한다. 이 두 채무 사이에는 대가관계가 있으므로 보험계약은 보험자와 보험계약자 사이의 의무관계로 놓인 쌍무계약이며, 또한 대가관계의 유상계약이다.
④ 보험계약에서 보험자의 보험금지급의무는 우연한 사고의 발생을 전제로 하고 있으나 정보의 비대칭성으로 보험범죄나 인위적 사고의 유발과 같은 도덕적위험이 내재해 있으며 이를 규제하기 위하여 피보험이익, 실손 보상원칙, 최대선의 원칙 등을 두고 보험의 투기화를 막는 제도적 장치가 있다.

12 ④

④ 보험계약자가 보험사고 발생 전에 계약의 전부 또는 일부를 해지할 때 임의 해지된다.

13 ④

보험계약의 부활의 요건
㉠ 해지환급금의 미지급 혹은 미수령(※ 해지환급금 지급시 보험계약관계가 완전 종료)
㉡ 계속보험료 미납에 따른 계약해지의 경우
㉢ 보험계약자의 청구
㉣ 보험자의 승낙

14 ②

② 우체국 보험의 사망 가입한도액은 4,000만 원이다.

15 ④

보험모집 단계별 제공서류

항		제공서류
1단계	보험계약 체결 권유 단계	가입설계서, 상품설명서
2단계	보험계약 청약 단계	보험계약청약서 부본, 보험약관 *청약서 부본의 경우 전화를 이용하여 청약하는 경우에는 보험업감독규정 제4-37조 제3호에서 정한확인서 제공으로 이를 갈음 가능
3단계	보험계약 승낙 단계	보험가입증서(보험증권)

16 ②

② 보험계약자가 보험료(최초의 보험료 제외)를 자동이체(우체국 또는 은행)로 납입하는 계약에 대해 보험료의 2%에 해당하는 금액의 범위에서 할인 할 수 있다.

17 ④

④ 우체국 보험에는 보장성보험과 저축성보험, 연금보험이 있다.

18 ④

④ 갱신계약 가입나이는 10세 이상이다.

19 ④

① 고액암(백혈병, 뇌종양, 골종양, 췌장암, 식도암 등) 진단 시 6,000만 원까지 지급한다.
② 실버형(3종)은 고연령이나 만성질환(고혈압 및 당뇨병질환자)이 있어도 가입 가능하다.
③ 한번 가입으로 평생 보장 가능하다.

20 ③

③ 갱신계약은 62세부터 가능하다.

☞ 제6회 모의고사　p.169

1	2	3	4	5	6	7	8	9	10
③	②	④	①	③	③	①	④	④	③
11	12	13	14	15	16	17	18	19	20
④	①	②	③	④	①	③	①	③	③

1　③

③ 참조 무결성 제약조건 : 각 릴레이션(relation)에 속한 각 애트리뷰트 (attribute)가 해당 도메인을 만족하면서 참조할 수 없는 외래키 값을 가져서는 안 된다는 것을 말한다.
① 개체 무결성(Entity integrity) : 모든 테이블이 기본 키 (primary key)로 선택된 필드 (column)를 가져야 한다.
② 도메인 무결성(Domain integrity) : 도메인 무결성은 테이블에 존재하는 필드의 무결성을 보장하기 위한 것
④ 무결성 규칙(Integrity rule) : 데이터베이스에서 무결성 규칙은 데이터의 무결성을 지키기 위한 모든 제약 사항들을 말한다.

2　②

인덱스란 추가적인 쓰기 작업과 저장 공간을 활용하여 데이터베이스 테이블의 검색 속도를 향상시키기 위한 자료구조이다.
• 인덱스(index)의 장점
- 테이블을 조회하는 속도와 그에 따른 성능을 향상시킬 수 있다.
- 전반적인 시스템의 부하를 줄일 수 있다.
• 인덱스(index)의 단점
- 인덱스를 관리하기 위해 DB의 약 10%에 해당하는 저장공간이 필요하다.
- 인덱스를 관리하기 위해 추가 작업이 필요하다.
- 인덱스를 잘못 사용할 경우 오히려 성능이 저하되는 역효과가 발생할 수 있다

3　④

④ 계층형(layered) 아키텍처
• 시스템을 계층으로 구성하고 각 계층은 관련된 기능을 수행
• 각 계층은 상위 계층에 서비스를 제공
• 가장 아래 계층은 시스템 전체에서 사용되는 핵심 서비스를 나타냄
① 클라이언트-서버(client-server) 아키텍처 : 시스템이 각 서비스가 독립적인 서버에 의해 제공되는 서비스들의 집합으로 표현
② 브로커(broker) 아키텍처 : 등록된 서버와 클라이언트 간의 통신을 조정하고 용이하게 하기 위해 분산 컴퓨팅에서 사용되는 미들웨어 아키텍처
③ MVC 패턴 : 시스템의 요소들을 분리하여 독립적으로 변경될 수 있도록 함

4　①

유비쿼터스의 특징
• 비인식적 컴퓨팅 : 인간이 컴퓨터의 존재를 인식하지 않고 컴퓨터를 사용할 수 있도록 자연스럽게 주변 상황에 파고들게 만드는 기술
• 사물들의 네트워킹 : 모든 사물 및 사람이 보이지 않는 네트워크로 연결된 새로운 공간
• 사물의 지능화 : 특정한 기능이 내재된 컴퓨터가 환경과 사물에 심어짐으로써 주변의 모든 환경이나 사물 그 자체가 지능화된 환경
• 상황에 따른 서비스 제공 : 사람의 개입 없이도 스스로 알아서 일을 처리하고 인간이 감지하지 못했던 세세한 부분의 정보까지 획득

5 ③

③ 병렬처리(parallel processing) : 다수의 프로세서들이 여러 개의 프로그램들 또는 한 프로그램의 분할된 부분들을 분담하여 동시에 처리하는 기술

① 다중 프로그래밍 시스템(multi programming system) : 하나의 프로그램을 실행하다가 입출력과 관련된 작업이 실행되면 대기 상태가 되고 이 때 다른 프로그램을 실행하는 것

② 다중 프로세서 시스템(multi processor system) : 여러 개의 프로세서가 메모리, 클럭 등을 공유하여 사용하는 시스템

④ 분산처리(distributed processing) : 네트워크를 통해 연결된 여러 대의 컴퓨터에서 작업을 분할하여 처리하는 컴퓨팅 프로세스

6 ③

• 낸드플래시(nand flash) : 플래시 메모리의 한 형태로 전원이 없는 상태에서도 데이터를 계속 저장할 수 있으며, 데이터를 자유롭게 저장 또는 삭제할 수 있다.

• SSD(Solid-State Drive) ; 기존의 HDD와 달리 집적 회로 어셈블리를 사용하여 데이터를 저장하는 저장 장치 입니다.

7 ①

• IPv6 : 현재 IPv4의 문제점인 주소고갈, 보안성, 이동성 지원 등을 해결하기 위해 개발된, 128bite 주소체계를 갖는 차세대 인터넷의 핵심 프로토콜

• IPv6의 특징
- 128bit 주소체계
- 16비트씩 8부분으로 나눠 16진수로 표시
- 네트워크 규모 및 단말기수에 따른 순차적 할당(효율적)
- 전송방식 : 유니캐스트(Unicast) / 멀티캐스트 (Multicast) / 애니캐스트(Anycast)

8 ④

• SET(Secure Electronic Transaction) : 인터넷을 통한 신용카드 거래 내역을 확보하기 위한 온라인 결제 프로토콜

• SET(Secure Electronic Transaction)의 구성요소
- 카드소지자 : 고객
- 카드발급사 : 카드를 발급해주거나 고객의 카드 계좌가 등록된 금융기관, 카드회사
- 인증기관 : 인증서를 발급하는 인증기관
- 온라인상점 : 상인, 거래에서 판매자
- 매입사 : 판매자의 계좌가 개설된 기관
- 지금정보 중계기관 : 판매자가 요청한 고객의 지불정보를 가지고 금융 기관에 결제 요청 하는 곳.

9 ④

④ 캡슐화(Encapsulation)
• 각 프로토콜에 적합한 데이터 블록을 만들려고 데이터에 정보를 추가하는 것
• 플래그, 주소, 제어 정보, 오류 검출 부호 등을 부착하는 기능

① 오류 제어(Error Control) : 데이터 전송 중 발생할 수 있는 오류나 착오 등을 검출하고 정정하는 기능

② 흐름 제어(Flow Control) : 데이터양이나 통신속도 등이 수신 측의 처리 능력을 초과하지 않도록 조정하는 기능

③ 연결 제어(Connection Control) : 비연결 데이터 전송(데이터그램)과 연결 위주 데이터 전송(가상회선)을 위한 통신로를 개설 · 유지 · 종결하는 기능

10 ③

- ROUNDUP 함수 : 특정 자릿수에서 올림을 할 때 사용하는 함수
  =ROUNDUP(대상숫자, 올림할자릿수)
- ABS(number) : 인자로 받은 number의 절대값을 반환
  number : 필수입력, 절대값을 구하려는 실수
- PRODUCT함수
  =PRODUCT(곱하고자 하는 셀)

11 ④

- 세마포어(Semaphore) : 두 개 이상의 프로세스나 스레드가 서로 자원을 얻지 못해서 다음 처리를 하지 못하는 상태
- RAID(Redundant Array of Inexpensive Disks) : 여러 개의 디스크를 배열하여 속도의 증대, 안정성의 증대, 효율성, 가용성의 증대를 하는데 쓰이는 기술

12 ①

OSI 7계층
ⓐ 1 계층(물리 계층)
- Bit 단위
- 데이터를 전기 신호로 변환
- 장비 : 리피터, 허브
ⓑ 2 계층(데이터링크 계층)
- Frame 단위
- 데이터의 물리적인 전송과 에러 검출, 흐름제어를 담당
- 장비 : 브릿지, 스위치
ⓒ 3 계층(네트워크 계층)
- Packet 단위
- 패킷을 목적지까지 가장 빠른 길로 전송
- 장비 : 라우터

ⓓ 4 계층(전송 계층)
- Segment 단위
- 최종 목적지로 데이터 전송
- TCP, UDP프로토콜을 통해 통신 활성화
- 장비 : 게이트웨이
ⓔ 5 계층(세션 계층)
- 데이터가 통신하기 위한 논리적인 연결 담당
- TCP/IP 세션을 만들고 없애는 책임
ⓕ 6 계층(표현 계층)
- 데이터의 형식 정의하고 암호화
ⓖ 7 계층(응용 계층)
- 사용자에게 서비스 제공
- 응용프로그램 (HTTP, FTP, Telnet, DNS)

13 ②

UPDATE SET WHERE 문 : UPDATE [테이블] SET [열] = '변경할값' WHERE [조건]

14 ③

① invoice 송장
② description 설명
④ postal code 우편번호

「해외 소포 수령은 한국의 모든 외국인들에게 꽤나 일반적이다. 그러나 친구나 가족들로부터 온 선물들은 국제 우편을 통해 쉽게 도달하는 반면에 외국 사이트에서 구매된 것들은 항상 그렇지만은 않다. 한국에서 해외 상품을 구매하는 것은 <u>통관</u>을 위한 특별한 번호를 요구하는 과정이다. 통관번호를 받는 과정은 굉장히 단순하지만 아직 현지 인증 시스템에 익숙치 않은 외국인들에게는 아마 혼란스러울 것이다.」

15 ④

① proponent 지지자
② applicant 지원자
③ combatant 전투원

「• 국제간 운송에서 모든 관세와 세금은 <u>수령인</u>에 의해 지불된다.
• 지난 해, 한국은 국제 원조를 <u>받던</u> 나라에서 개발도상국들에게 원조를 제공하는 원조국으로 우뚝 서게 되었다.」

16 ①

slip one's mind 잊어버리다 procrastinate 미루다
impeccable 흠잡을 데 없는 drag one's feet 늑장
부리다 remorse 뉘우침

① 일을 안 하고 늑장 부린다.
② 보고서를 끝낼 시간이 없다.
③ 기억력이 나무랄 데가 없다.
④ 뉘우치는 바가 없다.

「M : 제시카, 오늘이 마감인 보고서를 안 끝냈잖아요.
W : 미안해요. 깜빡 잊어버렸나 봐요.
M : 직장에서 일을 미루는 행동은 정말 그만해야 해요.
W : 내일까지 기간을 연장해 주실 수 있나요?
M : 그래요. 내 기분이 좋은 것에 고마워해요.
W : 믿어 주세요. 감사하고 있어요. 실망시켜 드리지 않을게요.
Q. 제시카에 관한 내용으로 옳은 것은?」

17 ③

burrow 굴 bank 둑 transform 바꾸다, 변형시키다 suitable 적당한 habitat 서식지 pond 연못
destruction 파괴 get rid of 제거하다 reed 갈대
twig 잔가지

「비버는 잘 알려진 것 같이 분주하고 그들은 자신의 재능을 다른 동물들이 할 수 없는 풍경을 바꾸는 데 쓴다. 장소가 허락한다면 비버는 강이나 호수 둑에 굴을 판다. 그들은 또한 댐을 건설함으로써 살기에 덜 적당한 서식지를 완전히 바꿔 놓는다. 예를 들어, 큰 통나무, 가지와 진흙 구조물을 사용하여 개울을 막아 들판이나 숲을 큰 연못으로 바꾸어 놓는다. (나무의 파괴는 비버를 매우 인기 없게 만들고 종종 비버를 제거하게 만드는 이유가 된다.) 비버는 나무줄기, 갈대, 돌, 잔가지, 진흙과 풀을 조합해서 물길을 가로지르는 댐을 건설함으로써 물의 흐름을 바꾼다.」

18 ①

decline 하락, 감퇴 sector 분야 slowdown 경기
후퇴 cut back 줄이다 stabilize 안정되다 be up
to ~에 달려있다 get ~ back on one's feet ~를
다시 회복시키다 appliance 기기, 기구 thrive 번창하다, 번성하다

① 건강한 경제를 위한 당신의 역할
② 경제 위기의 변수
③ 정부 대 산업의
④ 지출 축소가 하는 일

「올해, 우리나라는 4년 만에 제조업에 있어서 가장 큰 하락에 직면했습니다. 좋은 소식은 이 문제를 해결하는 데 우리 모두가 도움이 될 수 있다는 것입니다. 우리가 자동차 그리고 전자 산업을 포함한 모든 생산 분야에서 감퇴를 경험하고 있는 것은 사실입니다. 하지만 이러한 종류의 경기 후퇴는 정부가 지출을 줄이고 있으므로 예상된 일입니다. 시장이 안정되기를 그저 기다리는 대신에, 우리의 경제를 다시 회복시키도록 돕는 것은 당신에게 달렸습니다. 우리는 더 많이 벌기 위해서 더 많이 돈을 써야 합니다. 자동차 혹은 새로운 기기를 구매함으로써, 당신은 우리의 경제가 번창하도록 도울 수 있습니다.」

19 ③

disturb 혼란시키다, 괴롭히다, 방해하다, 어지럽히다 loaf 빈둥거리다, 놀고 지내다 fair 공정한
suggestion box 의견함, 제안함 urge 강력히 권하다 rubber-soled 고무구두창을 댄 upset 화가 난
instructive 교훈적인

「사장은 직원이 빈둥거리는 것을 보았을 때 혼란스러웠다. "여러분, 여기에 내가 올 때마다, 보고 싶지 않은 것을 보는데, 난 공정한 사람이니 여러분을 괴롭히는 것이 있으면 말하십시오. 의견함을 설치할 테니까, 내가 방금 보았던 것을 다시는 보지 않도록 의견함을 사용해 주기 바랍니다!" 그 날 퇴근할 무렵, 사장이 의견함을 열었을 때, 그 안에는 작은 종이 한 장만 있었다. 거기에는 "고무구두창을 댄 신발을 신지 마세요!"라고 씌어 있었다.」

20 ③

a couple of 두 개의   check out 점검하다
physical condition 건강상태   gum 잇몸 firm 단단
한   idea of 짐작하다   personality 성격, 성질
physical well-being 육체적 안녕, 행복   timid 소
심한   aggressive 공격적인

「강아지를 고를 때 주의해야 할 두 개의 중요한 단계가 있
다. ⓐ하나는 강아지의 건강상태를 주의깊게 점검하는 것
이다. 동물의 눈은 맑고 빛나야 한다. 그리고 잇몸은 핑크
색이고 단단해야 한다. ⓑ또한 다른 강아지들과 함께 노는
것을 지켜봐야 한다. 그리고 강아지의 성격을 짐작해야 한
다. ⓒ귀여운 강아지를 소유하면 사람의 마음과 육체적 행
복이 개선될 수 있다. ⓓ매우 소심하거나 공격적이라면 좋
은 애완동물이 될 수 없다.」

▶▶▶ 01   우편일반

☞ 제7회 모의고사 p.176

1	2	3	4	5	6	7	8	9	10
③	④	③	③	④	④	②	③	④	④
11	12	13	14	15	16	17	18	19	20
③	③	②	②	②	③	④	④	③	③

1   ③

독점권의 대상은 서신이다. "서신"이라 함은 의사전달을 위하여 특정인이나 특정 주소로 송부하는 것으로서 문자·기호·부호 또는 그림 등으로 표시한 유형의 문서 또는 전단을 말한다.(우편법 제1조의2 제7호) 다만, 다음에 해당하는 경우에는 예외로 한다.(「우편법 시행령」 제3조)

가) 「신문 등의 진흥에 관한 법률」 제2조 제1호에 따른 신문
나) 「잡지 등 정기간행물의 진흥에 관한 법률」 제2조 제1호 가목에 따른 정기간행물
다) 다음 각 목의 요건을 모두 충족하는 서적
  – 표지를 제외한 48쪽 이상인 책자의 형태로 인쇄·제본되었을 것
  – 발행인·출판사나 인쇄소의 명칭 중 어느 하나가 표시되어 발행되었을 것
  – 쪽수가 표시되어 발행되었을 것
라) 상품의 가격·기능·특성 등을 문자·사진·그림으로 인쇄한 16쪽 이상(표지를 포함한다)인 책자 형태의 상품안내서
마) 화물에 첨부하는 봉하지 아니한 첨부서류 또는 송장
바) 외국과 주고받는 국제서류

사) 국내에서 회사(「공공기관의 운영에 관한 법률」에 따른 공공기관을 포함한다)의 본점과 지점 간 또는 지점 상호 간에 수발하는 우편물로써 발송 후 12시간 이내에 배달이 요구되는 상업용 서류
아) 「여신전문금융업법」 제2조 제3호에 해당하는 신용카드

2   ④

① 「통신비밀보호법」 제1조
② 「우체국창구업무의 위탁에 관한 법률」 제1조
③ 「우정사업 운영에 관한 특례법」 제1조

3   ③

손해배상 제외 사유
㉠ 우편물의 손해가 발송인 또는 수취인의 과오로 인한 것이거나 당해 우편물의 성질, 결함 또는 불가항력으로 인하여 발생한 때
㉡ 우편물을 교부할 때 외부에 파손의 흔적이 없고 또 중량에 차이가 없을 때
㉢ 수취인이 우편물을 정당 수령하였을 때

4   ③

봉투봉함시에는 스테이플, 핀, 리벳 등은 사용하여서는 아니되며 풀 또는 접착제를 사용해야 한다.

5   ④

내용증명이란 등기취급을 전제로 우체국창구 또는 정보통신망을 통하여 발송인이 수취인에게 어떤 내용의 문서를 언제 발송하였다는 사실을 우체국이 증명하는 특수취급제도이다.

6 ④

우편물의 포장검사 사항

㉠ 내용품의 성질상 송달도중 파손되거나 다른 우편물에 손상을 주지 않을 것인가

㉡ 띠종이로 묶어서 발송하는 정기간행물의 경우 포장용 띠종이 크기는 발송요건에 적합한가

㉢ 칼, 기타 위험한 우편물은 취급도중 위험하지 않도록 포장한 것인가

㉣ 액체, 액화하기 쉬운 물건, 냄새나는 물건 또는 썩기 쉬운 물건은 적정한 용기를 사용하여 내용물이 새지 않도록 포장한 것인가

㉤ 독·극물 또는 생병원체를 넣은 것은 전호와 같이 포장을 하고 우편물 표면에 품명 및 "위험물"이라고 표시하고 발송인의 자격 및 성명을 기재한 것인가

㉥ 독·극물은 두 가지 종류를 함께 포장한 것이 아닌가

㉦ 혐오성이 없는 산 동물은 튼튼한 상자 또는 기타 적당한 용기에 넣어 완전히 그 탈출 및 배출물의 누출을 방지할 수 있는 포장을 한 것인가

7 ②

① 서장 : 중량제한은 2kg까지

③ 우편엽서 : 앞면위쪽에 "Postcard" 또는 "Carte postale" 표시가 있어야 함

④ 소형포장물 : 내용품이 524,700원(300SDR) 이하일 경우는 세관표지(CN22)를 붙이고 524,700원이 초과될 경우는 세관신고서(CN23)를 첨부를 정확히 작성하여 부착

8 ③

지연배달 등으로 인한 간접손실 또는 수익의 손실은 배상하지 않도록 규정하고 있다.

9 ④

④ 만국우편협약에서 정한 범위 안에서 과학기술정보통신부장관이 결정한다.

10 ④

④ 우편물의 발송·수취나 그 밖에 우편 이용에 관하여 제한능력자의 행위라도 능력자가 행한 것으로 간주된다. 이에 따라 제한능력자의 행위임을 이유로 우편관서에 대하여 임의로 이용관계의 무효 또는 취소를 주장할 수 없다. 다만, 법률행위에 하자가 발생한 경우에는 관련규정에 따른다.

11 ③

선택적 우편서비스 대상

㉠ 2kg을 초과하는 통상우편물

㉡ 20kg을 초과하는 소포우편물

㉢ 위 ㉠, ㉡의 우편물의 기록취급 등 특수취급우편물

㉣ 우편과 다른 기술 또는 서비스가 결합된 서비스 : 전자우편, 모사전송(FAX)우편, 우편물 방문접수 등

㉤ 우편시설, 우표, 우편엽서, 우편요금 표시 인영이 인쇄된 봉투 또는 우편차량장비 등을 이용하는 서비스

㉥ 우편 이용과 관련된 용품의 제조 및 판매

㉦ 그 밖에 우편서비스에 부가하거나 부수하여 제공하는 서비스

12 ③

③ 우편이용자는 우편물 접수 시 우편물의 외부에 발송인 및 수취인의 주소, 성명과 우편번호, 우편요금의 납부표시 등을 표시하여 발송하여야 한다.

13 ②

② 일반소포에 대해서는 손해배상이 없다.

14 ②

② 우편물 취급과정에서 망실, 훼손 등의 사고가 일어날 경우에는 등기취급우편물과 보험등기우편물의 손해 배상액이 서로 다르므로 이용자에게 사전에 반드시 고지하여 발송인이 선택하도록 조치해야 한다.

15 ②

선납 등기 라벨, 선납 준등기 라벨, 선납 일반통상 라벨의 유효기간은 구입 후 1년 이내이다.

16 ③

③ 액면 또는 권면가액이 2천만 원 이하의 송금수 표, 국고수표, 우편환증서, 자기앞수표, 상품권, 선하증권, 창고증권, 화물상환증, 주권, 어음 등 의 유가증권이 취급 대상이다. 단, 10원 미만의 단수를 붙일 수 없다.

① 100만 원 이하의 국내통화
② 10원 이상 300만 원 이하의 물건
④ 최소 10만 원 이상 150만 원 이하(원화 환산 시 기준, 지폐만 가능)

17 ④

① 내용문서는 한글이나 한자 또는 그 밖의 외국어 로 자획을 명확하게 기록한 문서에 한정하여 취 급하며, 숫자, 괄호, 구두점이나 그 밖에 일반적 으로 사용하는 단위 등의 기호를 함께 적을 수 있다.
② 공공의 질서나 선량한 풍속에 반하는 내용이 아 니어야 하며 내용 문서의 원본과 등본이 같은 내 용임이 쉽게 식별되어야 한다.
③ 내용증명의 대상은 문서에 한정하며 문서 이외의 물건(예 : 우표류, 유가증권, 사진, 설계도 등)은 그 자체 단독으로 내용증명의 취급대상이 될 수 없다.

18 ④

④ 신청기한은 등기우편물을 발송한 다음 날부터 1 년 이내이며, 단 내용증명의 경우 3년이다.

19 ③

우체국 꽃배달 서비스의 상품배상
㉠ 전액 환불 조치
• 상품을 정시에 배달하지 못한 경우
• 신청인이 배달 하루 전 주문을 취소할 경우
• 상품하자(상품의 수량·규격 부족, 변질, 훼손 등)가 발생할 경우
• 주문과 다른 상품이 배달된 경우
㉡ 상품 교환 조치 : 상품의 훼손, 꽃송이의 부족 등 으로 교환을 요구할 경우
㉢ 일부 환불 조치 : 주소오기 등 주문자의 실수로 잘 못 배달되거나 수취인이 수취를 거부할 경우 주 문자가 환불을 요구하면 꽃은 30%, 화분은 50% 를 환불

20 ③

나만의 우표는 개인의 사진, 기업의 로고·광고 등 고객이 원하는 내용을 신청 받아 우표를 인쇄할 때 비워놓은 여백에 컬러복사를 하거나 인쇄하여 신청 고객에게 판매하는 IT기술을 활용한 신개념의 우표 서비스로, 기본형, 홍보형, 시트형이 있다.

예금일반

☞ 제7회 모의고사 p.183

1	2	3	4	5	6	7	8	9	10
①	①	④	①	④	④	④	③	④	③
11	12	13	14	15	16	17	18	19	20
③	③	②	③	④	②	①	①	③	①

1 ①
① 당사자 합의와 함께 물건의 인도, 기타의 급부를 하여야만 성립하는 계약을 말한다.
② 금융기관은 상인이므로 금융기관과 체결한 예금계약은 상사임치계약이다. 따라서 예금의 소멸시효는 5년의 소멸시효에 걸린다.
③ 계약당사자의 일방이 미리 작성하여 정형화 시켜 놓은 일반거래약관에 따라 체결되는 계약을 말한다.
④ 예금자가 금전의 보관을 위탁하고 금융기관이 이를 승낙하여 자유롭게 운용하다가 같은 금액의 금전으로 반환하게 되는 계약을 말한다.

2 ①
예금계약의 법적 성질
㉠ 부합계약 : 부합계약이란 계약당사자의 일방이 미리 작성하여 정형화해 둔 일반거래약관에 따라 체결되는 계약을 말한다. 예금계약은 금융기관이 예금거래기본약관 등을 제정하고 이를 예금계약의 내용으로 삼는다는 점에서 부합계약이다.
㉡ 상사계약 : 금융기관은 상인이므로 금융기관과 체결한 예금계약은 상사임치계약이다. 따라서 예금의 소멸시효는 5년의 소멸시효에 걸린다.
㉢ 소비임치계약 : 소비임치계약이란 수취인이 보관을 위탁받은 목적물의 소유권을 취득하여 이를 소비한 후 그와 같은 종류·품질 및 수량으로 반환할 수 있는 특약이 붙어 있는 것을 내용으로 하는 계약이다.

3 ④
단기금융상품펀드(MMF)는 증권계좌와 연결하여 대기자금을 예치 시 상대적으로 높은 수익을 얻을 수 있는 반면 예금보호는 해당되지 않는다.

4 ①
① 금융기관에 정보제공을 요구하려면 법적 근거, 사용목적, 요구하는 거래정보 등의 내용 등이 포함된 표준양식에 따라야 한다.

5 ④
④ 돈의 공급은 주로 가계에 의해 이루어지는데 가계의 소득이 적어지거나 소비가 늘면 돈의 공급이 줄어들어 금리가 오르게 된다.

6 ④
① 기초자산을 매입하기로 한 측이 옵션보유자가 되는 경우로, 콜옵션의 매입자는 장래의 일정시점 또는 일정기간 내에 특정 기초자산을 정해진 가격으로 매입할 수 있는 선택권을 가진다.
② 옵션 중 가장 흔한 형태로 개별 주식이 기초자산이 되는 옵션이다.
③ 옵션의 만기일에만(on expiration date) 권리를 행사할 수 있는 형태의 옵션이다.

7 ④
④ 주식 중에는 거래 물량이 적어 주식을 사거나 파는 것이 어려운 종목도 있으므로 환금성의 위험 또한 존재할 수 있다.

8 ③

① 주거래 고객 확보 및 혜택 제공을 목적으로 각종 이체 실적 보유 고객, 우체국예금 우수고객, 장기거래 등 주거래 이용 실적이 많을수록 우대 혜택이 커지는 자유적립식 예금

② 20~40대 직장인과 카드 가맹점 등의 자유로운 목돈 마련을 위해 급여이체 및 신용카드 가맹점 결제계좌 이용고객, 인터넷뱅킹 가입 고객 등의 조건에 해당하는 경우 우대금리를 제공하는 적립식 예금

④ 일하는 기혼 여성 및 다자녀 가정 등 워킹맘을 우대하고, 다문화·한부모 가정 등 목돈마련 지원과 금융거래 실적 해당 시 우대혜택이 커지는 적립식 예금

9 ④

④ 실명이 확인된 계좌에 의한 계속거래는 통장, 거래카드(현금, 직불카드 포함) 등으로 입출금하는 경우를 의미하며 무통장 입금(송금)은 해당하지 않는다.

10 ③

③ 분쟁조정 신청일 이후 30일 이내로 합의가 이루어지지 않는 경우 금융감독원장은 지체없이 이를 금융분쟁조정위원회로 회부해야 한다.

11 ③

③ 환율이 상승하면 원화 가치가 하락한다.

12 ③

① 한국은행 : 우리나라 중앙은행으로 화폐를 독점적으로 발행하는 발권은행이다. 한국은행의 가장 중요한 역할은 물가안정을 위해 통화신용정책을 수립하고 집행하는 것이다.

② 금융감독원 : 금융산업을 선진화하고 금융시장의 안정성을 도모하며, 건전한 신용질서, 공정한 금융거래관행 확립과 예금자 및 투자자 등 금융수요자를 보호함으로써 국민경제에 기여하는 데 그 목적이 있다.

④ 한국거래소 : 자본시장법에 의하여 설립된 주식회사로서 증권 및 선물·옵션과 같은 파생상품의 공정한 가격형성과 거래의 원활화 및 안정화를 도모하기 위하여 증권거래소, 선물거래소, 코스닥 위원회, ㈜코스닥증권시장 등 4개 기관이 통합하여 2005년 설립되었다.

13 ②

① A클래스 : 가입시 선취판매수수료가 부과되며 환매가능성이 있지만 장기투자에 적합

③ W클래스 : WRAP전용 펀드

④ P클래스 : 연금저축펀드(5년 이상 유지시 55세 이후 연금을 받을 수 있는 펀드)

14 ③

③ 이자 지급방법별 채권에 해당한다.

① 원리금의 상환을 발행회사 이외의 제3자가 보증하는 채권으로서 보증의 주체가 정부인 정부보증채와 신용보증기금, 보증보험회사, 시중은행 등이 지급을 보증하는 일반보증채로 구분된다.

② 원리금 지급불능시 발행주체의 특정 재산에 대한 법적 청구권을 지키는 채권이다.

④ 발행주체의 이익과 자산에 대한 청구권을 가지나 다른 무담보사채보다 우선권이 없는 채권이다.

15 ④

① ATM의 조작은 예금주 자신에 의하여 이루어지고 최종적으로 그 현금이 금융회사에 인도되는 것은 예금주가 확인 버튼을 누른 때이므로, 예금계약이 성립하는 시기는 고객이 확인버튼을 누른 때라고 보는 것이 통설이다.

② 현금에 의한 계좌송금의 경우에는 예금원장에 입금기장을 마친 때에 예금 계약이 성립한다.

③ 타점권 입금에 의한 예금계약의 성립시기에 관하여는 종래 타점권의 입금과 동시에 그 타 점권이 미결제통보와 부도실물이 반환되지 않는 것을 정지조건으로 하여 예금계약이 성립한다고 보는 견해인 추심위임설과, 타점권의 입금과 동시에 예금계약이 성립하고 다만 그 타점권이 부도반환되는 경우에는 소급하여 예금계약이 해제되는 것으로 보는 견해인 양도설이 대립하고 있다.

16 ②

보기 중에서 비보호금융상품은 양도성예금증서, 은행 발행채권이다.

17 ①

② 국민기초생활수급자, 장애인, 한부모가족, 소년소녀가정, 조손가정, 다문화가정 등 사회 소외계층과 장기기증희망등록자, 골수기증희망등록자, 헌혈자, 입양자 등 사랑나눔 실천자 및 농어촌 지역(읍·면 단위 지역 거주자) 주민의 경제생활 지원을 위한 공익형 정기예금

③ 가입대상은 새출발자유적금 패키지 구분별로 아래 표에서 정하는 대상자로 구분하며 사회 소외계층 및 농어촌 고객의 생활 안정과 사랑 나눔실천(헌혈자, 장기기증자 등) 국민 행복 실현을 위해 우대금리 등의 금융혜택을 적극 지원하는 공익형 적립식 예금

④ 가입대상은 실명의 개인으로 여행자금, 모임회비 등 목돈 마련을 위해 여럿이 함께 저축 할수록 우대혜택이 커지고 다양한 우대 서비스를 제공하는 적립식 예금

18 ①

우체국 체크카드 사용한도

구분		기본한도		최대한도	
		일한도	월한도	일한도	월한도
개인	12세 이상	3만 원	30만 원	3만 원	30만 원
	14세 이상	6백만 원	2천만 원	5천만 원	5천만 원
법인		6백만 원	2천만 원	1억 원	3억 원

19 ③

③ 충전포인트의 충전한도는 건당 30만 원, 1일 50만 원이며 총 보유한도는 200만 원이다.

20 ①

② 유럽지역 우체국 금융기관이 주체가 되어 설립한 Eurogiro社의 네트워크를 사용하는 EDI(전자문서 교환)방식의 국제금융 송금서비스이다.

③ 미국 텍사스에 본사를 둔 머니그램社와 제휴한 Agent 간 네트워크상 정보에 의해 자금 을 송금·수취하는 무계좌 거래로 송금 후 약 10분 뒤에 송금번호(REF.NO)만으로 수취가 가능한 특급해외송금 서비스이다.

④ 소액해외송금업체인 ㈜와이어바알리社와 제휴를 통해 제공하는 핀테크 해외송금으로, 수 수료가 저렴하며 타 송금서비스 대비 고객에게 유리한 환율로 우체국 방문 없이 간편하게 송금하는 서비스이다.

☞ 제7회 모의고사 p.190

1	2	3	4	5	6	7	8	9	10
②	④	③	④	②	②	②	①	①	④
11	12	13	14	15	16	17	18	19	20
①	③	④	④	④	④	④	④	③	④

1 ②

② 무배당 만 원의행복보험은 차상위계층 이하 저소득층을 위한 공익형 상해보험으로 보장성 보험이다.

2 ④

① 저축성보험은 위험보장보다는 저축기능을 강화한 보험으로 단기간 목돈 마련에 유리한 고수익 상품이다.

② 보장성보험은 각종 위험보장에 중점을 둔 보험으로 만기시 환급되는 금액이 없거나 기납입 보험료보다 적거나 같다.

③ 자녀의 교육자금을 종합적으로 마련할 수 있도록 설계된 보험으로, 부모 생존시뿐만 아니라 사망시에도 양육자금을 지급해주는 특징이 있다. 즉, 교육보험은 일정시점에서 계약자와 피보험자가 동시에 생존했을 때 생존급여금을 지급하고, 계약자가 사망하고 피보험자가 생존하였을 때 유자녀 학자금을 지급하는 형태를 가진다.

3 ③

③ 연금저축보험은 퇴직연금과 합산하여 연 700만 원까지 소득공제가 가능하다.

4 ④

④ 보험증서의 교부 여부는 보험계약의 효력발생에 아무런 영향을 미치지 못한다.

5 ②

② 도덕적 위험에 대한 면책사유의 입증책임은 보험자에게 있으나 보험계약자나 피보험자 또는 보험수익자 중의 어느 한 사람의 고의나 중과실이 있으면 성립한다.

6 ②

① 원칙적으로 보험상품의 대상이 되는 위험은 순수위험에 국한된다.

③ 보험은 불확실한 손실에 대한 경제적 결과를 축소하고자 하는 것을 목적으로 한다.

④ 정서적 가치 훼손이나 정신적 괴로움과 같은 경우 대체적으로 보험을 통해 보호받을 수 없다.

7 ②

② 기초생활보장(생계급여, 의료급여, 교육급여 등)이 이에 해당한다.

① 국민의 경제적 생활을 보장하기 위해 생활에 위협을 가져오는 사고가 발생할 경우 보험의 원리를 응용해 생활을 보장하고자 하는 사회보장 정책으로 4대 보험이 해당한다.

③ 삶의 질 향상을 위해 사회적으로 꼭 필요하지만 저수익성으로 민간 참여가 부진하기 때문에 정부·지자체 등이 함께 제공하는 복지서비스로 노인복지, 건강복지 등이 있다.

④ 국민건강보험, 국민연금, 산재보험, 고용보험 등 4대 보험은 사회보장의 범주에 속한다.

8 ①

인보험이란 계약자의 생명이나 신체를 위협하는 사고가 발생한 경우 보험자가 일정한 금액 또는 기타의 급여를 지급하는 것으로 상해보험과 생명보험이 있으며, 생명보험은 사망보험, 생존보험, 생사혼합보험으로 나뉜다.

9 ①

② 만기보험금, 중도급부금 등의 지급 재원이 되는 보험료이다.

③ 매년 납입 순보험료 전액이 그 해 지급되는 보험금 총액과 일치하도록 계산하는 방식으로 자연보험료는 나이가 들수록 사망률이 높아짐에 따라 보험금지급이 증가하므로 보험료가 매년 높아지게 된다.

④ 정해진 시기에 매번 납입하는 보험료의 액수가 동일한 산정방식으로 사망률이 낮은 계약 전반기 동안에 납입된 평준보험료는 보험금 및 비용 지급분 대비 크다.

10 ④

④ 보험사고 위장 또는 허위사고 예시에 해당한다.

※ 보험범죄의 유형

  ㉠ 사기적 보험계약 체결 : 보험계약자가 보험계약 시 자신의 건강·직업 등의 정보를 허위로 알리거나 타인에게 자신을 대신해 건강진단을 받게 하는 행위 등을 통해 중요한 사실을 숨기는 행위

  ㉡ 보험사고 위장 또는 허위사고 : 보험사고 자체를 위장하거나 보험사고가 아닌 것을 보험사고로 조작하는 행위

  ㉢ 보험금 과다청구 : 보험사고에 따른 실제 피해보다 과다한 보험금을 지급받기 위해 사기적으로 보험금을 과다 청구하는 행위

  ㉣ 고의적인 보험사고 유발 : 보험금을 부정 편취하기 위해 고의적인 살인·방화·자해 등으로 사고를 유발하는 가장 악의적인 보험범죄 유형

11 ①

② 보험계약자가 보험사고에 의한 보장을 받기 위하여 보험자(보험회사)에게 지급하여야 할 금액으로 만약 보험료를 납부하지 않는다면 그 계약은 해제 혹은 해지된다.

③ 보험사고 발생의 객체로 생명보험에서는 피보험자의 생명 또는 신체를 말한다. 보험의 목 적물은 보험자(보험회사)가 배상하여야 할 범위와 한계를 정해준다.

④ 보험사고란 보험에 담보된 재산 또는 생명이나 신체에 관하여 보험자(보험회사)가 보험금 지급을 약속한 사고(위험)가 발생하는 것으로 생명보험의 경우 피보험자의 사망·생존, 장해, 입원, 진단 및 수술, 만기 등이 보험금 지급사유로 규정된다.

12 ③

③ 보험상품 판매 전·후 보험소비자와의 정보 불균형 해소에 관한 설명이다.

13 ④

① 계약자가 납입한 보험료를 특별계정을 통하여 기금을 조성한 후 주식, 채권 등에 투자하여 발생한 이익을 보험금 또는 배당으로 지급하는 상품으로 변액종신보험, 변액연금보험, 변액유니버셜보험 등이 있다.

② 사망보험의 보장기능과 생존보험의 저축기능을 결합한 보험이다. 요즘 판매 되는 대부분의 생명보험상품은 암 관련, 성인병 관련, 어린이 관련 등 고객 성향에 맞춰 특화한 생사 혼합보험이다.

③ 피보험자가 보험기간이 끝날 때까지 생존했을 때에만 보험금이 지급되는 보험으로서 저 축기능이 강한 반면 보장기능이 약한 결함을 갖고 있지만, 만기보험금을 매년 연금형식으로 받을 수 있는 등 노후대비에 좋은 이점도 있다.

14 ④

변경된 직업 및 직무와 관계가 없는 사고의 경우에는 보험가입자가 직업 및 직무의 변경 사실을 알리지 않고 있어도 보험금이 전액 지급된다.

15 ④

④ 보험사고가 발생할 경우 보험자가 지급하는 금액을 보험금이라고 하며, 보험자의 보험금 지급에 대한 반대급부로서 보험계약자가 보험자에게 내는 금액을 보험료라고 한다.

16 ④

④ 보험계약자의 부활청구로 부터 보험자가 약정이자를 첨부한 연체보험료를 받은 후 30일이 지나도록 낙부통지 하지 않으면 보험자의 승낙이 의제되고 해당 보험계약은 부활한다.

17 ④

① 시장리스크 : 시장가격(주가, 이자율, 환율 등)의 변동에 따른 자산가치 변화로 손실이 발생할 리스크
② 금리리스크 : 금리 변동에 따른 순자가산가치의 하락 등으로 재무상태에 부정적인 영향을 미칠 리스크
③ 유동성리크스 : 자금의 조달, 운영기간의 불일치, 예기치 않은 자금 유출 등으로 지급불능상태에 직면할 리스크

18 ④

④ 우정인재개발원장이 실시하는 보험관련 교육을 3일 이상 이수한 자
※ 직원의 보험모집 자격요건
  ㉠ 우정인재개발원장이 실시하는 보험관련 교육을 3일 이상 이수한 자
  ㉡ 우정인재개발원장이 실시하는 보험모집희망자 교육과정(사이버교육)을 이수하고 우정사업본부장, 지방 우정청장 또는 우체국장이 실시하는 보험 관련 집합교육을 20시간 이상 이수한 자
  ㉢ 교육훈련 인증제에 따른 금융분야 인증시험에 합격한 자
  ㉣ 종합자산관리사(IFP), 재무설계사(AFPK), 국제재무설계사(CFP) 등 금융분야 자격증을 취득한 자
  ㉤ 우정개발원장이 실시하는 보험모집희망자 교육과정(사이버교육)을 이수하고, 우체국보험 모집인 자격 평가 시험에서 70점 이상을 받아 합격한 자

19 ③

① 계약해지(효력상실) 후 만기 또는 해지 후 환급금을 수령한 경우에는 부활이 불가능하다.
② 계약해지일로부터 3년 이내, 보험기간 만기일까지 부활을 청구한 계약이어야 한다.
④ 보험계약자 또는 피보험자가 미성년자(만 19세 미만)인 경우 부모 공동으로 친권을 행사하며, 친권자 각각의 서명 또는 날인을 득하여야 한다.

20 ④

④ 모두 옳은 설명이다.

☞ 제7회 모의고사 p.197

1	2	3	4	5	6	7	8	9	10
②	①	③	①	②	④	④	②	④	①
11	12	13	14	15	16	17	18	19	20
①	④	③	①	④	③	④	②	④	②

1 ②
① 다익스트라 알고리즘(Dijikstra Algorithm) : 첫 정점을 기준으로 연결되어 있는 인접노드를 추가해 가며 최단거리를 갱신하는 방법
③ 최단경로 알고리즘(Shortest Path Algorithm) : 그래프에서 두 노드를 잇는 가장 짧은 경로를 찾는 알고리즘
④ 최소신장트리 알고리즘(Mnimum Spanning Tree) : 신장트리란, 그래프 내부의 모든 노드가 연결되어 있으며, 사이클이 없는(트리의 속성) 그래프

2 ①
② 파일리스(Fileless malware) : 파일 없이 프로세스 메모리 또는 레지스트리 상에서 실행되는 악성코드
③ 루트킷(Rootkit) : 익히 들어 알고 있는 '트로이 목마'도 바로 루트킷의 일종
④ 트로이목마(Trojan) : 겉으로는 정상적인 프로그램으로 보이지만 실제로 시스템이 허가하지 않은 접근을 가능케 하는 악성 프로그램

3 ③
RAID-2는 기록용 디스크와 데이터 복구용 디스크를 별로도 둠
※ RAID-4
• 블록 형태의 Stripping 기술을 이용하여 구성
• 별도의 디스크에 Block 단위로 Parity 정보를 분산 저장

• 데이터가 저장된 디스크 한 개에서 장애 발생 시 Parity 정보를 이용해 복구 가능
• 두 개에서 장애가 발생하면 복구 불가능. 데이터 손실
• Parity 정보가 저장된 디스크에 장애 발생 시 복구 불가능
• Parity 디스크에 병목현상이 발생하여 속도가 저하될 수 있음

4 ①
캐시 기억장치의 사상 방법
• 직접 사상(direct mapping) : 주소 변환을 통해 주기억장치의 데이터 블록을 캐시기억장치에 저장
• 연관 사상(associative mapping) : 캐시 슬롯번호에 상관없이 주기억장치의 데이터 블록을 캐시 기억장치의 임의의 위치에 저장
• 집합 연관 사상(set-associative mapping) : 직접 사상과 완전 연관 사상을 절충하여, 메모리 블록을 정해진 블록의 집합 내 어디든 사상

5 ②
② 네트워크 계층(Network Layer) : 네트워크 계층은 다양한 길이의 패킷을 네트워크들을 통해 전달하고, 그 과정에서 전송 계층이 요구하는 서비스 품질(QoS)을 위한 수단을 제공하는 계층
③ 전송 계층(Transmission Layer) : 전송 계층은 상위 계층들이 데이터 전달의 유효성이나 효율성을 생각하지 않도록 해주면서 종단 간의 사용자들에게 신뢰성 있는 데이터를 전달하는 계층
④ 세션 계층(Session Layer) : 세션 계층은 응용 프로그램 간의 대화를 유지하기 위한 구조를 제공하고, 이를 처리하기 위해 프로세스들의 논리적인 연결을 담당하는 계층

6 ④

- DNS 서버 : 인터넷에서 도메인 이름을 IP 주소로 변환하는 역할
- PROXY 서버 : 클라이언트가 자신을 통해서 다른 네트워크 서비스에 간접적으로 접속할 수 있게 해주는 컴퓨터 시스템이나 응용프로그램

7 ④

- VoIP : IP 네트워크를 활용하여 음성을 데이터 패킷으로 변환하여 통화를 가능하게 하는 통신 서비스 기술
- VPN : 사용자가 사설망에 연결된 것처럼 인터넷에 액세스할 수 있도록 하는 인터넷 보안 서비스

8 ②

- 프로그램 카운터(Program Counter, PC) : 메모리에서 읽어 들일 명령어의 주소를 저장하는 레지스터
- 명령레지스터(instruction register) : 현재 CPU가 해석하고 있는 명령어를 저장하는 레지스터

9 ④

- 제1정규형(1NF: First Normal Form) : 한 릴레이션을 구성하는 모든 도메인이 원자값만으로 구성되도록 하는 정규형
- 제2정규형(2NF ; Second Normal Form) : 제1정규형을 만족하면서 릴레이션을 구성하는 모든 속성이 기본키에 완전 함수 종속이 되도록 분해하는 과정
- 제3정규형(3NF ; Third Normal Form) : 제2정규형을 만족하면서 릴레이션을 구성하는 속성들 간에 이행적 함수 종속 관계를 분해하여 비이행적 함수 종속이 되도록 하는 과정
- 보이스 코드 정규형(Boyce-Codd Normal Form ; BCNF) : 제3정규형을 만족하면서, 릴레이션에서 모든 결정자가 후보 키가 되도록 하는 과정

- 제4정규형(4NF ; Fourth Normal Form) : 릴레이션 R에 다치 종속 A->> B가 성립하는 경우 R의 모든 속성이 A에 함수적 종속관계를 만족한다.
- 제5정규형(5NF ; Fifth Normal Form) : 릴레이션에 존재하는 조인 종속(Join Dependency)이 후보 키를 통해서만 성립이 되도록 하는 정규형

10 ①

- 참 또는 거짓을 판단할 조건
  = IF (논리식, 참일 때의 값, 거짓일 때의 값)
- 엑셀 LEFT 함수는 문자열의 왼쪽에서부터 원하는 개수만큼 문자를 추출하는 함수
  = LEFT (문자열, [글자수])

11 ①

- 주소 결정 프로토콜(Address Resolution Protocol, ARP) : 네트워크 상에서 IP주소를 물리적 주소로 대응(bind) 시키기 위해 사용되는 프로토콜
- RARP(Reverse Address Resolution Protocol) : 근거리통신망 내에 물리적으로 존재하는 장치가 게이트웨이의 ARP 목록이나 캐시로부터 자신의 IP 주소를 알아내기 위한 확인 요청을 하는데 사용되는 프로토콜
- 인터넷 제어 메시지 프로토콜(Internet Control Message Protocol, ICMP) : 네트워크 내 장치가 데이터 전송과 관련된 문제를 전달하기 위해 사용하는 프로토콜

12 ④

VLOOKUP 함수는 표의 맨 좌측에서 찾으려는 값을 검색한 뒤, 동일한 행에 위치한 다른 값을 출력하는 함수

= VLOOKUP (찾을값, 참조범위, 열번호, [일치옵션])

대여료	연체료
40000	400
200000	1000
400000	1200
1100000	20000
	400

13 ③

① IaaS(Infrastructure as a Service) : 가상화 기술과 물리적 자원, 즉 인프라만 제공. Amazon AWS, MS Azure, Google GCP 등

② PaaS(Platform as a Service)
• 개발에 필요한 환경, 즉 플랫폼까지만 빌려주고 앱과 데이터는 기업이 직접 운영
• AWS Elastic Beanstalk, Heroku, Red Hat OpenShift 등

④ SaaS(Software as a Service)
• 전통적인 IT 솔루션 (사용자의 하드웨어·소프트웨어)을 모두 서비스
• Dropbox, Salesforce, Google Drive, Naver MYBOX 등

※ 클라우드(Cloud) … 사용자가 컴퓨팅 자원(PC·하드웨어·소프트웨어 등)을 직접 구입하여 사용하는 것이 아닌, 빌려서 사용하는 개념

14 ①

① 허용된 ② 금지된 ③ 보내진 ④ 제한된

「A : 안녕하세요. 이 소포에는 어떤 물건이 있나요?
B : 폭죽이요.
A : 죄송합니다. 폭죽은 안전상의 이유로 우편으로 <u>허용할</u> 수 없습니다.

15 ③

trillion 조 government bonds 국채 maturity 만기 bond 채권 aggressive 공격적인, 적극적인 fiscal 회계의 heighten 높이다 participant 참가자 forecast 예보

③ fall short of는 관용표현으로 '~에 미치지 못하다'라는 의미이며, 이때 fall은 불완전자동사이다. 불완전자동사 fall의 과거형은 fell이므로 felled는 옳지 않다. 따라서 felled를 fell로 고치는 것이 옳다.

① 동사 announced는 목적어로 that절을 사용하였으며, 시제도 옳다.

② and를 사이에 두고 buy와 병렬 형태로 동사원형을 사용하였으므로 옳다.

④ expect는 목적격 보어로 to부정사를 취한다.

「금요일의 정책 이사회 후에, Bank of Japan(BOJ)은 자산 구매 프로그램 상 약 10조 엔의 국채 매입을 할 것이며 그 프로그램을 통해 매입하는 채권의 만기를 이전의 2년에서 3년으로 연장할 것이라고 발표했다. 적극적 조치는 2023년 4월 1일부터 새롭게 갱신되는 회 계연도에 대한 이사회의 소비자 예상 물가가 1% 물가 목표에 미치지 못한 것에 기인한다. 그것은 시장 참가 주체들 간에 BOJ가 목표 물가가 가시화될 때까지 규칙적으로 추가 완화 정책을 펼칠 것이라는 기대를 고조시켰다. 시장은 현재 중앙은행이 인플레이션 예보를 확인할 시기인 7월경에 새로운 조치를 취할 것으로 기대한다.」

16 ③

① 나이 든 사람들은 사회 보장 제도 때문에 돈을 낼 거야.
② 어디에서 연령 수정을 할 수 있다고 생각해?
④ 인구 과잉이 이런 추세의 요인은 아니야.

「W : 곧 사회 보장 제도에서 노인들에게 지급할 돈이 없을 거래.M : 그거 큰일이네. 노인들이 이 나라를 위해 많은 일을 하셨잖아.
W : 내가 그 나이가 될 때까지는 보완이 됐으면 좋겠다.
M : <u>우리도 나중에 은퇴라는 것에 익숙해져야겠지.</u>」

17 ④

relevant 관련 있는 accurate 정확한 more often than not 대개, 자주 anchor 닻을 내리다, 고정시키다 phenomenon 현상 root 뿌리 내리다 applicable 적용할 수 있는 assess 평가하다 estimate 견적 have no bearing on ~와 관계가 없다

① 일상적인
② 다용도의
③ 기밀의
④ 관련이 없는

「자금이 관련되어있을 때, 결정은 관련 있고 정확한 정보에 기반을 두어야 한다. 하지만, 대개는 그 반대가 발생한다. 닻내림 효과라고 알려진 이 현상은 상황을 평가할 때 적용할 수 없는 정보를 이용하려는 우리의 경향에 뿌리를 두고 있다. 한 예는 친구가 임대료를 위해 얼마나 지불하는지 묻는 경우이다. 그런 다음 그는 같은 건물에 있는 약간 더 큰 아파트의 임대료가 얼마일지 묻는다. 당신은 당신의 집세가 그 금액과 사실상 관계가 없음에도 불구하고 당신이 현재 지불하고 있는 것보다 조금 더 추가하여 견적을 낸다. 그러한 경우에 당신은 <u>관련이 없는</u> 지식에 당신의 대답을 고정시키고 있는 것이다.」

18 ②

disagree 의견이 다르다 claim 주장하다 derive from ~에서 유래하다 refer to ~라고 언급하다, 가리키다 linguist 언어학자 indicate 나타내다 translate 바꾸다, 번역하다 origin 기원 controversial 논쟁의 여지가 있는 creator 창작자

「역사가들은 런던이라는 이름이 어디에서 비롯되었는지에 관해 여전히 의견이 다르다. 12세기의 사제 Geoffrey of Monmouth는 이 도시의 이름이 로마 제국 시대 이전 브리튼 섬의 통치자였던 Lud 왕의 이름을 따서 지어졌다고 기록했다. 수 세기 후에, 역사가 Alexander Jones는 런던의 이름이 그 도시를 가로지르는 템스강을 가리키는 웨일즈어 'Llyn Dain'에서 유래되었다고 주장했다. 이와 비슷하게, 1998년에 언어학자 Richard Coates는 켈트족 이전 시대 사람들이 이 도시의 이름을 'Plowonida' 즉 나룻배 강이라고 지었다고 주장했는데, 이것은 템스강의 너비와 깊이를 나타낸다. Coates는 이 이름이 현대 영어의 형태가 되기 전에 켈트어인 'Lowonidonjon'으로 바뀌었다고 생각했다.
→ 지문은 런던의 이름의 (A) <u>기원</u>이 여전히 (B) <u>논쟁의 여지가 있다</u>는 것을 시사한다.」

19 ④

sociologist 사회학자 occupation 직업, 종사, 점령 furthermore 게다가 recruit 신병을 들이다, 보충하다, 더하다 offspring 자식, 자손, 소산 nationality 국민성, 국적 that is 말하자면(=that is to say)

「Theodore Caplow라는 사회학자에 의하면, 출생의 우연성은 사람들이 어떤 직업을 선택하느냐를 결정하는 데에 종종 커다란 역할을 한다. 자식들은 부모의 직업을 이어받는다. 농부들은 농부의 자식들로부터 선생님들은 선생님의 자식들로부터 충당된다. 부모는 자식들에게 직업을 전달한다. 게다가 출생시기와 장소, 인종, 국적, 사회적 계급, 부모의 기대 같은 요인들은 우연적인 것으로, 말하자면, 계획되거나 조종될 수 없다. 그것들은 모두 직업선택에 영향을 끼친다.」

20 ②

cellular phone 휴대폰 onset 시작, 개시 subscriber 기부자, 구독자, 응모자, 가입자, 소지자 current figure of ~로 이루어진 최근의 숫자 abiding 오래 지속되는, 영구적인 preoccupation 몰두, 열중, 선취 marker liberalization 시장자유화 cellular operator 휴대폰 운영자(관리자, 관리회사) status symbol 신분상징 stoke 불을 때다, 연료를 지피다 crucial 결정적인, 중대한, 어려운, 혹독한 insatiable 만족할 줄 모르는, 탐욕스러운 by one's side 자신의 옆(구리)에

① the region's dramatic economic growth
③ an abiding preoccupation with high technology
④ as crucial to overall image as being well-dressed

「아시아에서 휴대폰(cellular phone) 소지자의 총수가 최근의 약 천만의 숫자에서 2000년에는 7,200만의 숫자로 상승하리라고 예상되고 있다. 이러한 급격한 증가에 불을 지피는 것은 그 지역(아시아)의 극적인 경제성장, 변함없는 첨단기술에 대한 몰두와 시장자율화와 새로운 디지털체계의 시작에 의해 야기되어진 휴대폰 운영자들의 증가된 경쟁들이다. 또 다른 휴대폰 혁명을 부채질한 요소는 아시아의 신분적인 상징에 대한 만족할 줄 모르는 욕구이다. 이 지역의 많은 곳에서는 자신의 옆에 휴대폰을 갖는다는 것이 잘 차려입었다는 전반적인 이미지에 있어서 결정적이다.」